国际商法评判系列丛书

"一带一路"法律 / 国际商事争议解决

公司法律问题的比较法与国际私法评判

INTERNATIONAL
COMMERCIAL LAW

邢 钢 / 著

中国法制出版社
CHINA LEGAL PUBLISHING HOUSE

国际商法评判系列丛书总序

人生没有白走的路，每一步都算数

1998 年，本人本科毕业于中国政法大学国际经济法系，转眼间到现在已经 20 年了。在这期间，本人一路在中国政法大学攻读硕士、博士学位，师从法学大师赵相林教授，一直从事国际法中私法和经济法相关领域的研究。赵老师所倡导的从司法审判与仲裁的角度来研究法律问题的观点对本人影响深远，这是本人学术的起点，也从此确定了本人研究法律问题的基本基调与走向，更为本人从事法学教育事业奠定了坚实的基础。

本人在攻读硕士和博士之时正值法律自考培训的繁盛期，因而从事了大量法律课程的讲授工作。那时可谓什么课都讲，现在想起来，本人曾经讲授过的课程就包括民法、商法、经济法、民事诉讼法、刑法、宪法、行政法、公司法、合同法、国际法、国际私法以及国际经济法，也就是除了法理与法制史之外，几乎讲授过所有法律课程。对这些课程的重新学习和讲授，不知不觉间使本人思考和解决法律问题时能打破法学学科界限和实现法律知识的融汇贯通，更为真正践行我的导师赵相林教授倡导的务实法学研究方法提供了方法和知识上的储备。当然，在此期间开始接触的司法审判和仲裁实践，更加丰富和加深了本人对法律的理解。

2006 年起，本人进入北京师范大学法学院从事教学和研究工作。在此期间，也承担了大量的教学任务，相对固定地一直讲授国际私法、国际民事诉讼与仲裁、国际经济法、国际贸易法、国际投资法、国际金融法、海商法、模拟审判实践，算来也有 12 年了。在教学科研之外，本人有幸也从事了一些法律实践工作，对法律的理解和运用更为成熟和全面。本人一直有一个想法，就是把这十几年研习、讲授这些课程的内容逐一进行整理记录，但是，不是以教科书的方式，而是按照自己对相关问题的思考以评判的方法展现出来。如果条件允许，本人愿意在此评判体系中一本一本写下去，并在每年春天到来的时候令其如约而至，这也是一件美好而有成就感的事情。

习近平总书记强调指出，要以“一带一路”建设为重点，坚持引进来和走出去并重，遵循共商共建共享原则，加强创新能力开放合作，形成陆海内外联动、东西双向互济的开放格局。深化“一带一路”建设、推动形成全面开放新格局，是推动构建人类命运共同体的伟大实践，开辟了我国参与和引领全球开放合作的新境界，这自然需要国际私法与国际经济法提供相应的法律支持。在此重大背景下，本人将以往十余年对国际私法与国际经济法的所学、所思与所得进行整理，形成一个国际私法与国际经济法相关内容的评判系列丛书，这可能是一件有意义的事。时刻保持自我约束和克制，随时保持阅读和思考状态，发现并解决问题，应为学者之本分。

一路走来，本人不管是师从赵相林教授从事法学研究，还是在硕士和博士期间大量授课、在工作中的授课以及从事法律实践工作，都应是对该评判系列丛书的一种积累和积淀，人生没有白走的路，每一步都算数。

2018 年注定是不平静的一年，唯有爱和奔跑伴我左右。面对世事多艰，依旧心存感恩，我爱你们，我的亲人和朋友！

绪　论

随着经济全球化的发展和中国“一带一路”倡议的全面推进，各国公司进行跨国经营和流动已经成为新常态。公司的跨国经营和流动必然带来一定的法律问题，如何系统全面地研究其中所涉及的公司法律问题，就具有重大的理论和现实意义。立足于比较公司法与国际私法的维度探讨比较公司法与国际私法交叉领域所涉法律问题，应是服务现实需要的最佳视角，这不仅可以为司法实践提供理论指导，更可以为“一带一路”建设提供法律保障。

公司进行跨国经营和流动必然与其母国和东道国产生法律上的联系，从比较公司法与国际私法的维度来看，有9个方面的公司法律问题。是本书论述的重点，也构成了本书的全部内容。

本书第一部分的内容是公司国籍的确定。在该部分中，分别就公司国籍的存在之争、公司国籍确定的一般标准以及我国公司国籍确定的标准做出了论述，这为之后相关内容的论述和制度构建提供了理论基础。

本书第二部分的内容是各国公司法律制度的对比分析。尽管由于世界经济交流的原因，整个商事法有着全球化的趋势，公司法在各国的差异在逐渐缩小，欧洲公司法改革也逐步采取宽松的态度，公司法的演变进程实际上是任意性规范在公司法上逐渐取得主导地位的演变进程，两大法系相互融合的趋势也很明显。但不可否认的是，在现阶段，各国公司法律制度还存在一定的差异，如英美国家的公司法更加强调公司自治，一般是任意性公司法或者授权性公司法，美国公司法作为任意性的公司法模型在英美法系公司法中具有代表性。美国的公司在经营管理中具有很大的灵活性，在设立出资、股权转让等许多方面都是由任意性规范所构成，然而，欧洲的公司法模式建立在利益相关人保护的哲学理念上，公司法的规则是用来协调股东、债权人和雇员之间的利益冲突。因此，公司法在本质上属于强行性质的法律，如公司财务制度、公司资本制度、公司组织机构等的相关规范都有所体现。其中，德国的公司法是强行性规范的大陆法系典型代表。正是存在这样的差异，为公司准据法的确定提供了前提和基础，因此，在该部分中，着重就公司法律冲突中的公司设立制度、公司资本制度、公司股东制度、公司治理制度等几个核心问题进行了相应的对比分析。

本书第三部分的内容是公司管辖权的基本制度。从国际私法或者司法实践的视角来看，在发生涉外性公司法律争议时，首先需要解决的就是公司管辖权的确定问题，因此，这在国际私法或者司法实践中具有重要的地位。该部分重点论述了公司管辖权确定的一般制度，同时详细考察了美国与欧洲关于公司管辖权确定的具体规范，最后，就我国民事诉讼法中关于公司管辖权确定的规定做出了具体的阐述。

本书第四部分的内容是公司准据法的确定。历史发展表明，公司准据法的确定一直存在着内部事务主义和真实本座主义的对立和争论，普通法系的国家遵循了内部事务主义，而大多数的大陆法系国家则选择了真实本座主义。内部事务主义认为公司成立地法决定公司法律人格的承认和公司的适用法；真实本座主义则认为，公司真实本座（公司实际管理中心或者主营业地）所在国的法律调整公司关系。内部事务主义和真实本座主义之间的分歧反映出意思自治和本地利益优先保护之间的基本理论冲突。该部分详细论述了公司准据法的基本规范立场、公司准据法的规范范围、公司准据法的规范例外以及公司准据法的中国规定。

本书第五部分的内容是外国公司的认许制度。外国公司的认许在理解上是存在争议的，有人认为外国公司的认许就是确认外国公司的法律人格，就是承认外国公司在内国具有权利能力；有人主张外国公司的认许是准许外国公司在内国从事营业活动，是涉及外国公司“准入”的问题。这样的争议需要澄清，在此基础上，认许的条件、认许的效力、认许的撤回或撤销等问题也是外国公司认许所涉及的所有内容。

本书第六部分的内容是外国公司的分支机构。公司进行跨国经营，可以实现的途径之一就是在东道国设立分支机构。相对于东道国而言，这里涉及的问题有两个：其一，东道国是否承认外国公司的法律人格和相应的主体资格；其二，东道国是否允许外国公司在其领域内开展营业，开展营业活动需要办理何种程序以及对此营业采取何种监督管理措施。这在国际上，第一个问题就是对外国公司的“承认”，国际上通行的做法是依据公司成立地的法律来进行认定；第二个问题就是对外国公司的营业“准入”。在该部分中，具体对何为外国公司分支机构，外国公司分支机构的营业准入、设立、权利和义务、监督与管理、解散和清算以及欧洲共同体第十一号指令关于分公司设立的公开要件等做出了阐述。

本书第七部分的内容是公司准据法确定的国际统一化趋向。近年来，各国都寻求以国际条约的形式来统一承认在外国已经取得法人资格的团体在内国也具有相应的权利能力，这样就产生了一系列的国际公约，具体包括海牙承认外国公司、社团和财团法律人格公约、欧共体关于相互承认公司和法人团体的公约、美洲国家间关于商业公司的冲突法公约以及国际法协会制定的关于公司承认的公约，本部分对此做出了详细的评介。

本书第八部分的内容是公司实体法律的国际统一化趋向。如上所言，实体公司法在各国的差异正在逐渐缩小，出现了法律趋同化的倾向，其中在欧盟内部体现得最为明显。在欧盟公司法中主要通过指令这一方式完成，在欧盟公司法中主要体现为公司法条例。欧洲公司法律制度一体化的重要内容是对成员国公司法律制度的协调和统一，其内容主要涉及公司设立、资本制度、国内公司的合并和分立、财务会计、跨境合并、一人公司、要约收购、公司治理以及跨境自由流动等事宜，这是本部分论述的重点。

本书第九部分的内容是与公司法上的请求有关的判决承认与执行。与公司法上的请求有关的判决如何得以承认与执行是本部分重点回答的问题，本部分通过论述与公司法上的请求有关的判决承认与执行模式、与公司法上的请求有关的判决不予承认与执行的分析来给出一定的答案。

公司法律制度博大精深，立足于比较公司法与国际私法的维度展开对其中部分法律制度和问题的探讨，旨在服务于司法实践，为“一带一路”建设提供法律保障，更为我国建立全方位的开放格局提供智力支持。

目　录

第一章　公司国籍的确定

公司是指自然人以外，由法律创设，享有权利和义务的团体，所以外国公司也是外国人的一种。与自然人不同的是，无论出于法律的拟制或对于既存团体的社会机能的承认，对自然人判断毫无困难的国籍标准，在公司层面都因其无生理学上的感情或意思，也无对国家的政治上的忠顺，产生解释上的困难。

公司虽然与国家间并无忠顺的关系，国家对于公司的控制不在人身的直接支配，表面上国籍对于公司并无特殊意义，但是公司国籍在国际私法上，至少在以下情况中有非常重要的意义：（1）是法律关系涉外性和外国公司的标准，也就是判断母国公司还是外国法人的标准，这是确定是否为涉外民商事关系的一个标准。（2）确定公司诉权的标准。如诉讼权利和义务、国民待遇问题和诉讼担保等，是对公司行使司法管辖权的一个标准。（3）是对公司认许时，需要具体申报的内容。（4）是公司是否享有优惠标准的一个前提。（5）是公司实体权利确定的标准，这主要涉及公司的属人法。

一般意义上，公司国籍的确定功能主要体现为两个方面：（1）判断和区别本国公司与外国公司；（2）发生国籍冲突的情况下，确定为哪国公司。

第一节　公司国籍是否应该存在之争

对于公司国籍的判断标准，可谓众说纷纭，有人认为公司应该认定其国籍，有人坚决否认公司国籍的存在，也有人认为应该依其法律关系的性质做个别的认定。因为公司是法律拟制的主体，国家对公司的控制不在人身的直接支配，公司也无对国家政治上的忠顺，所以，用自然人的国籍来套公司的国籍，在解释上确实存在一些困难，因而在理论和实践上就存在否认公司国籍和承认公司国籍的争议。

一、否认公司国籍的主张

持法人否认论主张的人们一般是否认公司国籍的，在他们看来，法人无人格存在的必要性，如果说有人格，也应归属于一定的自然人或者无主财产，而无须拟制想象中的人格。该说法虽然与拟制说出发点相同，却致力于法人实体的本质，因此，否认法人的独立存在，进而否认法人的国籍。凯尔森是主张否认公司国籍的代表。在他看来，法人国籍有无源于人们在解决一国法律是否适用外国法人问题时，预先地提出该问题必须以法人国籍的有无为前提。他指出："但这是在错误地解释问题。正如只有人才可以拥有义务和权利一样，只有人才可以是一个国家的公民。法人的义务和权利是作为法人出现的那一共同体的成员或机关的人的义务和权利。当所有那些个人，就如人们所说的，组成一个法人，如一个社团的法人，都是因一个国家的公民，而我们谈的也正是这个国家的只可以适用于本国公民的法律，那么问题是容易解决的。然而，该法人之所以从属这一法律，却并不是因为法人是这一国家的公民，而是因为所有那些其行为受法人章程所调整的、作为一个法人而出现的那些人，都是同一外国的公民，因而该法人就不能不从属于只适用于公民的法律。类似的情况是所有那些组成法人的人，都不是同一外国的公民；因而该法人就不能从属于只适用于公民的法律。当有关人一部分是该国公民而一部分又是外国公民时，问题就变得复杂了。它可能有不同的解决办法。如果组成法人的多数是这个国家的公民，或者在一个股份公司的情况下，多数股份掌握在一国家的公民之手，或者董事会设定在这一国的领土内，等等。那么，法人可能从属于只能适用这国家公民的法律。"总之，在凯尔森看来，国籍的确定最终要归结到自然人国籍的确定上来，法人是无人格的，其人格属于组成法人的所有自然人。如果组成法人的自然人是同一国的公民，那么，法人的国籍就是这些自然人共同的国籍，如果组成法人的自然人是不具有共同国籍的，那么，法人的国籍就无法得到确定。在坚持法人否认论的前提下，自然会否认法人的国籍，也会否认公司的国籍。

随着交通和通信技术的发展，经济全球化已成为一种势不可当的时代潮流，这样，作为经济交往中最为重要的一支力量——公司，其活动空间是前所未有的广大，其与任何一国之间隶属的紧密程度都很难确定，所以，套用自然人的国籍标准到公司身上确实有些力不从心，而且会导致确定的标准五花八门，难以统一，这样确实现实地为公司国籍的确定提出了一些挑战。不过，要肯定的是，确实需要确定公司与国家之间的隶属关系，因为只有这样才能判别本国公司和外国公司，由此才能解决一系列的国际私法问题，我们可以不称之为"国籍"，但确定公司与国家之间隶属关系的标准还是需要得到澄清。从现有的法律概念来看，只有国籍概念是最接近的，因此，认可公司的国籍，进而确定公司与国家之间的隶属关系，就成为一种必然。

二、承认公司国籍的主张

主张法人拟制说和法人实在说的人认为法人是通过法律创设而现实存在的一类主体，其具有法律人格的独立性，作为一种"法律上的人"，自然也有国籍以确定法人与国家之间的一种隶属关系。正是在这样的理论支撑下，承认公司国籍就成为大多数人的一致看法，并在各国立法中得以体现。在这些主张中，法国的巴蒂福尔和拉加德认为，公司的活动是集体活动，集体活动同个人活动一样是一种人的活动，而且由于集体活动会危及国家的权力和个人的自由，因此它受到更严格的约束；外国人的集体活动不受类似外国人接受的同类监督的约束，甚至由于其活动方式的强大而受到更严格的监督是很难理解的；国家在实践中也必然对国民的集体活动通过外交保护来维护其权益。基于此，公司的国籍概念旨在区别构成外国活动的集团与内国的集团。这样的主张在各国国际私法的立法中得到了完整的体现，斯洛文尼亚共和国关于国际私法与诉讼的法律第 17 条规定：“（1）法人的法律地位，适用法人国籍国法。（2）法人的国籍，依照其设立地国法确定。（3）若法人在设立地以外的另一国有实际所在地，并依照该国法律拥有其国籍，则该其国视为法人国籍。”1966 年 7 月 24 日的法国《商事公司法》就使用了国籍一词来指明受法国法支配的公司，最高法院第一民事庭 1971 年 3 月 30 目的判决也使用过该词。德国的立法也给予了肯定，如 1965 年 9 月公布的《股份公司法》第 49 条界定了外国公司。罗马尼亚 1992 年《关于调整国际私法关系的第 105 号法》更是明确地为法人国籍确定设计了专门的冲突规范。在英美法系的国际私法中虽然不发生法人的国籍问题，但是外国的法律冲突规则中会发生这个问题，这便可能因反致使英美法系国家的法院也必须面对法人的国籍问题。

英美国家的晚近实践，特别是美国的实践已倾向于从国际法的视角接受公司的国籍。如美国律师协会（American Law Institute）的《法律重述：美国对外关系法》（Restatement：The Foreign Relations Law of the United States）就为公司的国籍（nationality of corporations）设了专节（§213）。该重述指出：为国际法的目的一个公司拥有组建所依法律所属国的国籍。它还在评注中提出：一个国家有权代表和为那些具有自己国籍的公司提供外交保护。美国国内立法及司法实践中也有为各种不同目的而区分具有外国国籍和美国国籍（citizenship）的规定或实践。

这样来看，承认公司国籍已经成了各国共同认可的事实，并且以公司国籍作为确定公司与国家之间的隶属关系，这是现实的必然。

第二节　确定公司国籍的标准

确定公司国籍的标准可谓五花八门，但是，这些确定的标准都不是随意的，都是有理论依据的。目前各种有关认定公司法人国籍的主要理论，究其实质，都与法人本质的理论有关。

一、法人的本质

关于法人本质的问题，从15世纪后期开始，成为学者所论争的焦点，到19世纪，成为市民法学者热烈讨论的课题。大致可以分为拟制说、法人否认说及法人实在说三种。

（一）拟制说。这种学说由萨维尼（Friedrich Savigny）所主张，萨维尼认为，法人得以成为人，乃是法律的拟制，是为了使团体得以享有权利的法律技术的产物。法人不过是想象中的人格而已。具体而言，萨维尼同意承认法人概念时，坚持要与自然人从根本上区分开来，认为自然人为主体是法律承认伦理的人的当然结果。他说："所有的权利，皆因伦理性的内在于个人的自由而存在。因此，人格、法主体这种根源性概念必须与人的概念相契合。并且，两个概念的根源的同一性以如下的定式表现出来：每个人……皆是权利能力者。"他要求区别自然人与法人的主体基础，反对将法人与自然人同等对待，主张仅仅把自然人看成真正的主体，认为自然人才是权利义务的当然主体。"权利义务之主体，应以自然人为限。"基于这个立场，他认为团体人格，并不是基于法人的本质产生的，而是法律所拟制的，即法人之为主体，取得人格，是法律规定就某种团体类比自然人拟制的结果，是"纯粹的拟制物"，其实体基础是"人为创造的组织"。自然人则不同，其法律人格，是从自然人的本质而来，其实体基础是伦理的人。这就是著名的法人拟制说或团体人格拟制说。萨维尼是研究罗马法的大家，对中世纪注释学派、疏证学派和教会法的法人学说相当熟悉，但他的拟制说未能超脱罗马法"非自然人无人格"的观念。

（二）法人否认说。此说排斥法人的观念，认为在个人或财产以外不再有任何物，以非自然人不得作为权利主体为前提，将自然人代替法人为权利主体，这样，该说否认法人人格的必要性，认为如果说有人格，也应归属于一定的自然人或者无主财产，而无须拟制什么想象中的人格。该说虽然与拟制说出发点相同，却致力于法人实体的本质剖析。法人否认说可划分为三派：（1）无主财产说。该说为德国学者布林茨（Brinz）所倡导。该说的观点是，法人无非是奉行一定目的的无主财产。（2）受益人主体说。该说为德国学者耶林（Rudolf von Jhering）所倡导。该说主张，法人财产的受益人，才是法人的真正人格者。在社团，该人格归属于社员；而在财团，则归属于不特定的多数人。（3）管理人主体说。该说为德国学者赫尔德（Holder）等人所倡导。该说认为，法人人格者，无非是充任法人财产管理者的自然人。

（三）法人实在说。19世纪晚期的德国人，思想发生了重大转变，格外重视国家和共同体的存在价值。他们采取与萨维尼对立的态度看待法人人格本质。他们认为，法人不是拟制的结果，法律规定组织体人格，是因为社会现实存在具有像自然人一样坚固而独立的实体——共同体或团体。也就是说，法人的实体基础，是实在而有独立结构的，是适合成为权利义务主体的组织体。学理称组织体说。这种认识，把法人真切看作具有实在现实基础的产物，导致了相信法人不仅在法律世界，而且在现实世界与自然人相对而立，法人在实体基础上被看作与自然人有相当的相似性，与自然人一样是具有独立结构的实体。

德国学者贝色勒（Beseler）和基尔克（Gierke）等甚至更进一步，以触向团体内部组织构造的分析，提出法人有机体说。这一学说认为，人类社会生活中有许多结合的组织体存在，它们皆有内在的统一性，有不同于个人意思总和的团体意思，因此本质上是与生物人一样的有机体，是一种具有生命力的组织体，是对内对外都实际表现出来的"联合人"，因此在法律上应有真实而完全的人格。自然人指向之生物人，它的有机性在于具有意思这一因素，而法人指向之组织体，也有得以成为有机统一体的不同于个人意思的团体意思。这种法人有机体的观点，在现今世界有着众多的支持者。

总之，该说认为，法人并非法律凭其技术拟制的抽象人格，而是在性质上宜于作为权利能力者的社会实在。至于该社会实在的性质如何，该说又分为两家。（1）有机体说。此说为德国日耳曼法大家奥托·基尔克（Otto Gierke）所倡导。基尔克对日耳曼法固有的共同体推崇备至，力主民法的团体本位。他主张团体是社会的有机体，如同自然人是自然的有机体一样，有其固有的生命和意思。法人享有法律人格是理所当然的。（2）组织体说。为法国学者米舒和萨莱耶所倡导。该说认为，法人是有团体意思和代表机关，从而宜于作为权利能力者的组织体。

关于法人本质的以上几种学说，都是历史文化遗产。其实，法人之所有权利能力，与自然人并无不同，即都是由于法律的赋予。而赋予的根据，也都在它们具有应予肯定的主体价值，而不是出于主观随意，法人如同自然人，因其能发挥社会的作用，有适于具有权利能力的社会价值，故应予以权利能力。①

二、各国确定公司国籍的标准

总的来说，外国公司是与本国公司相对应的，本国公司之外，当然就是外国公司，这是从东道国的视角来认识的。通常意义上，西方国家公司法中对外国公司所下的定义都比较简单，一般是指根据其他国家的公司法组织、登记而设立的公司。但

① 张俊浩主编：《民法学原理》，中国政法大学出版社1997年版，第164页。

是，具体到各个不同的国家，由于所依据的标准不同，各国的规定也不尽相同。英国公司法认为，外国公司就是指根据英国以外的国家的法律而组织设立的，通过在英国建立营业地或不建立营业地的方法从事商业活动的公司。此外，还根据该公司是否在英国建立营业地而分为海外公司和一般外国公司，在英国境内建立营业所的外国公司称为海外公司（overseas company），不在英国境内设立营业所，但在英国从事业务活动的外国公司，称为一般外国公司（foreign company）。公司法对这两类形式的外国公司分别作出不同的规定。所谓在英国境内建立固定的营业所，是指该公司具有进行营业活动的特定和确定的地点。在此地点必须标有该外国公司的明确标志。如果仅仅通过公司的代理人进行业务活动，或者通过一个到英国访问或旅行的董事在其居住的某家旅馆里从事某些营业活动，或者通过其子公司在英国从事业务活动等都不属于海外公司。只有当一个外国公司在英国建立了非临时性的、特定的或确定的地点之后，它才被称为海外公司。美国公司法中的所谓外国公司（foreign corporation），其概念与其他国家不同。凡按照美国各州公司法所设立的公司称为本国（州）公司（domestic corporation），这个公司在他州或他国经营所设立的公司，称为外国（州）公司。

那究竟何为外国公司？我们可以笼统地认为隶属于某一外国的公司，即外国公司，具体如何确定一个公司隶属于某一外国，这种确定公司与特定国家之间法律上的联系和隶属的标准就是外国公司认定的标准，也是通常学理所称的公司国籍。公司国籍是一个有争议的问题。多数国家都否定公司拥有国籍。即使承认公司有国籍的，也只是一种拟制的国籍。不管是否承认公司的国籍，都需要确定一个标准来限定“外国公司”，以示区分本国公司和外国公司。对于如何区分本国公司和外国公司，无论在理论上还是在实践上，国际上都没有统一的标准，各国根据其利益的需要，提出了不同的学说，采取了不同的标准，概括起来通常有三种判断标准：公司成立地标准（incorporation theory）、公司真实本座标准（real seat theory）和公司控制标准（control theory），其中，法人本质理论对以上标准的确立奠定了理论基础。正是在法人本质理论的前提下，形成了目前各种有关认定法人国籍标准的主要理论。

（一）成员国籍主义（或称资本控制主义）

持法人否认说者认为，法人只是假设的主体，实际上并不存在，所以主张法人本身无国籍可言，判断上只能依其股东的住所地国籍决定。

具体而言，这种主张认为，公司是由其设立人建立起来的组织，公司的权利实际上属于设立公司的自然人，因而公司不能脱离其设立人而独立，公司只能与其设立人同一国籍。也就是说，公司国籍的确定，要看公司的资本控制在哪一国公民手中，然后根据资本控制者的国籍来确定公司的国籍。控制该公司的自然人之国籍，为该公司之国籍。就是以公司股东的国籍来决定公司的国籍，公司多数股东为内国人时则公司为内国公司，反之则为外国公司。此种标准在美国的司法实践中较早得到运用。其依据乃在于通过揭开公司的面纱来发现公司背后的股东。甚至在最高法院关于多州管辖上也曾首先考虑股东的居所，然后推定他们居住在公司获得特许的州。在有关敌人财产的立法中，着重点便从公司成立移至持股上。早在 1887 年的《外国人土地法》（alien land law），以及源自第一次世界大战的立法总趋势，限制性的立法已倾向于根据股东的国籍来识别公司是否为外国公司。很显然，如果法律要求在某些敏感领域的公司有 100% 美国人持股，它就可以实现立法目的，因而此种情况下非美国人的管理人员很难获得权力。限制性立法的辅助性目的则在于防止外国人获得政府的津贴。

但是，这种主张实行起来有一些难处：一是弄清法人的资本真正为何国人控制并非易事；二是控制法人资本的股东经常变动，股东的国籍也随之变化；三是股东国籍相异时，究竟应依人数多少而定其国籍还是依出资额多寡而定其国籍，无以为定；四是法人如是发行无记名股票的股份有限公司，其国籍就更难确定了。因此，控制主义看似简单，实际上认定所谓控制权的所属极为困难，所以控制主义实际上仅在战时的特殊情形被例外地适用。例如，1916 年 2 月 29 日，法国司法部部长给法院的一封信函敦促对“其管理或其资本全部或大部分明显地操纵在敌国国民手中的”公司财产进行查封。这意味着是依实际控制公司者的国籍而不管公司的“形式国籍”如何。《凡尔赛和约》《圣日耳曼条约》《特里亚农条约》均有接受控制标准的规定。又如，英国在战时认定公司是否为具有敌意国家的公司时也采取了控制标准。例如，在丹姆莱公司诉大陆橡胶车胎公司案中，上议院便推翻了上诉法院的裁判。上诉法院认为公司有其单独的人格独立存在不能被无视。而上议院的派克勋爵则指出：如果公司因为它的成立在英国而被认为是英国的公司，那么这还不足以回答它是否具有敌性的问题。他说：“公司本身谈不上效忠或敌视……亲睦和敌视的特质……只是人的属性，如果这种特质要从公司股东们的主要特质那里去获得，我真不知道该从什么人那里去获得了。”

（二）设立地主义（或称成立地主义、登记地主义）

持法人拟制说者认为法人国家以特放方式，赋予权利能力的拟制的人，即其依据法律的规定而产生，借助国家的权力而有其权利的能力，所以其国籍应属于制定其所据以创设的法律，即其设立准据法的国家，因此又称为设立准据法说。一般认为，法人国籍的确定以其设立地为准，也是源于法人拟制说，这是因为，法人是因其设立地法律才被赋予的权利能力，设立地相当于自然人的“发生地”。或者说，是该地使法人拟制为“人”本身的，因此，设立地就是法人的国籍。

国际法院在1970年2月5日对巴塞罗那电力有限公司的判决中明确了“公司的国籍一般依其注册所在地而定”的法律原则。这个案例的简单情况是这样的：

巴塞罗那电力有限公司在加拿大注册成立，但其股份大部分属于比利时人。1948年，这家公司在西班牙宣告破产。比利时政府认为西班牙当局事后处置公司财产的方式违背了国际法准则，损害了比利时股东们的利益，因而向国际法院起诉，要求判令西班牙当局赔偿比利时股东们的损失。此案拖延许多年后，终于在1970年2月5日由国际法院作出判决。其判决要点是：（1）公司是法人。按照国际法的一般准则，只允许该公司国籍所属的国家行使外交保护权以实现其要求赔偿的目的。持股人所属的国家并不享有行使这种外交保护的权利。（2）公司的国籍一般依其注册所在地而定。巴塞罗那是一家在加拿大注册，加拿大籍的公司。因此，比利时政府无权为一个加拿大籍的公司的股东们行使外交保护。据此，国际法院以15票对1票表决驳回比利时的起诉。这个案例，对西方国家确定外国公司的国籍问题具有较大影响。[①] 当然，我们不能过早地下结论，认为以公司注册成立地作为确立公司国籍的标准，势必会被越来越多的国家所确认而成为公认的一个国际惯例，但它同其他两种标准相比，显然是有其特殊影响和作用的。

具体而言，这种主张认为，法人的国籍应依其设立地而定，凡在内国设立的法人即为内国法人，凡在外国设立的法人即为外国法人。其理由是，一个组织之所以能成为法人，具有民商事法律关系的主体资格，是因为一国依法对该组织的章程批准或给予核准登记。换言之，由于一国批准或给予登记的行为创设了法人，因而法人应具有设立地国国籍。这样的标准在英美的判例中采纳较多。美国法院在区分内外国公司时，传统上倾向于以成立地为标准。美国著名法学家瓦茨在分析成立地标准之所以在19世纪比现代更盛行于美国时，指出了如下原因：其一，外国企业在美国一州成立可在一定程度上放弃外国法而置于美国法的调整之下。联邦体制允许外国企业选择最宽松的管辖，且仅有少数一些州在今天保留有调整外国人参加关系的规定，可迫使外国企业接受美国法院为解决国内争议而行使的管辖。其二，成立地标准的另一个优点是它在当时更易于为外国所接受。当时的国籍标准一般认为一个在美国组建的公司应是美国的。外国外交干预或司法上的不承认均不可能成为立法、司法上影响在美国组建的公司的因素。但当时的国际法和条约更倾向于允许对组建于内国而由外国人所有的公司损害的追偿，这一般通过外国股东代表来实现。该因素可能在今天不太重要。其三，对于选择公司成立地标准并不太显然的理由是深层次探寻公司的经历有行政上的

---

① 陈安编译：《国际经济立法的历史和现状》，法律出版社1982年版，第156页。

不方便。19 世纪地区性的地产办公室或关税机构不能分析被广泛持股公司的持股情况，即使今天的行政机构有时也为这些问题大伤脑筋。当然这一问题在今天已有所减轻了。

但是，迄今为止，成立地标准在大陆法系国家的立法和实践中均未受到欢迎。我国台湾地区学者陆东亚认为，成立地标准有着明显的缺憾：首先，内国法人有在外国设立者，外国法人有在内国设立者；其次，设立人可能选择设立限制较为宽松的国家去设立公司、社团或财团；最后，设立行为具有不确定性，因为当设立行为有多行为时，如章程的订立在甲国，设立的核准在乙国，创立地在丙国，登记在丁国，这可能导致各行为地都可能视该法人为具有行为地国籍。法国著名国际私法学家巴蒂福尔和拉加德则指出：英国主张的“公司成立地”标准，虽然使股东保持了英国法和英国外交保护所带来的利益，不管其活动地点何在，避免了其实际住所的争论，但这种形式主义所保证的自由产生了欺诈行为的风险。欧陆国家担心发生公司在伦敦登记组成以便逃避公司住所地国的法律规定的情况。

总之，赞同这种主张的人认为，法人设立地或成立地确定不移，易于用来确定法人国籍，并且以此确定的法人国籍使得法人的国籍不易改变。但也有人认为，采用这种主张，在有些场合看不出法人实际为何国人所控制；另外，有时当事人会到设立限制较少的国家去成立法人，以达到其规避法律的目的。

另外，准据法主义说也是建立在法人拟制说基础上的。这种主张认为，法人都是依一定法律的规定并基于该国家的明示或默示认许而成立的，故法人的国籍应依法人设立时所依据的法律确定之，即法人的国籍依其成立所根据的那个国家的法律，即依内国法律成立的公司便为内国公司，依外国法律成立的公司为外国公司。采取这种标准的国内立法和国际法很多，如美国特拉华州《普通公司法》所界定的外国（州）公司是指依本国（州）以外的任何管辖范围的法律组建的公司。美国 1989 年《示范商业公司法》所称“外地公司”是指不依照本法律而是依照其他法律组织起来的盈利公司。墨西哥早在 1886 年 2 月 28 日公布的法律中就规定，公司国籍依认可其成立的法律来确定。1928 年的《布斯塔曼特法典》也指出：公司和财团法人的原有国籍应按照认许或核准此项公司和财团法人的国家的法律予以确定。但该法典在股份公司的国籍确定上，则未接受这项制度，而是规定：“股份公司的国籍应由组织章程予以确定，或者在可以适用的情况下，由其股东大会通常开会地，如无这种开会地为依据时，由其主要管理或行政机构或理事会所在地的法律予以确定。”

公司的准据法标准与成立地标准有很大的相近之处。在美国学者的有关著作中通常倾向于运用成立地标准，而很少讨论准据法标准，而事实上美国立法和司法中更倾向于运用公司成立所依据的法律来确定公司为内国（州）或外国（州）公司。之所以如此，原因在于公司设立依据的法律标准与成立地标准在大多数情况下是一致的，这是因为设立于某一国的公司通常是依设立地国家的法律进行。如设立中以登记、核准或章程订立等不同标准来标志公司设立完成与否，则可能发生设立地法与支配公司设立的法律不一致的情况；另外还有一些国家特别认许其公司在海外（非自己的领土）得以设立，如一些殖民国家在其殖民地设立公司并不一定依殖民地的法律完成设立。

（三）住所地主义

持法人实在说者认为，法人在社会现象中是独立的实体，与自然人并无太大区别，因此主张法人的国籍应依其本身与自然人的住所地相当的因素，即主事务所所在地或营业中心地决定，这就是住所地法说。

具体而言，这种主张认为，公司的住所是公司的经营管理和经济活动中心，因而公司的国籍应依其住所所在地而定。凡在内国有住所的法人为内国公司，凡在外国有住所的公司为外国公司。住所地标准在大陆法系国家颇为流行，欧洲经济共同体国家订立于 1957 年 3 月 25 日的《罗马条约》第 58 条涉及了公司国籍的确定。该条约第 58 条规定：“根据一个成员国的立法而组成，并且其法定住所、管理中心地或其主要营业地位于本共同体内的公司，就适用本章（营业权）各项规定而言，应与具有成员国国籍的自然人同样对待。”该条规定带来了诸多困难。1968 年 2 月 26 日签订于布鲁塞尔的《关于相互承认公司和法人团体公约》对公司作出进一步的明晰，该公约第 4 条只允许公司住所位于其领土内的国家对公司适用该国法视为强制性的规定。但如果法定住所与实际住所不同，又应如何解决冲突？所以该公约不得不进一步补充，允许成员国不承认实际住所位于欧共体领土以外的公司，如果这些公司“与这些国家领土之一的经济没有重要联系的话”。这样一来，欧共体国确定公司国籍就应既坚持住所地标准原则，又兼顾实际联系地的原则。法国 1966 年 7 月 24 日的《商事公司法》也明确规定，“住所设在法国领土上的公司受法国法的支配”，这意味着住所在法国的公司便是法国公司。法国传统上的司法判例并未接受此制。但法国判例早就有默示认同此制的表现，而且实践表明法国司法判例越来越倾向于根据公司住所来确定公司国籍。自 1870 年起，最高法院已针对营业地提出了住所及其他要求，在以后的判决中住所标准已占据了统治地位。

但是，对于究竟应以何处为公司的住所，学者见解和各国实践尚不一致。① 从大陆法系国家法制的现状来看，大多倾向于采管理中心地来决定国籍，这是因为管理中心地有着极明显的优点——稳定。公司可以在许多国家有营业地，但是管理地则往往集中于一国。美国冲突法实践中并不直接用住所标准，而是使用基本商业地（the principle place of business）标准。在冲突法的几个领域中都非常强调公司的基本商业地，尤其是在确定管辖和审理地上。二十世纪五六十年代以来，就有人主张选择公司的基本厂址和办公所在地的法律作为准据法是现实的。支持此标准的选择可能源自其他国家的实践。英国船舶法通常是美国立法的范例，该法便限制那些依英国法成立而在其他国家有基本商业地的公司在英国获得注册；在第一次世界大战期间，这被美国法院解释为商业受控制的来源地——“真实的生活所在地，而不是四肢移动地”。因此，实际上，商业地标准成了“管理办公地”标准，这已不像法国的“住所地”概念。由上可见，管理中心地或称主事务所（办公）地在欧洲国家得到了普遍的认可，美国在基本商业地问题上也持管理中心地的主张。

反对住所地主义的人认为，公司可以随意选定住所，就难以防止它们随意改变其国籍和规避法律的行为。

以上各种学说中目前受到重视的是设立准据说、控制说与住所地法说，其中设立准据法说虽有容易判断之便利，但是往往因公司的发起人在宽严不一的各国法律中避开要件严格的国家，而设法于容易成立的国家，依其法律设立公司，使公司的资金、

---

① 各个国家及一些学者对法人的住所的理解并不是一致的，主要有如下主张：

a. 主事务所所在地说，或称管理中心所在地说。这种主张认为，法人的住所为主事务所所在地或管理中心所在地，也就是法人的董事会或监事会所在地。其理由是，既然法人的主事务所是法人的首脑机构，它决定该法人活动的大政方针并监督施行，那么，就应该以法人的主事务所所在地为法人的住所。有的国家的立法采取这种主张，如日本《民法》第50条规定：“法人以其主事务所所在地为住所。”但应注意的是，法人主事务所设于何处是法人自行决定的事情。如果采取这种主张确定法人的住所，那么，可能出现法人本在内国从事经营活动，却将主事务所设在国外，取得外国住所，借以规避内国法律适用的情况。

b. 营业中心所在地说。这种主张认为，法人的住所为法人实际从事营业活动的所在地。其理由是，一个法人运用自己的资本进行营业活动的地方是该法人实现其营业目的的地方，与该法人的生存有着重要的关系；另外，法人的营业中心所在地相对来说比较稳定，不可能因当事人意欲规避法律而由其任意变更。但是，依照此说也有不便之处。例如，从事保险、运输或银行业的法人，其营业范围往往跨越数国，因而有时难以确定其营业中心地。又如，从事港建等行业的法人的营业中心地时常随地而转移。所以，对于此等法人，以营业中心地定其住所显然有困难。

c. 章程指定住所说。这种主张认为，法人特别是公司法人的住所以法人章程指定的住所为住所。在章程未指定时，才以其他标准如主事务所来确定法人的住所。一些大陆法系国家，如葡萄牙等国，采取这种主张。

d. 主要办事机构所在地说。这种主张认为，法人的住所为法人的主要办事机构所在地。这是兼采管理中心所在地说和营业中心所在地说的一种主张，因为主要办事机构所在地既可能是管理中心所在地，也可能是营业中心所在地。我国立法采此说。例如，《民法总则》第63条规定：“法人以其主要办事机构所在地为住所。”《公司法》第10条规定：“公司以其主要办事机构所在地为住所。”

营业中心与其本国全无关联，形成广义的规避法律现象。控制说在战争时期凭借股东、董事或其他实际控制公司运营者国籍，决定是否为适敌国公司，在和平时期作为判断内、外国公司的标准，以便决定给予何种待遇，这是比较有利于内国的标准，但其须揭开公司的人格面纱，直指幕后出资人，无异于否认公司的人格，所以实用价值有限。住所地说重在发现法人客观的所在地，所以主张应以章程已经载明而不易掩饰的董事会与股东大会所在地，或公司的主要事务的经营地为住所地，并认为公司有该地所属的国籍。

公司究竟是何国国籍的问题，与自然人相同，应由各相关国家的法律自行认定。各国确定国籍的标准千差万别，因此，公司的国籍也有积极冲突与消极冲突的现象。例如，法国关于公司的国籍，采取住所地主义，英国采取设立准据主义，如果某公司依法国法设立，在英国有住所，则既非法国公司，又非英国公司；如该公司是依英国法设立，在法国有住所，则其同时具有英国和法国的国籍。对于如何解决这些冲突，如今依旧没有一种统一的办法。

各国法律都有对母国公司与外国公司因区别赋予不同的待遇，同时，有关公司的一般权利能力、法人的内部组织、对外关系、行为能力及其解散都有不同的规定，那么内国公司与外国公司区别的基准是什么？外国公司在内国进行什么样的营业活动，内国如何监管该外国公司及如何限制该外国公司的权利享有？这些问题的解决都首先必须对法人的“国籍”进行确定，也就是说，公司国籍决定着公司的归属，而以此为基准来解决公司的人格是否存在，以及内外公司的区别和其权利享有的差别等问题。

正因如此，公司的国籍确定被各国学者所提倡，但是，在第一次世界大战期间，各国因为需要决定公司的敌性，以保护内国的安全，公司国籍则明显有其缺陷，这样国籍理论开始动摇。不问公司实质上的构成如何，完全依据形式上的标准（国籍）来区分内外公司，已经不符合实际需要，于是有学者提出法人否认论，但是，现实的发展依然要求对本国公司与外国公司作出区别，而且在实务上，更需要对外国公司究竟是哪一外国公司作出明确，如对于外国公司，往往需要在公司名称上冠以国籍以区别内外国公司或外国公司，如美国某股份有限公司、日本有限责任公司等。于是，学者们提倡公司国籍论。但是在公司国籍确定过程中，从现实的情况来看，再也不能采用单一的标准来予以确认，如有的国家以准据法主义作为确立的标准，这样就会出现在外国依据外国法虚设外国公司，然后拟其名义在内国投资，规避法律，享受优惠的状况，这已经与吸引外资的原意背道而驰，为了避免这些问题，对于外国投资，内外公司的区别，应当以实质上的资本如何构成及公司的实际联系程度予以确立。

三、条约及国际习惯法对外国公司国籍的认定

外国公司可因国籍的联系而由国籍所属国凭借双边条约的缔结，保障其在另一当事国的地位。外国公司如受到不法侵害，亦可凭借国籍的联系，请求国籍所属国向加害国要求损害赔偿，这是国际习惯法所赋予的保障。但是，决定外国公司国籍的标准，有准据法说、住所地说和控制说等，然而，条约与国际习惯究竟是以何种标准来决定公司国籍的呢?

首先，我们来看各国间所缔结的双边条约和多边条约。1954 年美国与德国所缔结的双边商事条约规定，当事国应对他国的国民、法人及团体予以国民待遇并保障其财产权，而这里所指的法人是指依当事国的法律组织成立的法人以及由当事国国民所控制的法人，换句话说，准据法说和控制说均分别被采用来判定法人的国籍。另外，1957 年《罗马条约》第 58 条规定，凡依据共同市场任一成员国的法律所组织或成立的公司，同时其登记办公场所或主要营业中心地是设于任一成员国之内，则成员国应当承认其法人人格。这种公司，不必经认许即享有财产权的保障并得在任一成员国的法院起诉。还有就是 1957 年 12 月 7 日美国与法国签订的《设立营利事业公约》。这一公约规定，凡是依照美国各州或法国的法律组织设立，或由美国或法国的国民所控制的公司，都应认为具有美国或法国国籍，从而可以享受国民待遇，取得财产权，在法院起诉。于此，准据法说与控制说均分别获得承认。其次，我们来看国际习惯对外国法人的保护。依国际法的原则，外国分别受到第三国的侵害，而用尽当地的消极手段依旧不能获得赔偿时，可以利用国籍的联系而请求其国籍所属国家向加害国索要损害赔偿。依据 Nottebobmcasein 所建立的原则，被害人与索要损害赔偿的国家之间必须有“有效联系”，这就是所谓的“国籍继续”原则。依据英、美两国的实际做法，一个法人组织，如果与其有国籍的联系，同时该国籍的联系是真实有效的，那么，该法人如受到第三国的侵害时，英美两国政府认为其在国际法上有权代表受害的法人向加害国提出损害赔偿的请求。换句话说，“国籍继续原则”并不仅用于个人受第三国侵害的场合，也可适用于“法人”受侵害的场合。

判定法人国籍有准据法、住所地及控制说等国籍标准，但是依何种标准所取得的公司国籍，才能被认为是符合国际法的“国籍继续原则”?一个法人依内国法律组织成立的事实，依准据法说自然取得该内国的国籍。不过仅仅有这样的真实，是否就是符合“国籍继续原则”的要件?

英国在 1913 年之前所采取的态度是，仅仅依英国法律组织成立，并不是能使法人取得真实有效国籍的联系，必须打破法人国籍的外壳，进一步判断法人股东的利益

是否代表英国的利益。到了 1913 年，英国政府的态度开始发生转变，认为要判定依英国法律组织成立的法人是否取得真实有效国籍的联系，最重要的考虑因素是该法人控制中心地是否设于英国，换句话说，转而采取“住所”作为判断法人是否具有真实有效国籍的联系标准。

美国政府一贯的态度是，一个依美国各州的法律所组织成立的法人，在判断是否具有真实有效的国籍联系时，必须揭开法人国籍的外壳，进一步考虑是否有美国的利益存在于此一法人之内。而所谓的“美国利益”能完全从经济利益的观点来考虑。当然法人如由美国国民所控制，或美国国民拥有担当的股权，也是美国利益之一。只需有美国的利益存在于其中，纵使控制中心并不设于美国境内也可以。

这样可以看出，英、美两国政府的态度是仅仅依内国法律组织成立的事实，并不足以构成真实有效的国籍联系。英国政府进一步兼采住所地说的理论，而美国政府则以经济利益的观点加以考虑，以美国的利益的存在与否作为判断的标准。

四、外国公司的附属机构的国籍问题

众所周知，外国公司的海外活动方式无外乎设立分公司（Branch）与设立子公司（Subsidiary）两种，这就是外国公司的附属机构。所谓设立分支机构（分公司），是指一个公司在其所属国以外的第三国，经过了允许之后，在该第三国设立分支机构。分公司的设立，意味着分公司所在国承认母公司法人人格的延长。分公司的设立，以母公司被认许作为前提条件。与设立分公司相对的就是设立子公司，设立子公司是依据外国的公司法，再组织成立一个公司。这个公司自有其独立的法人人格，虽然这是由母公司所组织成立，但其权利义务与母公司并无联系，母公司仅具有股东的身份而已。子公司与分公司的不同，最主要的在于前者有独立的法人人格，所以权利义务与母公司无关，而后者仅为母公司法人人格的延长，并无独立的法人人格，简单来说，就是其仅仅是作为母公司的一个机关（机构）而已，其权利义务实际上就是母公司的权利义务。所以自然可以判定分公司的国籍就是母公司的国籍。对设立子公司的方式作进一步的分析发现，子公司主要有两种，第一种是全资子公司，第二种是合资子公司。不管何种形式，如果依据准据法说，子公司及依据内国法律所组织成立的法人，本应为内国法人。但是子公司实际上往往为外国股东的外国公司所控制，其仅为外国公司全球活动网的一环。而这样的海外活动往往会对东道国造成一种不安，在这种情况下，纵使子公司是依内国法组织成立，内国也将认为其具有极强烈的外国法人的色彩。内国政府认为这种公司，因其是由外国股东所控制，必然不能与由内国人股东所控制的公司有相同的地位。因而许多经济上的特权不能由这种公司所享有，许多经营领域不能由这些公司所从事。对这样的公司予以特殊对待，无非就是这种公司实际上是由外国人股东所控制，这样的立场实际上是控制说，用以保护其内国的经济利益。

五、确定公司国籍标准的新的发展趋势

随着全球经济自由化的发展，公司发展迅速，成为世界经济活动的主角。据联合国统计，20世纪60年代后期，西方跨国公司有7276家，国外分支机构为2.73万家；到80年代中期，跨国公司已增至2万家，其国外分支机构超过10万家；1996年跨国公司数目达4.4万家，国外分支机构为28万家；目前全球共有跨国公司6万多家，在全世界拥有80万家海外分支机构。另据联合国贸发会议2000年8月统计数字显示，跨国公司控制了90%的国际直接投资、60%—90%的国际技术、50%—60%的国际贸易和40%的世界生产。跨国公司的触角已延伸到世界经济的方方面面，在经济的每个领域都能看到跨国公司的身影，它是推动经济全球化、一体化的重要力量。这样，公司再也不局限于原有的设立地国，为了开拓它的发展空间，它遍布的国家无数，如何合理确定公司与国家真实隶属程度的标准就不能坚持原有的单一标准，只有采取多元化的复合标准，更多揭开公司表面的外壳，我们才能发现公司与一国之间的真实隶属关系，因此，在当代确定公司国籍标准时，就有了新的发展趋势。

1. 确立公司国籍的多元化复合标准

现如今公司跨越边界的流动频繁，对公司与国家联系程度的判断再也不能用单一的标准了，于是结合多种元素来确定公司国籍就成了一种新的发展趋势，这样能够揭开公司的外壳，真正准确确定出公司与国家之间的归属关系，于是就出现了一种把公司的住所、公司的登记注册地和公司的实际控制者相结合起来确定公司国籍的主张。采此说，或综合公司的住所和成立地两项标准定其国籍；或综合公司的住所地或设立地和准据法两项标准定其国籍；或者综合公司的实际控制者和住所地两项标准定其国籍。例如，我国《中外合资经营企业法实施条例》第2条就规定，依照《中外合资经营企业法》批准在中国境内设立的合资企业是中国法人。又如，日本一般采取准据法主义，但要取得日本内国法人的资格，除依日本法成立外，还须在日本设有住所，凡不符合这两个条件均被视为外国法人，也采复合标准说。再如，沙特阿拉伯1965年的《公司法》和1979年的《外国投资法》均规定，凡具有该国国籍的公司，其主要办事机构、登记成立地均应位于沙特阿拉伯，且全部股东都应是沙特阿拉伯人。此外，复合标准也被国际公约所接受。如1956年6月1日海牙会议达成的《海牙承认外国公司、社团和财团法律人格公约》规定："凡公司、社团和财团按照缔约国法律在其国内履行登记或公告手续并设有法定所在地而取得法律人格的，其他缔约国当然

应予以承认，只要其法律人格不仅包括进行诉讼能力，而且至少还包含拥有财产、订立合同以及进行其他法律行为能力。”1970 年国际法院在审理巴塞罗那公司案时也指出：对于公司的外交保护权，只能赋予该公司依据其法律成立并在其领土内有注册的事务所的国家。这样确定公司国籍的标准更能体现出公司与国家之间的真实联系。

2. 从经济利益角度确定公司的国籍

如前所述，美国政府一贯的态度是，一个依美国各州的法律所组织成立的法人，在判断是否具有真实有效的国籍联系时，必须揭开法人国籍的外壳，进一步考虑是否有美国的利益存在于此法人内。而所谓的“美国利益”能完全从经济利益的观点来考虑。当然法人如由美国国民所控制，或美国国民拥有担当的股权，也是美国利益之一。只需有美国的利益存在于其中，纵使控制中心并不设于美国境内也可以。

第三节　我国公司国籍确定的标准

在我国现有的法律中尚未直接规定公司国籍的标准，但是，我们可以从我国的司法实践和其他一些立法中发现一些蛛丝马迹，下面我们具体来看：

一、资本实际控制说

新中国成立初期，在清理外国人在华企业时，为了肃清帝国主义在华特权，主要采法人资本实际控制说，以法人资本实际控制于何国人手中的情况来确定法人的国籍。例如，上海永安公司（现上海第十百货商店）原来成立时登记为美商，太平洋战争爆发后又改为华商，抗战胜利后复登记为美商，但该公司实际上是我国人投资的，且一直为我国人所经营掌握，因此，新中国成立后我国政府将该公司定为我国私营企业，而未作为外国法人对待。

二、注册登记国说

我国已在一些单行法规和司法解释中对公司国籍的确定做过若干规定。从这些规定不难看出，在今天正常的国际民商事交往中，对外国公司国籍的确定，我国主张依据公司的设立登记地来确定公司的国籍。我国《公司法》第 191 条规定：“本法所称外国公司是指依照外国法律在中国境外设立的公司。”由此可见，《公司法》是以登记成立地来确定外国公司的国籍的。1988 年《最高人民法院关于贯彻执行〈中华人民共和国民法通则〉若干问题的意见（试行）》第 184 条也规定：“外国法人以其注册登记地国家的法律为其本国法……”这一规定进一步表明，我国在实践中是以公司登记成立地国为其国籍国的。同时对于在外国已根据其法律取得了该外国国籍的公司，我国也都承认其已取得的国籍，而不问该外国适用何种确定公司国籍的标准。

三、成立地和准据法复合标准

对中国内国公司国籍的确定，则采公司成立地和准据法复合标准，故只有依照中国法律组成并且在中国境内设立的公司才能取得中国内国法人的资格。例如，中外合资经营企业和中国境内的外资企业便是分别依照我国《中外合资经营企业法》和《外资企业法》，经我国主管部门批准并在我国工商行政管理机关登记注册而在我国境内设立的，故我国法律确定这两种企业是中国法人。

随着我国进一步的对外开放，我国参与世界经济竞争的深度和广度进一步扩大，2001 年加入世贸组织后，我国彻底与世界经济市场联系在一起，我国在分享世界自由市场成果的同时，也难以逃脱由其带来的负面效果，其中，一些投机者利用自由市场，在海外注册登记公司而以“外国公司”的身份在本国展开大量实质性的经营活动，享受优惠。为了杜绝这样的负面效果，我们可以在确定公司国籍时，不再坚持单一的标准，采取复合标准和经济利益的标准，尤其注重资本控制说在现代确定公司国籍方面的重要意义。

第二章　各国公司法律制度的对比分析

公司法属于商法的一部分，不同于民法。对民法而言，各国更强调本土化及法律传统的延续。因为民法中的身份关系、物权关系与本国的人文传统、风俗习惯和经济制度等密切相关，更多的是从伦理方面进行调整，技术性的规范相对较少。作为商事主体法的公司法却有着不同的调整方式，技术性规范相对较多，程序性规定在各国公司法占有重要地位，目的在于构建能够如同自然人一样独立参与经济活动的主体。英美国家的公司法，一般是任意性公司法或者授权性公司法。美国公司法，作为任意性的公司法模型在英美法系公司法中具有代表性，美国的公司在经营管理中具有很大的灵活性，在设立出资、股权转让等许多方面都是由任意性规范来规制的。然而，欧洲的公司法模式建立在利益相关人保护的哲学理念上，公司法的规则是用来协调股东、债权人和雇员之间的利益冲突的。因此，公司法在本质上属于强行性质的法律，如公司财务制度、公司资本制度、公司组织机构等的相关规范都有所体现。其中，德国的公司法是强行性规范的大陆法系典型代表。因为世界经济交流的原因，整个商事法有着全球化的趋势。所以各国公司法的差异在逐渐缩小，欧洲公司法改革也逐步采取宽松的态度，公司法的演变进程，实际上是任意性规范在公司法上逐渐取得主导地位的演变进程。两大法系相互融合的趋势也很明显，特别是欧盟有关公司法方面的指令，对欧盟各国公司法的统一起到重要作用。下文就各国公司法律制度的有关规定进行简单比较。

第一节　公司概述

一、公司的概念

由于世界各国公司法迥异，实践中各类公司繁多，因此，很难从中概括出一个统一的定义。大陆法系强调公司设立的法定性及主观目的的营利性，并特别强调社团法人结构的团体人格，如日本《商法》第52条规定，“本法所谓公司，指以经营商法行为为目的而设立的社团”，并且进一步规定，“依本编规定所设立的以营利为目的的社团，虽不以经营商行为为业者，也视为公司”。[①] 再如，德国《有限责任公司法》第1条对公司的设立目的进行了具体规定，“有限责任公司可以依照本法规定为了任何法律允许的目的由一人或数人设立”，第13条对公司的法律性质进行了具体规定，“有限责任公司独立地享有权利和承担义务……”

但在英美法系公司这一概念具有广泛的意义，公司是由法律赋予其存在，并与其发起人、董事和股东截然分开的法人团体。这种团体无论是否具有营利性，为何目的而组成，都可以称为公司，英国公司概念中“company”一词强调社团性，但由于对“一人公司”的认可，公司的社团性也在丧失；美国“corporation”一词更强调组织的法人实体，如美国最权威的《布莱克法律词典》做了如下解释：公司是依照州法授权而创设的拟制的人或法律实体，所以在遇到“一人公司”时并没有概念上的障碍。但即使在英美法系，公司也依照其设立目的分为营利性的商事公司和非营利性的商事公司，前者与大陆法系的公司概念较为接近。故而，本书提及的公司一般是指依照公司法的规定而设立的，以营利为目的的企业法人。

二、公司的形态

公司制度在长期发展过程中形成了多种形态。由于公司立法传统背景不同，英美法系和大陆法系对公司类型的规定有较大的差异，在同一法系内各国公司类型的规定不尽相同，但所有国家无一例外地都实行公司形态法定，究其原因，是与物权法定类似的考虑。

大陆法系如德国、法国、日本、瑞士等主要采取股东对公司所负责任的不同进行分类，可分为无限责任公司、有限责任公司、股份有限公司与两合公司。无限责任公司是指由两个以上股东组成的，股东对公司债务承担无限连带清偿责任的公司，是一种人合公司，以股东个人的信用为公司的责任基础；无限责任公司是最早的公司形式，在本质上与合伙企业没有什么区别，无限责任公司是从合伙中逐渐发展而来的。有限责任公司是指股东人数有限，且以其出资为限对公司债务承担责任，于1892年始创于德国，其后在法国、意大利、卢森堡、比利时等国相继采用；从时间上来看，由于有限责任公司发展得较晚，很多国家都是通过单行法的形式加以规定，如法国1925年制定的《有限责任公司法》，针对有限责任公司的法律问题做出了专门的规定。股份有限公司是指由有限责任股东组成，全部资本分为等额股份、股东以所持股份享有股东权的公司，这种公司类型是一种典型的资合公司，往往资金的募集具有公

① 毛亚敏：《公司比较研究》，中国法制出版社2001年版，第14页。

开性，并且可以随意转让股份；可以说，股票的自由发行和自由转让是股份有限公司最本质的特点。除此之外，股份有限公司实现了所有权和经营权的分离，公司账目必须公开，公司的规模一般也比较大。两合公司是由承担无限责任的股东与承担有限责任的股东组成的，无限责任股东对公司债务承担无限连带的清偿责任，有限责任股东以其出资额为限对公司债务承担清偿责任。在很多发展中国家，因其公司形态不如发达国家完善，资本市场还比较脆弱，两合公司还有其适用的优越性，并且表现出一些民族本土形态，这样的国家有埃及、巴西、墨西哥、阿根廷、泰国、印度等。

与大陆法系不同的是，英美法系按股东的分散程度及股权能否转让的标准将公司分为封闭公司（英国称为 private company，美国称为 close corporation 或 closely held corporation）和公公司（public corporation 或 publicly held corporation）。一般而言，封闭公司股东人数有限，不得公开募集资金并上市流通，这类公司比较类似于大陆法系的有限责任公司。而公公司则比较类似于大陆法系的股份有限公司，股东人数较多，股权分散，公司股份可以公开募集并可以上市流通。在美国，除个别州以外，大部分公司法的规定同时适用于这两类公司。需注意的是，这两类公司仍有一些地方与大陆法系的有限责任公司和股份有限公司是不同的。比如，封闭公司转化为公公司，在美国规定这并不是公司形式的改变，英国、美国法律都规定，当发生这种变更时，无须进行解散、清算，只需修改公司章程对公司转让股份的限制条款，增加公司招股的内容就可以了。而我国公司法仍然只承认有限责任公司和股份有限公司两种形态。

三、公司章程

公司章程是公司在设立目的、经营范围、资本状况、解散清算等方面的公司准则。可以说公司章程是公司组织活动的基本原则，被称为公司的“宪章”。各国公司法的差别在章程方面的表现也较为明显，各国均规定章程是公司设立的必备条件，且具有对外公示效力。

在大陆法系，公司章程是由一份单一的文件构成的。一般包含绝对条款、相对必要条款、任意条款。绝对必要记载事项通常是明确公司基本问题的事项，必须在章程中规定，如果缺少其中任何一项或者任何记载不合法，都会导致章程无效，因此各国都对绝对必要记载事项进行详尽规定。德国规定章程记载公司的名称、公司的注册处所、公司的宗旨、股份总额、董事的数量、公司进行通知的形式。法国规定有发起人的国籍、最低资本额、注册住所的地址、公司设立宗旨、公司期限及经营管理方式。相对必要条款是法律作出列举，是否记载由当事人选择的事项，各国对相对必要条款的规定差异较大，如德国《有限责任公司法》第 3 条第 2 款规定有经营期限，股东除出资以外的其他义务。日本《有限公司法》规定有实物出资者的姓名，作为出资标的的资产及价格、以此标定的出资股数，约定于公司成立后受让的财产、其价格及转让人的姓名，应当由公司负担的成立费用（但章程认证的手续费及应付办理出资缴纳事项的银行或信托公司之费用不在此限）。对公司章程的订立，德国《有限责任公司法》第 28 条第（1）项规定“公司合同必须经全体股东签字”，第（2）项又规定“若有全权代理人签字，只有全权代表身份公证或能公证认证，方为允许”。德国《股份公司法》第 28 条规定“确定章程的股东为公司发起人”，日本与德国大体一致，法国对有限责任公司章程的制定没有明确规定，但法国《商事公司法》第 74 条规定：“章程草案应由各发起人制定”。同时第 37 条规定：“所有股东可享有或通过证明拥有特别权力的代理人参加公司组建活动”。一般而言，各国要么采取共同制定的方式，要么采取通过的方式，法国有限责任公司采取的是共同制定，德国、日本、中国股份有限公司也采取了共同制定的方式，而对德国、日本的有限责任公司主要采取通过制定的方式。

与大陆法系不同，英美国家的公司章程由两个文件组成：章程大纲（英国称为 memorandum of association，美国称为 article of incorporation），章程细则（英国称为 article of association，美国称为 by - law），二者结合相当于大陆法系的章程，前者是规定公司对外关系的法律文件，向公司的外在交易者、投资者、债权人、起诉人起到公示的作用，内容多是法定的，如香港《公司条例》规定为公司名称、公司宗旨、公司成员的责任、股东担保公司债务份额的承诺；如属股本公司，还须记载注册股本及其股份的划分，每个股份认购人认购的股份数目；美国《示范商业公司法》规定为：（1）公司名称；（2）公司被授权发行的股票数量；（3）公司的注册地址及注册代理人；（4）每位发起人的姓名和地址。公司组织章程可以包含下列内容：（1）将要就任公司组织时的董事们的姓名和地址；（2）和法律没有不一致的下列有关方面：①要组织公司的目的……章程中无须进一步阐明本法所列举的任何公司权力。美国《加利福尼亚州普通公司法》第 202 条规定公司章程应当列明：（1）公司名称；（2）公司目的；（3）第 1502 节中提供服务的代理人的名称和地址；（4）公司被授权发行的股票的数额或多种股票的数额及种类；新加坡《公司法》第 22 条（1）：每个公司的章程应当注明日期，除其他要求外，应载明：（a）公司名称；（b）已删除（原规定公司目的）；（c）如果有的话，说明公司登记股份资本额及股票的固定数额；（d）如果公司是划分股份的有限公司，说明公司成员责任是有限的；（e）如果公司是担保有限责任公司，说明公司成员责任的限额……（f）如果公司是无限责任公司，说明公司成员的责任是无限的；（g）说明所有公司成员的全名、住址及职业；（h）每位成员的认购数额。章程细则是在章程大纲基础上制定的，是公司的内部宪章，一般不具有对外效力。在美国，章程细则是不必提交州务长官备案的，在英国及我国香港特别行政区，也只有担保有限公司及无限公司的章程细则需要注册。公司章程细则主要是规定公司组织机构的设置权限，职责相互关系及业务执行的内容，按美国示范公司法及英国公司法等的规定，这两份文件都必须由发起人签署。总的来说，各国均未规定像我国如此之多的章程绝对记载事项，绝大多数事项都交由公司自行规定，并且大多数国家都规定了所谓兜底条款，即章程可以记载公司认为其他应当记载的事项。对于公司的经营范围，各国一般无明确要求，多允许公司可以从事任何不违反法律的业务，除非公司章程明确予以排除。

除此之外，各国公司法对公司章程的修改也做了不同规定。在大陆法系国家，如德国《有限责任公司法》规定，修改公司章程是股东的一项权利。每次修改章程，都要由股东大会作出决议，股东大会也可以将修改章程的权利交由监事会行使。日本《有限公司法》第47条规定，章程的变更须有股东大会的决议。而在英美法系国家，例如美国《标准商事公司法修订本》第10.02节和第10.03节规定，修改公司章程的途径有两种，一是如果公司还没有发行股票、董事会或发起人，可以对公司章程进行一处或者多处修改；二是由董事会和股东会修订公司章程，即由公司董事会向股东提出建议，对公司章程进行修订。

四、公司能力

公司作为法人的一种，必然涉及公司的权利能力问题，公司权利能力不同于自然人，其范围是受到限制的，一般而言，有性质上的限制、法律上的限制和目的上的限制。大多数国家公司的权利能力从属于法人的权利能力，并不在公司法中作出规定，只有美国示范公司法和各州公司法分别列举了公司的权利能力内容。

对公司权利能力法律上的限制和目的上的限制往往表现在公司立法中，不同国家有着不同的限制性规定。

就法律上的限制而言，如法国禁止向董事、总经理法人董事的常任代理人及他们的亲属提供贷款；美国大多数州公司法禁止公司贷款给其高级职员或董事；中国台湾地区规定除因公司间业务交易行为有融通资金的必要外，不得借贷给其股东或他人；日本虽然不禁止公司贷款给董事，但必须经董事会承认；德国公司法规定贷款给董事或其他高级职员需要经过监事会的同意，贷款给监事会成员需要经董事会的同意；美国纽约州公司法规定贷款给董事必须得到股东投票批准；少数国家及地区，如美国《示范商业公司法》及美国《特拉华州普通公司法》对此不作任何限制。再如，法国禁止公司为董事、总经理、法人董事的常任代理人及他们的亲属向第三人承担的义务提供担保；日本规定公司只有经董事会同意后才能向董事提供担保；我国《公司法》规定公司为他人提供担保，应按照公司章程的规定由董事会或股东会或股东大会决议，并不得超过章程规定的对担保总额及单项担保的数额的限额，公司向股东或实际控制人提供担保，必须经股东会或股东大会决议；美国《示范商业公司法》及各州的公司立法对此未作限制。又如，公司转投资问题，多数国家一般是予以承认的，但不同国家有不同限制：关于转投资对象的限制，可以参照股东资格限制部分的内容，我们在此只谈论转投资比例的限制。多数国家和地区对转投资的数额没有限制，目的是最大效率地配置资源，推动公司的发展。我国台湾地区的“公司法”有相关限额的规定，但比较灵活，可以依章程或股东同意或股东会决议有所突破。我国《公司法》取消了关于转投资比例的限制，只是禁止公司转投资时承担无限责任。相较于旧法，这样给了公司相当多的自由裁量权，目的在于鼓励投资。

五、经营范围

公司目的上的限制表现在章程中规定的经营范围条款（英美称为公司目的，德国称为公司宗旨）。早前，英国的法律与判例认为公司的活动不能超越其目的，否则无效。但该理论在实践中存在很大的弊端，严重影响交易安全，公司多以“越权行为”为借口逃避承担违约责任，英国从 1986 年《公司法》开始对越权理论进行修改，以保护善意第三人，直至 1989 年《公司法》明确规定公司的能力不再受公司章程的限制。美国《示范商业公司法》也规定公司可以像自然人一样去从事对经营业务和处理事务有必要或有利的事情，不得因为欠缺权利能力而对行为提起无效之诉。可见，英美法系公司是不存在目的上的限制的。大陆法系，如瑞士、德国等认为法人的目的范围不构成对法人权利能力的限制，其他国家也曾经对公司进行目的上的限制，但最终都做出了让步。目前，各国一般无明确要求，多数国家规定公司可以从事任何不违反法律的业务，除非公司章程明确予以排除。美国《示范商业公司法》第 3.01 条规定，（1）每一依据本法注册成立的公司，均拥有从事任何合法商业经营之目的，除非公司章程之中规定了更为有限之目的。（2）如果公司从事受本州其他法令约束的商业经营，则唯有在该法令容许且与该法令的限制性条件不相抵触之情形下，该公司才可依照本法之规定成立。美国《特拉华州普通公司法》第 102 条第（1）项中的规定与《示范商业公司法》的规定类似，纽约州和加利福尼亚州也有类似于《示范商业公司法》的规定。南非《公司法》第 33 节第 1 条规定，任何依第 32 节成立的公司，有依据其章程中确定的公司主要目的和其他目的而确定的能力，除非公司章程明确予以排除。新加坡《公司法》第22条第（1）项规定，依据本法及其他成文法和公司章程的规定，公司有（a）完全的能力从事任何交易和活动；而且（b）为了（a）的目的，有完全的权利、权力和特权。英国1985年《公司法》第35条规定，(1）为保护在和公司的交往中善意信赖公司能力的第三人，任何公司董事的交易行为都视为在公司能力范围内作出的，且不受公司章程对此的限制。(2）但并不排除交易的一方当事人可以询问公司能力或董事的权限，并且除非有合同的反证，推定第三人善意。

在大陆法系国家中，对经营范围越权的规定也由来已久。德国是大陆法系的代表，德国商法中的相关规定也最具代表性。在德国商法中改变企业经营范围不属于经理人的权限——对于独资商人来说，是因为本来就不存在法律意义上的这一范围，对于公司来说，是因为这一范围在公司合同或章程中早已载明；然而，依德国《商法》第49条第1款，不在营业范围内的行为仍为有效，因为（并且只要）某商事营业的经营需要如此。法国法规定，合伙公司、有限责任公司经理与股份有限公司的董事长和总经理拥有任何情况下以公司名义进行活动的最广泛的权利，公司对其不属于经营范围内的行为也应负责，除非有充分证据证明第三人知道或根据当时情况不可能不知道该行为已超出公司的经营范围。公司章程对经理行为的限制对第三人不产生效力，在存在多名经理的情况下，每一名经理都有上述权利，每一名经理对其他经理的行为可以提出异议，但此项异议不得对抗善意第三人，仅章程的公布不足以构成第三人恶意的证据：公司经营范围是公司登记中的重要事项。德国和法国商法中承认超出经营范围的合同的效力。

此外，日本《民法典》第43条规定："法人依照法律的规定，在章程或捐助行为所定目的范围内享有权利和承担义务。"韩国《民法典》第34条规定："法人根据法律的规定，在章程规定的目的范围内成为权利和义务的主体。"俄罗斯《股份公司法》第2条第3款规定，公司有权享有通过不为法律禁止的活动所带来的权利，并承担相应的义务。乌兹别克斯坦《股份公司法》第2条规定，公司有权从事任何法律不禁止的活动，并承担因此引发的义务。1968年欧共体理事会《第一号公司法指令》第二节"公司缔结债务的能力"第9条第1款也明确规定，公司机关实施的行为对公司具有约束力，即使这些行为超越了公司的目的与范围；除非这些行为超越了法律赋予或者法律许可赋予这些机关的权力范围。这一指令现已为欧盟各国所采纳。

1999年《最高人民法院关于适用〈中华人民共和国合同法〉若干问题的解释（一）》第10条明确了："当事人超越经营范围订立合同，人民法院不因此认定合同无效。但违反国家限制经营、特许经营以及法律、行政法规、禁止经营规定的除外。"也适用于我国的所有公司。根据《公司法》第40条和第107条的规定，修改公司章程的决议，必须经代表2/3以上表决权的股东通过。而且，这种章程的变更还要经过主管机关的登记。显而易见，经过如此烦琐的程序后，原有的商机大多已对公司失去了价值和意义，浪费了社会资源。我国1993年《公司法》第11条规定，公司应当在登记的经营范围内从事经营活动。我国2005年《公司法》第12条废除了这样的条款，该条规定，公司的经营范围由公司章程规定，并依法登记。公司可以修改公司章程，改变经营范围，但是应当办理变更登记。我国《公司法》中放宽了对经营范围的限制，这符合如今时代发展的潮流。但在实践中应确立好特殊企业的特许经营制度，使一般企业和特许经营企业各自都有法可依。

六、法人人格否认制度

公司作为独立的人格，以独立财产和独立责任为特征，独立责任表现在公司以全部财产承担全部责任，而股东仅以出资承担有限责任。但是，现实中，公司这样的特征可能会出现被滥用的情况，于是，在公司法的发展中，出现了公司法人人格否认制度。

公司法人人格否认制度为美国首创，在美国称为“揭开公司面纱”，这一理论在美国主要通过一系列的判例确定，从1905年的密尔沃基案算起，美国法院做出了数以千计的“揭开公司面纱”判例，构成美国“揭开公司面纱”法律原则的主要组成部分。美国有关“揭开公司面纱”原则判例的主要特点是：第一，多应用于侵权、契约、破产、税收等领域，而且大都是针对一人公司、家族公司等情形。第二，美国法院在处理“揭开公司面纱”案件时往往根据不同案件的具体情况灵活运用该法律原则，在某个案件中导致“揭开公司面纱”的某些情形在另一个案件中并不必然引起相同的法律结果。除判例外，美国“揭开公司面纱”原则还体现在一些成文法规定之中。从《示范商业公司法》第6章第22条第2款的规定中，可以看到一些成文法规定的影子。该条规定，除非在公司组织章程中另有规定，公司的股东并不对公司的活动或债务承担个人的责任，除了因为是他自己的活动或行为，他才可能对公司活动或债务承担个人责任。这些成文法主要适用于由关联公司组成的公司集团具体适用于涉及银行和贷款机构、保险、证券和投资公司、养老金计划、联邦税法以及环境保护等领域，要求控股股东或母公司对子公司或关联公司的债务承担责任。但是对于在何种场合下以何种条件应适用公司法人人格否认制度，美国没有制定出统一的标准。

事实上，除英国、德国等少数国家的法律中有成文法规定外，其他绝大部分国家是通过判例法来确认该项制度的，在立法上并没有明确的反映。英国1985年《公司法》第24条规定，如果一个公司在少于两名成员并且持续超过6个月的情况下运营，任何一个公司成员在知道上述情况下于6个月后继续参加营业的，则该成员有义务对公司在该期间内发生的债务与公司连带或者分别承担责任。此外，根据第458条及1986年《破产法》规定，法院可应清算人、债权人或其他关系人的请求，以适当的方式判令实施欺诈交易行为的股东承担对公司资产进行资助的责任，以防止公司资产因公司的欺诈交易行为而减少时无法有效地补偿公司债权人。在德国，公司法人人格否认被称作“直索”责任，德国《股份公司法》第117条规定，鼓励利用自己对公司的影响指使一名董事会或者监事会成员、一名经理人或一个代办商实施损害公司或公司股东利益的人，对公司负有赔偿公司由此而发生的损害的义务。除股东因公司受到损害所受到的损害外，股东以受到损害为限，其对股东负有赔偿股东由此而发生的损害的义务。第317条规定，一个控制企业迫使一个从属公司实施一项对该从属公司不利的法律行为，或采取或不采取一项对该从属公司不利的措施，并且该控制企业未在营业年度结束前于事实上补偿此种不利益，或未对用于补偿的利益向该从属公司给予法律请求权，而且与该从属公司不存在支配合同的，该控制企业对公司负有赔偿因此而发生的损害的义务。股东受到损害的，该控制企业也对股东负有赔偿其因此而发生的损害的义务，但因损害公司而给股东造成的损害，不在此限。

另外，日本等许多国家也相继效仿。法人人格否认制度已成为英美法系和大陆法系国家所共同认可的法律制度。我国新《公司法》也明文规定了这一制度，2013年《公司法》第20条规定：“公司股东应当遵守法律、行政法规和公司章程，依法行使股东权利，不得滥用股东权利损害公司或者其他股东的利益；不得滥用公司法人独立地位和股东有限责任损害公司债权人的利益。公司股东滥用股东权利给公司或者其他股东造成损失的，应当依法承担赔偿责任。公司股东滥用公司法人独立地位和股东有限责任，逃避债务，严重损害公司债权人利益的，应当对公司债务承担连带责任。”可以看出，2013年《公司法》的法人人格否定制度旨在维护社会公共利益、债权人利益和其他利害关系人的重要利益。法人人格否认制度在我国主要有以下几种表现形式：注册资金不实，使公司法人人格自始不完整；虚设股东，以公司形式获取不法利益；非法人以公司名义进行经营活动；利用公司的设立、变更逃避债务；母公司对子公司的无度操纵、干预；财产混同、业务混同造成人格混同。法律后果是公司人格被否认，相关股东应当对公司债务承担连带责任，即公司独立责任和股东有限责任的例外。但是，不是全面否定公司独立法人地位，而是个别地针对特定事件，相对地否认公司法人人格。将因此特定事件所产生的债务由股东和公司连带，而对于此特定事件之外的债务，公司股东仍仅承担有限责任。

七、公司的社会责任

公司社会责任是一个模糊的容易引起争议的概念。欧洲委员会对公司社会责任的定义是这样的：公司社会责任是指，公司在与利益相关者接触时和商业运作时，考虑社会与环境问题。对社会承担责任，不仅仅要遵守法律的规定，还要更多地对雇员、环境与其他利益相关者进行有利的投资。德国政府积极进行公司社会责任意识的培养。德国联邦政府在资金上支持联合国关于企业社会责任的全球协议，并且与企业和社会合作，设置网站宣传公司和产品，针对失业给雇员提供建议、信息和联系方式，发动新工作质量倡议。在雇员保护方面，通过了一些法令意在鼓励残疾人之间平等，消除工作上的障碍。通过向公司提供利益与激励的方式，支持《欧洲生态经营与审计方案》，提供环境监督报告计划，提交公司排污的通知，资金支持对环境有利的公司。与非政府组织紧密合作，制定公司行为规范，改善社会环境和劳工条件。将国家联系处设立在经济与劳动部里，通过特别工作组，社会成员可以参与国家联系处的工作，如《商业活动与国际人权保护的联合声明》的签署。

法国也采取了公司社会责任意识的培养行动，采纳公司社会责任的激励机制，政府与其他组织及公司的紧密合作等，但法国的独特之处是对公司年度报告的要求。上市公司的年度报告应该包含公司行为对社会与环境影响的相关信息。工人总数量，永久性用工与定期用功的比率、工人解雇、劳工安全保障计划、工人再就业、工资福利待遇、培训等必须在董事会的报告中出现。另外，公司必须对社区问题作出报告，他们如何与当地利益相关者接触，包括环境保护组织、消费者组织、教育机构和当地社区。在环境方面，水资源、原材料的消耗，采用什么方法来提高能源效率，使用可再生能源的情况，土壤、空气和水的使用，以及可能严重影响环境的污染的排放。英国自 2001 年以来一直资助公司社会责任的研究项目，颁布英国公司法现代化的政府白皮书，与美国联合制定采矿业的人权与安全自愿原则。

最近，美国公司社会责任组织强调，将公司社会责任与公司商业理念及决策过程相结合。公司社会责任要求商业组织达到或高于道德、法律、商业及民众对公司的期盼。社会责任应当被理解为一系列广泛的指引、做法和项目，这些内容能够整合到公司实践的各个层面。

我国法律关于公司社会责任没有确定其内涵，但相关条文在逻辑上符合公司社会责任。《公司法》第 5 条明确使用了公司的“社会责任”这一概念。第 17 条、第 18 条规定了对职工利益的保护。第 18 条第 2 款、第 44 条和第 108 条第 2 款规定了职工参与公司管理和决策。从以上规定可以看出，我国的公司社会责任应是指公司对社会、环境和雇员、消费者、邻近社区等利益相关者所承担的法律义务与道德义务。

第二节　公司的设立

公司的设立是指依照现行法律规定的要件和程序，发起人为了组建公司而进行的一系列的法律行为的总称，最终结果是让公司取得了独立的法人人格。公司设立包括签订发起人协议、制定公司章程、筹集公司资本、确定公司组织机构、办理公司设立登记等内容，各国在这些方面都有自己的具体规定。设立行为的性质存在合同说、单方行为说、共同行为说等不同观点。大陆法系理论认为公司章程是自治规则，除一人公司以外，公司必须经多数人决议方可设立，所以理论上多采用共同行为说。但在德国，人合公司和有限责任公司的章程都称为公司合同，所以将章程制定和股份认购解释为契约，但这种社团法上的契约与民法上传统的契约是不同的。

一、公司设立原则

公司设定原则，各国都经历了自由设立主义、特许设立主义、审核设立主义、准则设立主义几个阶段。前两种原则或者采取完全放任态度，易造成公司的滥设，有碍社会的稳定；或者政府管制色彩太重，不适应经济迅速发展的需求，现已鲜有采用。现在仍被采用的是审核主义和准则主义两种。18 世纪，法国、德国采用过审核设立主义立法，在这一原则下，公司设立能得到有效的控制，但同样因为管制严格有碍公司发展，采取这种设立原则的国家并不普遍。准则设立主义最早是 1862 年英国《公司法》所创设，但单纯的准则设立主义仍可能造成公司的滥设，现代已经演变为了严格的准则设立主义，即从法律上严格规定了公司设立的条件和设立的责任，并加强对公司设立的嗣后监督，在公司设立的安全与效率间取得适度的平衡，因而已成为各国公司设立的主要原则。以美国法为例，美国《示范商业公司法》对公司设立条件与程序进行了极为宽松的规定，公司设立只要具备很低的要求，经申请由州务卿将公司章程归档，公司便可成立。德国《股份公司法》中规定了公司设立的条件与程序，设立人在完成法律所规定的设立条件与程序后，便可向法院申报在商业登记簿中登记注册。因此，可以看出德国对股份有限公司的设立采取严格准则主义的设立原则。[①] 我国台湾地区“公司法”对公司设立原则的规定与德国的规定类似：首先规定了公司设立的

---

① 参见卞耀武主编：《当代外国公司法》，法律出版社 1995 年版，第 124、294 页。

条件与程序，然后向公司机关申请登记，只要公司设立符合法律规定，登记机关就准予登记。

世界各国（地区）在采取严格准则主义的一般设立原则的同时，对特殊的营业采取了核准主义的设立原则。这些特殊行业的公司，由于其或关涉国计民生或关涉国家政治经济稳定，采取严格准则设立主义尚不足以确保安全，所以法律除要求其进行登记外，在登记前还需办理某些特殊的审批手续。比如，德国《公司法》对经营对象较为特殊的公司进行了例外规定，德国《股份公司法》第 37 条第（4）项规定，如果经营对象或其他章程规定需得到国家批准，还应附上国家批准文件。其《有限责任公司法》第 8 条第（1）项也规定，如果经营对象需经国家批准，必须附上批准证书。我国台湾地区“公司法”第 17 条第 1 款也规定，公司业务，依法律或基于法律授权所定之命令，须经政府许可者，于领得许可证件后，方得申请公司登记。即使是最典型的采用准则主义的国家，如美国，在《示范商业公司法》第 3.01 条（b）中规定，公司所经营的业务是受本州其他法律产生的条例的制约的，所以这样的公司只有为其他法律所允许并受这些法律的限制才能根据本法组织公司。可见对于特殊营业的公司也是有限制的。

另外，特许设立原则在当今虽较为罕见，但在某些极其特殊的领域还发挥着作用。英国到现在还保留着特许公司，法国 1982 年也是通过特别的国有化法令而设立了法国通用电气等五家国有公司。2013 年《公司法》所确立的公司设立原则是在考虑当今世界各国普遍的立法取向，以严格准则主义为基本设立原则，核准设立主义为例外的公司设立原则。这主要体现在，对有限责任公司的设立仍采取了严格准则主义为主、核准主义为辅的设立原则；对股份有限公司的设立放弃了原法的核准设立原则，同样改为以准则设立主义为主，以核准设立主义为例外的公司设立原则（即取消了旧法第 77 条的规定）；仅第 6 条以一个总则性的条文规定了对特殊的公司的设立采取核准主义的设立原则。

二、公司设立方式

就设立方式而言，大陆法系规定发起人认股义务，以防欺诈，主要有发起设立和募集设立两种方式。发起设立是指公司发起人缴纳公司的全部资本而设立的公司，不能公开向社会发行股份的公司设立只能采取发起设立方式，如无限公司、资合公司、有限责任公司只能通过发起设立。募集设立是指公司发起人只缴纳公司资本的一部分，其余部分向社会公开募股而设立的公司。股份有限公司这两种方式都可以采用。

各国公司法对公司的设立方式做了不同的规定。印度《公司法》第3节规定，有闭锁公司和开放公司之分，闭锁公司不得公开募集股份，开放性公司可以。法国《商事公司法》第四章第2节股份有限公司的设立中，第1小节第73—83条规定公开募集设立，第2小节第84—88条规定不公开募集设立。意大利也规定可以发起设立或者募集设立。意大利《民法典》第2333条规定，可以按照股份募集书的规定向社会公开募集资本的方式设立公司。但德国作为例外，没有规定募集设立，《德国股份法》第28条规定确认章程的股东为公司的发起人，第29条规定公司随发起人认缴全部股份而告成立。日本《商法典》第174条规定，发起人未认购公司设立之际发行的股份总数时，韩国《商法典》第301条规定，发起人不认缴公司设立时发行的全部股份时，应当有募集股东。英美法系国家因采取授权资本制，在公司成立前发起人无认股义务，公司成立只需履行注册登记即可。

三、公司发起人制度

设立方式的不同，对发起人要求也有所不同。在德国、日本、奥地利的公司法及我国台湾地区的“公司法”中，发起人是指制定章程，承担公司筹办事务，并认购公司股份或向公司出资的人员，即发起人与认股人具有一致性。各国对发起人最低人数要求各有不同，中国、德国为5人，日本为7人，意大利、瑞士、奥地利为2人，韩国为3人。

另外，并不是所有民商事法律主体都可以享有发起人的资格，有些国家对发起人的国籍或住所做了限制，这就取决于各国的对外政策了。如瑞典《公司法》规定，发起人必须是在瑞典居住的瑞典国民或瑞典法人；丹麦《公司法》规定，发起人中至少有两人应住在丹麦；意大利法律规定，当某外国人拥有本国公司股份35%以上时，只有经意大利财政部批准，才能充当本国的发起人。但是现代社会的趋势是逐步减少限制，给予本国人、外国人、自然人、法人平等待遇。比如，我国台湾地区在2001年修订前的“公司法”第128条规定，股份有限公司的发起人须有一半以上在境内有住所，但在2001年我国台湾地区的“公司法”修订中删除了关于发起人住所的限制，删除的理由是：“公司经营之国际化、自由化，有关股份有限公司股东之住所限制已无必要……”①

发起人必须具有行为能力，无行为能力人或限制行为能力人不得成为发起人，丧失管理和经营公司权利的人或被禁止行使管理或经营公司职责的人不得为发起人，各

① 黄荣坚、许宗力等编：《月旦简明六法》，元照出版公司2004年版，第5-24页。

国在这一点上是共同的。对于法人能否作为发起人，有的没有规定；有的规定政府或法人均得为发起人，但法人为发起人者，以公司为限，如我国台湾地区；有的规定政府机关和自治政府不得为发起人，如俄罗斯、乌兹别克斯坦。

在英美法系，因为只有在公司成立后允许以公司名义发行股票，筹集资本，故发起人与认股人是不同的概念。在美国，发起人一般由专门从事公司注册工作的律师担任，如《特拉华州普通公司法》第101条第（1）项规定，任何人、合伙、团体或公司，可通过在州务卿办事处注册申报一份公司章程的方式，依照本法之规定成立或组建一个公司，无论该人、合伙、团体或公司为单独经营还是与其他实体联合经营，亦无论该人或该实体的居住地、所在地在何处。公司章程应依照本法第103条之规定进行签署、确认及注册申报。《示范商业公司法》第2.01条规定，一个或一个以上，向州务长官送交公司组织章程作备案的人便可作为发起人；第1.40条第（16）项解释，人包含个人和实体；第1.40条第（9）项解释，实体包含公司和外地公司，非盈利公司；盈利和非盈利的不按公司法组织起来的组织、商业信托、产业整体、合伙组织、信托组织；以及州、美国和外国政府。可见，美国公司法并不要求作为发起人的组织具有权利能力，当发起人为法人时，既可以为私法人，也可以为国家这样的公法人。但美国纽约州商业公司法却对作为发起人的自然人的能力做了限制，凡是年满18周岁的一个或一个以上的自然人才可作为设立公司的发起人。英国《公司法》并没有发起人概念，仅在第43条第5款规定以职业人员身份参加组织公司的人员（如律师、会计师等）不包括在发起人概念内。发起人仅指筹办公司设立事务并签署公司章程的人。发起人不一定是公司将来的股东、董事或其他职员。

我国2013年《公司法》对发起人的能力依然没有作出规定，股份有限公司发起人总人数为2人以上200人以下，发起人中须有过半数在中国境内有住所的规定，虽然有人认为不利于吸收外国的直接投资，但考虑到公司筹办工作以及公司设立责任承担，还是给予限制；特别的，国有企业改建成为股份有限公司的发起人可以少于5人，但条件是应采取募集设立的方式，这是为配合国有企业改革而做的特殊规定。

至于发起人协议，无论英美法系还是大陆法系一致认为是合伙协议，对发起人有约束力，但不具有对外效力，设立中公司及成名后的公司也没有直接法律关系，一般通过民事合伙关系调整合伙人间关系。当发起人协议与公司法间存在冲突时，公司法的效力具有优先性。我国2013年《公司法》第79条第2款明确规定了股份有限公司发起人应当签订发起人协议，明确各自在公司设立过程中的权利与义务。原因是股份有限公司的设立比较烦冗、复杂，把发起人协议的签订作为强制性规定，目的是保证公司设立顺畅。

对发起人的行为和责任，因为涉及有关投资者、债权人的利益，各国公司法均有相应规定。关于发起人的责任各国规定千差万别，大致有以下几种：1. 由于怠于履行发起责任，对公司承担由此造成损害赔偿的连带责任；2. 对第三人承担赔偿的连带责任；3. 发起人为设立公司向公众发出的通告的真实性负责，发起人有恶意或重大过失时，该发起人对第三人也承担连带损害赔偿责任；4. 在公司不成立的情形下，发起人就从事公司设立的行为负连带责任。因设立公司而支出的费用，由发起人负担。如日本《商法典》第 193 条规定，发起人就公司的设立怠于，该发起人对公司承担损害赔偿责任。发起人有恶意或重大过失时，该发起人对第三人也承担连带损害赔偿责任。第 194 条规定，在公司不成立的情形下，发起人就从事公司设立的行为负连带责任。在前款的情形下，因设立公司而支出的费用，由发起人负担。韩国《商法典》第 322 条规定，发起人有关公司设立事宜，懈怠其职务时，该发起人对公司负有连带赔偿损害的责任 。由于发起人恶意或者重大过错而懈怠其职务时，发起人对第三人同样负有连带赔偿责任。第 326 条规定，① 公司未成立时，发起人对有关设立的行为负有连带责任。②属于前款情况时，发起人应承担有关公司设立的已支付费用。美国《示范商业公司法》第 2. 04 条规定，所有知道公司未按照本法规定成立而仍以所谓公司名义或代表公司实施交易之人，对该交易中发生的所有债务承担连带按份责任。英国 1985 年《公司法》第 36 条（4）规定，当一个合同被声称是公司或者公司代理人签订的，在公司没有组建以前，签订人应承担合同义务。据判例法，如果发起人在设立公司的过程中，通过与公司交易欺诈公司，超估其财产的价值而不披露，则公司可以推翻该合同，要求退还该财产并返还价金。如果发起人将自己的所有物卖与公司或通过与公司的交易获得利益，则在未有效披露该交易之前，不允许他保有该利益。德国《股份公司法》第 46 条规定，（1）对于以设立公司为目的的所注明的、关于股份的认缴、股款的缴纳、所支付的款项的使用、特别利益、设立费用、实物出资和实物承受的事项的正确性和完整性，发起人作为连带债务人向公司负责任……。（2）发起人因出资、实物承受或设立费用故意或出于重大过失而使公司受损害的，全体发起人作为连带债务人对公司负有赔偿的义务……（3）……（4）公司因一名股东无支付能力或无力缴纳实物出资而发生的，明知该股东无支付能力或无给付能力而接受其入股的发起人，作为连带债务人对公司负有赔偿的义务。（5）发起人以其计算认缴股份的人在发起人之外，以同一方式负责任。其不得因一名以其计算行为的发起人明知或应知的事由而援用其自己不知。法国《商事公司法》第 7 条规定，公司发起人对因在章程中漏载法定应载事项已经因遗漏或未按规定履行法律和条例规定的成立公司手续而造成的损失，负连带责任。第 242 条规定，对公司的撤销负有责任的公司发起人，对因公司的撤销对股东或第三人造成的损失得承担连带责任。中国《澳门商法典》第 396 条规定，发起人在公司登记前须对整个设立程序负连带责任。第 398 条规定，公司发起人须对计划所载事实要素之准确性负个人连带及无限责任。第 403 条之八规定，公司不能设立时，为设立而支出之全部费用，应由发起人承担。

四、公司设立条件及程序

从各国立法例可知，各国在公司设立的条件上要么有专章专节规定的，要么有具体条文中反映的，很少有一个条文的总括性的规定，唯一的例外是意大利。意大利《民法典》第 2329 条规定了股份公司设立条件，有限责任公司准用。总的来看，以专章专节规定的形式比较系统，易查找、便于操作。

在具体设立过程中，大陆法系与英美法系在程序上还是有很大差别的。大陆法系会因公司类型不同而有所不同，一般设立有限公司需要：订立发起人协议（各国并无强行要求，我国例外，详见发起人协议部分），制定公司章程（其中德国《有限责任公司法》，韩国、日本《公司法》都要求公司章程经过公证手续才能生效），必要的行政审批（取决于各国对公司设立的立法原则），确立公司组织机构（如日本、韩国规定董事由章程确定或由股东大会选举产生；德国《有限责任公司法》规定设立一名或数名业务的执行人），股东缴纳出资及验资（详见资本制度部分），办理设立登记并领取执照（不同国家申报材料及登记机关有所不同，可以是法院，如德国、法国；可以是司法行政机关，如日本的法务部；可以是政府专门机关，如我国工商行政管理机关，美国各州政府所设的公司注册办事处等）。股份有限公司因设立方式的不同也有不同的程序。发起设立与有限责任公司设立程序相似之处多一些，募集设立相似之处少一些，最重要的区别在于股票承销、发行股票的批准、股份的认购与缴纳及召开创立大会。

英美法系设立公司的程序相对简单，以美国《示范商业公司法》的规定为例：发起人需制定公司组织章程，并将组织章程作为公司设立的申请文件，递交给州务长官，同时缴纳注册费用，州务长官颁发“执照（charter）”时公司便成立了。公司成立后再选择董事及管理人，并由初始董事会成员完成公司其他组建工作，公司资本的发行与募集也是公司成立后由董事会来完成的。

五、公司设立瑕疵

关于公司设立瑕疵的原因各国的规定并不一致，但总的来说不外乎是公司设立违反了公司法所规定的实质条件或程序条件，或公司设立的目的违反了法律的强制性规定或违反了社会公共利益。对于有瑕疵而成立的公司，英美法系和大陆法系国家采取了不同的做法。

英美法侧重对交易安全与交易效率的考虑，认为公司设立无效必将使众多利益受到损害，在一般情况下不允许当事人对已成立的公司独立人格提出质疑。在英国，取得设立证书就是公司设立过程中符合设立条件与程序的“结论性证据”，一切在设立过程中可能存在的瑕疵都被认为得到修正，原则上不存在公司被利害关系人起诉要求设立无效或撤销设立的情况。① 美国传统上采取的做法是对瑕疵设立的公司予以有条件的承认，并在司法实践中发展出了三个理论：修正的公司理论（de jure incorporation），修正的公司是一个普通法上的概念，主要是指公司设立中的一些非重要的瑕疵（minor defects）或违反一些指导性的要求（directory requirements）并不能阻止公司成立；事实上的公司理论（de facto corporation），“事实上的公司”（de facto corporation）也是一个普通法上的概念，构成事实上的公司要件有三：其一，公司设立有制定法依据；其二，公司设立人有企图合法的善意（good faith）；其三，实际上已用公司名义进行活动；禁止反言公司理论（corporation by estoppel），“禁止反言的公司”（corporation by estoppel）是一个衡平法上的概念，“禁止反言”既可以被公司使用也可以被其他与公司交易的相对人使用，该学说采取灵活的态度，在一定条件下禁止因公司设立中的瑕疵而主张公司设立无效，从而维护衡平法上的公平与正义。② 但美国《示范商业公司法》第 2.03 条（b）规定，州务长官把公司组织章程归档这一事实是一个确定的证据，这证明公司发起人在公司组成前已满足了所有的条件，除非州通过某一程序取消或撤除公司的这一组成或是不得不解散这一公司。③ 可见，现在美国基本上采取了与英国一致的做法。

大陆法系国家和地区大多对公司瑕疵设立采取否认的态度。有的只规定了公司设立无效制度，如德国、法国、意大利；有的只规定了撤销公司设立，如我国台湾地区；有的则既规定了公司设立无效，又规定了撤销公司设立，如日本和韩国。④ 大多数国家均规定公司设立无效或撤销公司设立须以诉讼方式进行，如日本《商法典》第 428 条规定公司设立的无效，可于其成立之日两年内，仅以诉讼方式主张，⑤ 韩国、

---

① 蒋大兴：《公司法的展开与评判》，法律出版社 2002 年版，第 382 页。

② See Robert W. Hamilton：*The Law of Corporations*，法律出版社 1999 年版，第 92－97 页。

③ 卞耀武主编：《当代外国公司法》，法律出版社 1995 年版，第 14 页。

④ 关于公司设立无效与撤销公司设立本质上一致性的论述请参见周芬棉：《公司设立瑕疵制度研究》，《经济法论丛》（第一卷），法律出版社 2000 年版，第 484－485 页。

⑤ 卞耀武主编：《当代外国公司法》，法律出版社 1995 年版，第 704 页。

德国均有类似规定，但我国台湾地区例外。[①] 同时，绝大多数国家又限制了提起公司设立无效或撤销诉讼的期间，如德国、法国规定自公司登记起3年内，而韩国、日本规定自公司登记起2年内。但是，基于设立成本的考虑，大多数国家在宣告公司设立无效或撤销前都给予了公司补正瑕疵的机会，如德国、法国、意大利均规定，有关企业经营对象方面的缺陷，可以在遵守法律和章程的有关规定的情况下，通过修改章程予以弥补。[②] 至于判决的效力，多数国家规定没有溯及力，如德国、意大利、日本、韩国均规定公司设立无效或被撤销判决并不影响以公司名义采取的法律行为的有效性。

我国2013年《公司法》只规定了撤销公司登记与吊销企业营业执照，其中撤销公司登记的原因只规定了虚报注册资本，提交虚假材料或者采取其他欺诈手段隐瞒重要事实取得公司登记；撤销公司登记的主体为公司登记机关；法律后果是公司解散。但我国公司法人没有规定公司设立无效的相关制度。

第三节　公司资本制度及股东出资

一、各国资本制度的选择

采取什么样的资本制度曾经是两大法系最显著的区别，现在已经渐渐由相互对立走向相互融合。

传统上大陆法系奉行的是严格的法定资本制，即公司的注册资本是在公司章程中确定的，在公司登记机关登记的，由全体股东实缴的出资额或实收股本总额。作为法定资本制的支柱的是资本原则，即资本确定原则、资本维持原则、资本不变原则。所以在这种立法下，公司成立时，公司的全部股份必须发行，在公司存续中，公司必须维持相当于资本额的财产以维持公司的信誉，非依法定程序，公司资本不得随意增减。为此，各国规定了相关制度，如禁止股票折价发行、禁止股份回购、公积金制定等。

与大陆法系不同的是，英美法系采取授权资本制度，它是指公司成立时在章程中确定公司资本总额，但股东在成立时只认足一定比例的资本或章程中规定的最低限额的资本，其余股份按照公司的需要授权董事会分次发行，无须变更章程或履行增资程

---

① 欧共体《第一号公司法指令》（1968年3月9日）第11条，参见《欧盟公司法指令全译》，刘俊海译，法律出版社2000年版，第12页；见韩国《商法典》第328条与第552条；参见《韩国商法》，吴日焕译，第67页与第149页；见德国《有限责任公司法》第75条；《联邦德国股份公司法》第275条；参见卞耀武主编：《当代外国公司法》，法律出版社1995年版，第227－318页。

② 参见法国《商事公司法》，第363条；见前引卞耀武书，第506页；见意大利《民法典》第2332条；参见《意大利民法典》，费安玲、丁玫译，中国政法大学出版社1997年版，第577页。

序。大陆法系的立法主旨当然在于防止公司设立欺诈，保持公司资信，维护公司债权人与交易相对人的信赖利益与交易安全，但由于要求过于死板，给公司设立造成很大的障碍，增资程序烦琐，阻碍资本的筹集。实践证明，章程中记载的注册资本并不能保持公司的资信，反而对相对人造成误导，公司的清偿能力并不取决于公司注册资本的多少，可能与公司的贷款信誉、现阶段资产变现能力等有关。许多大陆法系国家纷纷把目光转向英美法系的资本制度，通过相互借鉴改变自己的资本制度。德国采取了认可资本制度，这一制度本身并没有脱离法定资本制的雏形，它也要求在公司设立时必须在章程中确定公司资本额并全部认购，但公司章程可以授权董事会在公司成立一定时期内，在授权的比例范围内发行新股，增加资本。德国《股份公司法》第 23 条规定，公司基本资本数额必须在章程中规定。第 29 条规定，发起人一经全部认购所有的股东，公司即设立。第 202 条至第 206 条规定，公司章程可以授权董事会于公司成立后 5 年内，在授权时公司资本额之半数范围内，只需经监事会同意，即可发行新股，增加资本。1967 年法国《商事公司法》也规定，股东大会可以授权董事会根据股东大会的决议在 5 年内一次或分次增加资本。另外，丹麦、卢森堡等国家也采这种形式。而日本、荷兰、我国台湾地区采取了折中的授权资本制，它是在授权资本制的基础上发展而来的，公司章程必须记载公司发行的股份总额，公司成立时只需认足第一次发行的股份并缴纳股份（这次发行的股份往往有最低额限制），对没有认足的部分授权董事会在公司成立后随时募集。如日本《商法典》第 166 条规定，股份有限公司发行的股份总数，不少于公司章程确定的拟发行股份总数的 1/4。对其余的发行并没有加以时间限制。我国台湾地区“公司法”第 156 条规定，股份总数待分次发行，但第一次应发行之股份不得少于股份总数的 1/4。总的来说，认可资本制、折中授权资本制吸收了原有两种资本制度的长处，方便公司设立，防止公司设立之初资本闲置，又对债权人进行了恰当的保护，是各国公司法资本制度发展的趋势。

二、公司最低资本额

公司资本制度的差别决定了公司法是否规定最低资本额。大陆法系一般通过公司法或有关法令对公司的最低资本额做了规定，如法国规定股份有限公司发起设立不低于 10 万法国法郎，募集设立不低于 50 万法国法郎，有限责任公司不得低于 10 万法国法郎；意大利规定股份有限公司不得低于 2 亿里拉；荷兰规定有限公司和股份有限公司均不将低于 35000 荷兰盾；比利时规定设立有限公司不低于 25 万比利时法郎，设立股份有限公司不低于 125 万法利时法郎；韩国《商法典》规定股份公司的资本应在 5000 万元以上，有限公司的资本总额为 1000 万元以上。

然而在美国，虽然历史上各州的公司法都曾有过最低资本额的规定，但在 1960 年之前，各州法律普遍规定公司必须具有一定数额的资本才能营业。如果公司发起人或者股东在公司不具备法定资本最低限额的情形下营业，那么要对公司债务承担个人责任。从 1969 年《示范商业公司法》开始就完全取消了最低资本额的要求。到了 20 世纪 80 年代以后，在通货膨胀的经济背景下，原有的资本数额已经渐渐偏离了对债权人保护的目的，并且对不同行业、不同经营规模的公司克以同样的最低资本额的要求不符合实际的需要。目前，这一立法已被大多数州所采用。英国的情形略不同于美国，虽然没在公司法中明文规定最低资本额，但在英国设立公司必须支付保险金，数额为 5000 英镑，可以看作公司最低资本额的要求。事实上，即使在没有规定最低资本额的国家，发起人在设立合同过程中需要支付必要费用，股东往往还是会考虑以最低的费用支出作为公司的资本数额。①

三、股东出资形式

各国公司法都规定股东的出资形式不限于货币。通过参阅各国公司立法例可以发现，在股东出资方式的规定上，各国的差别很大。以美国为代表的英美法系国家一般对出资方式规定得很灵活，包括可以用债权、股权、劳务、信用等出资，这为公司出资形式开辟了广阔天地。美国《示范商业公司法》第 6. 21 条第（2）项规定，董事会可基于任何有形或无形的财产对公司有益之对价而授权发行股份，包括现金、本票、已提供的劳务、将要提供劳务的合同或该公司的其他有价证券。《纽约州商业公司法》第 504 条规定，股份的对价及支付：（a）发行股份的对价包括金钱或其他有形、无形的财产；事实上由公司受益或接受的劳务或服务；以现金或其他财产支付认购价款的有约束力的义务；提供有约定价值服务的有约束力的义务；或者上述方式的组合。《特拉华州普通公司法》第五章第 152 条规定，对价可以以现金、提供的劳务、动产、不动产、不动产的租赁，或综合形式支付的全部对价数额来支付。美国《统一有限责任公司法》第 402 条规定可以以金钱、财产、其他利益或劳务出资。但若干大陆法系国家则不允许有限公司的股东以劳务和信用出资；即使允许以债权出资，出资人也要在债权不获清偿时承担清偿责任。比如，根据日本《商法典》和日本《公司法》的规定，无限公司的股东可以以劳务和信用出资，两合公司的有限责任股东只可以金钱及其他财产作为出资标的。股份有限公司与有限责任公司的股东可以以现物出资。在韩国，韩国《商法》规定无限公司的社员可以以债权出资。两合公司的有限责任社

---

① 赵旭东主编：《公司法》，高等教育出版社 2003 年版，第 217 页。

员，不得以信用或劳务为出资标的。股份有限公司的股东可以以实物出资，但不得以债权出资。有限责任公司的股东可以以实物出资。在德国，股东可以以实物出资，公司也可以承受实物。实物出资或实物承受的财产只能是可以确定经济价值的财产；提供劳务的义务不得作为实物出资或实物承受的标的。特别的，无限公司和两合公司的无限责任股东可以用劳务和信用出资。在法国，《商事公司法》规定，有限责任公司股东可以用货币或实物出资，除章程规定外，不得以技艺出资。

并且，几乎所有的国家都要求对无形资产进行评估作价，但是在具体由谁估价上却有区别。有的国家要求由法院选定的审计员估价；有的国家要求由公立的会计师与董事估价；有的国家要求有专家估价；美国的各州认为在没有欺诈的情况下，可由董事估价。法国《商事公司法》第 40 条规定，章程必须载明对每笔实物出资所作的评估。应在作为章程附件的报告中进行评估。该报告由未来股东一致同意或在股东达不成一致意见的情况下，法院应最积极请求的未来股东的要求裁决指定的投资评估员制作，并由其对此承担责任。欧盟《第二号公司法指令》第 10 条规定，给以现金形式认购股份的，应当由行政机关或者法院指定或批准的 1 名或多名专家在公司成立或者被授权开业之前出具验资报告。根据有关成员国的法律，此种专家可以是自然人，也可以是法人、公司或企业。加拿大《商业公司法》第 25 条第（4）项为衡量财产或过去的劳务是否值公平的金钱对价，董事可以考虑组织和重组的合理费用以及公司从财产和过去劳务中受益时所能合理预期的支出。中国《澳门商法典》第 202 条规定，非以现金出资之财产，应在由核数师合伙编写并附具于设立文件之报告书内加以识别、描述及估价。意大利《民法典》第 2328 条规定，以实物或债权出资的出资人，应当提交由公司所在地法院指定的一名专家出具的报告书。在该报告书中应当载明出资财产和债权的内容，证明作价至少相当于出资的名义价值和可能的溢价，以及评估作价所采用的标准。该专家对给公司、股东和第三者造成的损害负责。在公司成立的 180 天以内，董事应当审查上述财产的作价，在确有理由的情况下，应当重新审核该作价。直到核查结束之前，就出资折合的股份不得转让并且应当由公司保存。俄罗斯《股份有限公司法》第 34 条规定，公司成立时为支付股款而出资的财产价值应由设立人协商确定。当以非货币方式支付附加股和其他有价证券时，该财产的货币价值应由公司董事会决定。

四、股东出资的缴纳

关于股东出资的缴纳，大部分国家都规定应将现金存入公司指定的账户，将实物资产转至公司，只是有的要求一次性交付，有的允许分期交付。德国规定，有限责任公司现金出资可以分期缴纳，但实物出资必须在公司申报登记前全部缴清；无限公司和两合公司的无限责任股东用劳务和信用出资的必须全部认足缴纳；股份有限公司可以有货币或实物出资。货币出资可以在法定期限内分期缴纳，实物出资则必须在发行之日全部缴付。欧盟《第二号公司法指令》第9条规定，在公司成立或者被授权开业时，认购的股本必须缴足股份面值的25%；在无面值股份的情形下，必须缴足股份记账价值的25%；但是，非以现金形式认购股份的，必须自公司成立或者被授权开业之日起5年之内全部将出资转移给公司。第26条规定在增加实际认购资本的过程中以支付对价方式认购股份的，至少必须缴足股份面值的25%；在无面值股份的情形下，必须缴足股份记账价值的25%。股份采取溢价发行方式的，必须全额缴清。

五、股东违反出资义务的法律责任

股东的出资义务来源于发起人自愿依据公司章程认缴出资份额，履行出资义务是发起人获得股东资格、享有股东权利的前提条件，同时也是维护其他股东和公司债权人利益的要求。各国对股东违反出资义务的法律责任的规定有一定差别。大多数国家规定，股东未按时出资的，由公司设立时的股东与董事承担连带责任；但有的国家进一步规定，公司在催款未果后，可收回拖欠出资的股东的股份，或将该股份出售，从而剥夺了未出资股东的股东权；有的国家甚至规定剥夺股东资格后，其原先已缴纳的股款不予退还。比如，日本法律规定，无限公司股东以债权作为出资标的时，如果债务人于清偿期未予清偿，则该股东负清偿责任。在此情形下，除要支付利息外，还要进行损害赔偿；有限公司在公司成立后，有未全部给付股款或现物出资的股份，或者现物出资的财产在公司成立当时的实际价格，显著低于章程所定价格时，发起人及公司成立之时的董事负连带缴纳股款或者支付全部给付财产价额的义务。已缴纳或支付的发起人或董事，可请求同款的认股人将股份出售给自己。韩国《商法典》规定，股份有限公司成立后仍有未缴足的股份时，发起人应当对其缴纳负有连带责任。新股认购人在缴纳日期内未能履行缴纳或者实物出资则丧失该权利；有限责任公司实物出资及受让的财产，在公司成立之际以实际价格显著低于章程中规定的价格时，公司成立之际的社员应向公司承担连带支付该差额的责任。公司成立后，若发现未缴纳完毕出资额或未履行实物出资，公司成立之际的社员、董事及监事就其未缴纳的金额或未履行的实物价额，应向公司承担连带支付的责任。美国《示范商业公司法》第6.20条第（4）项规定如果认购人未依照公司成立前订立的认购协议之规定，进行现金或财产支付，公司可将认购人所欠数额与任何其他债务一样进行收取。另外，除非认购协议中另有规定，如果公司向认购人发出书面支付请求20日后，认购人仍没有支付所欠认购款额的，公司亦可宣布撤销认购协议并出售该协议认购的股份。第6.21条第（5）项规定，如果劳务未获履行、本票未获支付或利益未被公司接受，则等候条件完成的或被限制的以及用分配所充抵之股份，可由公司全部或部分废除。

六、我国公司法的有关规定

我国2013年《公司法》在资本制度方面有了新的规定，总的来说是对原有的资本管制的放松。人大法工委在审议公司法草案时，就资本制度而言，总的指导思想、立法目标是：鼓励投资、促进公司发展，以充分利用社会投资资源。具体表现就是，降低公司门槛，放宽限制，使更多的民事主体具有投资能力和条件。针对我国各地区经济发展不平衡，中西部经济还欠发达的情况，对注册资本做了重大修改，特别是取消股份有限公司最低注册资本要求，使得股份有限公司可以被一般投资者采用，从而扩大股份有限公司在实际生活中的适用，成为有效的公司形式。2013年《公司法》仍然承认注册资本为公司登记机关登记的全体股东认缴的出资额（有限责任公司），或由发起人认购的股本总额（发起设立的股份有限公司），或实收股东总额（募集设立的股份有限公司）。2013年《公司法》取消了有限责任公司注册资本最低限额的要求，同时也取消了一人有限责任公司注册资本最低限额的要求，但法律、行政法规、国务院决定另有规定的除外。2013年《公司法》取消了有限责任公司“公司全体股东的首次出资额不得低于注册此本的百分之二十”的要求，取消了“货币出资金额不得低于有限责任公司注册资本的百分之三十”的要求，也取消了有限责任公司实收资本缴付期限的要求，充分解放各种生产要素，促进经济发展。在程序方面，2013年《公司法》取消了有限责任公司实收资本验资和首期出资验资的要求。除此之外，2013年《公司法》明确了除法律、行政法规明确规定外，取消了股份有限公司注册资本最低限额的要求，同时对以发起方式设立的股份有限公司的出资缴付时间做了修改，同时在程序方面也取消了验资要求。至于出资形式，2013年《公司法》中对出资形式的规定较原《公司法》体现出较大的灵活性。不再是以列举方式规定固定的几种具体出资形式，而是规定了作为公司出资的财产所应具备的条件，只要符合这些条件的财产都可以作为股东的出资。根据2013年《公司法》规定，除货币以外，只有可以用货币估价并且可以依法转让的财产才能作为股东的出资。在规定了作为出资的非货币财产的条件以外，还列举了三种财产形式，分别是实物、知识产权、土地使用权。这是一种开放式的出资形式，为债权、股权等新的出资形态留有空间。

对有限责任公司中不按规定出资的出资人，我国公司法规定除向公司足额缴纳出资外，还应向按期足额缴纳出资的股东承担违约责任。对在股份有限公司中未缴足出资的发起人，应向公司承担出资违约责任；其他发起人应承担缴纳担保责任；该发起人与其他发起人还须承担差额填补责任。

第四节　股份发行和转让

一、股份发行

股份发行是股份有限公司设立时的募资行为或公司成立后的增资行为，或者是向社会公众出售股份，或者是向发起人或原有股东分派股份。其中在发起设立的情况下，法国、德国等要求发起人足额认购公司章程规定的全部股份，原因是德国采取的是认可资本制；在采取折中授权资本制的日本、我国台湾地区等国家和地区，发起人仅以书面第一次发行的股份即可。但是在资本缴纳时，德国、法国等可以允许分期缴纳，其中第一次缴纳不得少于1/4，而日本等国都要求在第一次认足股份后必须全额缴纳。对实物股份，与货币资本，必须在公司成立前全部缴付，各国无一例外。对募集设立，美国、法国等对发起人没有认股要求，如德国、中国等发起人必须认购一定比例的股份，目的在于防止发起人借设立公司之名行欺诈之实，骗取其他投资者的资金。公司成立后，在一定条件具备时，公司还可以发行新股。中国规定了严格的发行新股条件，其他国家鲜有具体规定。对采取授权资本制及折中授权资本制的国家，在章程规定的资本总额限度内公司发行新股由董事会决定，当这些资本已经全部发行完毕后，再发行新股才是实质意义上的为增加资本的新股发行。而在采取法定资本制的国家，发行新股需经股东大会同意并按严格的法定程序，在采取认可资本制的国家，虽然发行新股也是实质意义上的增资发行，但可以授权董事会在一定时期内、在一定比例范围内行使。各国都根据本国具体情况规定了详细的股份发行程序。在具体操作方面都有不同之处：如德国要求出席股东大会股东的3/4同意才能发行新股。法国要求这一比例是2/3。日本、韩国可以由董事会议论发行，但也可以由章程规定为股东大会的决议事项等。至于股份发行价格，是否允许溢价发行和折价发行，各国都有不同规定。溢价发行各国一般都是允许的，对于折价发行，多数国家是禁止的，但也有例外，如香港地区规定公司在符合一定条件时，可以低于股票面额的价格发行公司原已发行的某类股份。

二、股份转让

股份转让是实现股份在投资者间流通的重要途径。对于股份有限公司而言，资合的性质是公司信用倚仗公司的资本，而与股东本身的资信无关。各国立法上都允许股东自由转让其股份，允许公司股东根据市场行情转移投资风险，并有助于公司这一形式吸引到更多的社会闲置资金。但是，各国在赋予股东股份转让自由中的同时，也通过立法进行了一些必要的限制，以维护投资安全，如日本商事公司原规定不得在股票发行前转让股份；中国台湾地区公司规定发起人所持股份在公司成立后 1 年内不得转让（中国大陆规定的是 3 年）。美国《示范商业公司法》规定股东以未来劳务或受益或偿付证书作为价金出资的，公司在股东完成劳务之前，或取得受益前或偿付证书被偿付前，可以提存股票或限制股票的转让；中国台湾地区公司原规定董事、监事在任期中不得转让其 1/2 以上的股份（中国大陆规定的是绝对不得转让）；法国公司法允许章程规定股份转让给该公司许可的条款；英国《公司法》规定将股份转让给外国国民时必须经财政部的许可等。

三、有限公司出资的转让

与股份有限公司不同，有限责任公司具有人合性兼资合性的特征，各国和地区均对有限责任公司的出资转让做出了较多的规定，以维护股东间的人身信任关系，内容包括转让条件、程序、优先购买权等。我国台湾地区“公司法”规定，股东必须经其他全体股东过半数之同意，才得以其出资之全部或一部转让于他人。不同意之股东有优先受让权；如不承受，视为同意转让，并同意修改章程有关股东及其出资额事项。特别的，公司董事非得其他全体股东同意，不得以其出资之全部或一部转让于他人。法院依强制执行程序，将股东之出资转让于他人时，应通知公司及其他全体股东于 20 日内指定受让人；逾期未指定或指定之受让人不依同一条件受让时，视为同意转让，并同意修改章程有关股东及其出资额事项。

对于转让给内部股东是否应加以限制却有两种立法例，有的国家规定内部转让完全自由，有的国家规定应有必要的限制。日本《有限公司法》规定，股东可将其全部或者部分出资份额转让给其他股东。但转让给非股东的人时，须取得股东会的同意。股东可以将记载转让相对人及转让出资份数的书面请求向公司提出，在公司不同意转让时，提交指定其他转让相对人的请求。如果以上转让未被同意，股东会须另外指定转让相对人。韩国《商法典》规定，以有社员大会决议为限，社员可以将其持股之全部或部分转让给他人，但是可以章程加强对转让的限制。对社员相互间的持股转让，可以章程作其他规定。法国《商事公司法》规定，只有在征得至少代表 3/4“公司股份”的多数股东同意后，公司股份才转让给与公司无关的第三人，公司在 3 个月内未作出决定的，视为同意转让。章程可降低该条规定的多数标准或缩短该条规定的期限，但不得限制转让。公司股份的转让应以书面形式予以确认。股份转让只有在履行上述手续并在商业和公司注册簿上进行公告后，才可对抗第三人。德国《有限责任公司法》规定出资额可以转让和继承，股东让与出资额的，需要以公证的方式订立合同，只有经过公司承认时，才可以让与部分出资额。此项承认需采取书面方式；在承认书上，必须指明取得人的身份，并指明在未分割的基本出资中，因分割而产生的各出资额应得的数额。可以通过公司合同为出资额的让与规定其他的要件，特别是可以规定，出资额的让与需要得到公司的承认。在公司合同中可以规定，在向其他股东让与部分出资额时，以及在死亡股东的继承人之间分割死亡股东的出资额时，无须得到公司的承认。在让与出资额的情形中，对于公司，只有已经向公司申报取得出资额并同时证明出资额移转的人，才视为取得人。对于在申报之前，公司向让与人或让与人向公司实施的、有关公司关系的法律行为，取得人必须予以承受。对于在申报时尚未缴纳的出资额，取得人与让与人共同负责任。意大利《民法典》规定，除非设立文件另有规定，参股可以在生者之间自由转让，也可以因死亡而继承。设立文件规定参股不得转让，或者要求得到公司机构、股东或第三人同意而未规定其条件和限度，或者对因死亡而转让规定了股东或其继承人的条件和限度的，可以行使退出权。在该情况下，设立文件可以规定一个期间，自公司成立或认购参股不超过 2 年的时间内不得行使退出权。美国《示范商业公司法》第 6.27 条规定：（1）公司章程，工作细则、股东之间的协议或股东与公司之间的协议，可对公司股份的转让或转让行为的登记备案作出限制性规定。该类限制性规定并不影响已发行的股份，除非该类股份持有人为限制性协议的一方当事人，或其曾投票赞成该限制性规定。（2）如果限制性规定依照本条要求被批准，且股份证书的正面或背面明显地载明了该限制性规定，或依照第 6.26 条（2）规定所要求说明的信息中包含了该限制性规定，则该类对股份转让或转让行为登记备案的限制性规定，对股份持有人或持有人的受让人有效并可强制执行。除非如上载明，否则一项限制性规定对于并不知晓该限制性规定的人而言不具有强制性。（3）对股份转让或转让行为登记备案的限制性规定可为下列目的被批准：①当公司依赖于股东的数量或身份为维持公司地位时；②为保证联邦或州证券法律中豁免规定的实施；③为任何其他合理之目的。（4）对股份转让或转让行为登记备案的限制性规定可以：①使股东首先有责任向公司或其他人（分别地、依次地或同时地）提供获得受限制股份的机会；②使公司或其他人（分别地、依次地或同时地）获得受限制的股份；③要求公司、任何类别股份持有人或其他人同意受限制股份的转让，只要此等要求非为明显地不合理；④禁止向特定之人或特定类别之人转让受限制的股份，只要此等要求非为明显地不合理。

第五节　股东权利的规定

公司法律关系体系中很重要的一部分涉及公司与股东之间的相互关系。公司法律制度主要以两类主体、两种权利为主线。这里的“两类主体”一个指公司，另一个就是股东；“两种权利”一个指公司法人财产权，另一个就是股东权。股东投资于公司，转让了出资部分的所有权或使用权，取得公司股东权作为对价；公司获得股东的投资，取得公司法人财产权，成为独立的人格主体，一方面在决策、财产、责任方面与原有股东分离，另一方面又必须以实现股东的投资利益为经营宗旨，接受股东的监督、管理。公司人格独立表现在对公司财产有所有权性质的支配权，对公司事务有单独的处理权，股东不得以股权为借口进行不当干涉，甚至挪用支配其已交付给公司的投资。同时，股东权的行使又对公司的任意妄为有着牵制作用。尤其是现代社会，“所有与控制”越来越明显地相互分离，公司完全由中高级管理层所控制，如何防止公司管理层违背公司授权宗旨侵害公司及股东利益，为解决这一问题，股东权的行使与救济便越来越受到各国的重视。

一、股东权的内容

各国和地区规定的股东基本权利有很大的共同性：参与股东会权利、提案权、表决权、质询权、高级管理层任免权、查阅公司账簿及股东会记录权、优先认购新股权、股息分配权、转让投资权、剩余财产分配权等，只是在具体内容行使方式上各国都有自己具体的规定。比如股东知情权，为保障股东能够准确地获取公司的经营管理信息，各国和地区分别赋予股东财务会计报告查阅权、账簿查阅权和检查人选任权。我国台湾地区“公司法”第 48 条规定，不执行公司业务之股东，得随时向执行业务之股东质询公司营业情形，查阅财产文件、账簿、表册。第 118 条规定，有限责任股东，得于每会计年度终了时，查阅公司账目、业务及财产情形；必要时，法院得因有限责任股东之申请，许其随时检查公司账目、业务及财产之情形。第 210 条规定，除证券主管机关另有规定外，董事会应将章程及历届股东会议事录、财务报表置备于本公司，并将股东名册及公司债存根簿置备于本公司或股务代理机构。前项章程及簿册、股东及公司债权人的利害关系证明文件、指定范围、可随时请求查阅或抄录。韩国《商法典》第 448 条规定，董事应当从定期大会开会 1 周前开始，将第 447 条及第 447 条之二的文书和监查报告置备于本公司 5 年，复本置备于分公司 3 年。股东和公司债券权人在营业时间内，可随时阅览第 1 款所述的置备文书，支付公司所定的费用后，可申请交给该文书的复本或者抄本。美国《示范商业公司法》第16.02节（a）规定，如果一个公司的股东在至少5个营业日之前向公司发出书面通知，他有权在公司的主要营业所于正常的营业时间内查阅和复制第16.01（e）节所列的任何记录。英国1985年《公司法》第222条规定，公司的会计记录应当置备在它的注册营业所或者公司董事认为合适的地方，并且应当向公司高级职员保持公开。第246条规定，任何一个公司的股东或债权人有权在其要求时免费获得一份公司的年终会计账目。欧盟《第一号公司法指令》第2条规定，成员国应当采取本指令所要求的措施，确保公司至少对下列文件和事项进行强制性公开：（1）公司设立文件，以及公司章程（在公司章程作为独立文件的情况下）；（2）对上述文件的任何修改，包括公司存续期间的延长……（6）每一会计年度的资产负债表和损益表……（7）公司住所的任何迁移……欧盟《第五号公司法指令》第30条规定，股东有权查阅公司的年度财务报表及其审计意见书，并有权免费获得这些文件的副本。我国2013年《公司法》赋予股东查阅、复制章程，股东会、董事会及监事会会议记录和财会报告的权利，解释上认为包括财务会计的原始凭证。此外，对于有限责任公司，股东要求查阅公司会计账簿的，应当向公司提出书面要求，说明目的，公司有合理根据认为股东查阅会计账簿有不正当目的，可能损害公司合法利益的，可以拒绝提供查阅，并应当自股东提出书面请求之日起15日内书面答复股东并说明理由。公司拒绝提供查阅的，股东可以请求人民法院要求公司提供查阅；对于股份有限公司，则明确要求应当将公司章程、股东名册、公司债存根、股东大会会议记录、董事会会议记录、监事会会议记录、财务会计报告置备于本公司。另外，各国立法大多允许股东委托代理人代为出席股东大会行使表决权，如德国、法国、日本；少数英美法系国家公司法中规定为表决权信托制度。我国2013年《公司法》规定股东可以委托代理人出席股东大会，代理人应当向公司提交股东授权委托书，并在授权范围内行使表决权。

二、对中小股东的保护

当然，以上股东权的行使反映的是大股东的利益，少数股东往往在公司法律关系中处于诉讼弱势地位，其往往被大股东所吞噬，所以大股东利用控股优势侵害小股东利益的情形时有发生。各国公司法一方面以效率作为立法原则，另一方面基于公平的考虑，为小股东提供了各种救济途径。两大法系相关制度有累计投票制、表决权回避制、异议股东股份收买请求权、股东大会自行召集权、股东向股东大会提出议案权等，各国公司立法根据需要有不同的制度选择，即使跟定了同一制度，具体内容方面各国也存在一些不同。

比如累计投票制，该制度一般仅适用于董事的选举，目的是保护中小股东利益，使代表中小股东意志的人选进入董事会或者监事会。以前，依据直接投票制，股东按照一股一票将票数投给候选人，这样控股股东可以完全操纵董事选举。累计投票制允许股东可以将其在选举每位董事上的表决票数累加，即股东在选举董事时的总票数为其持有股份决定的表决票数乘以需选举的董事的人数，股东可以选择将票数集中投在一个董事候选人名下，也可以选择分散投于数人名下。日本、韩国、俄罗斯、美国、巴西等国都有规定，但这些国家基本上允许章程作出例外规定，也就是说，该制度并非强制性的，可以由公司自由选择是否适用。我国台湾地区也采用这种做法。我国2013年《公司法》第105条第1款规定："公司股东大会选举董事、监事，可以根据公司章程的规定或者股东大会的决议，实行累积投票制。"

再如，股东表决权回避制度，适用于涉及利益分配和关联交易等事项的表决，股东个人利益与公司和其他股东利益相互冲突，限制这部分股东的表决权。这一制度是为了防止控制股东滥用控制权窃取公司利益，部分国家和地区做了明确规定，也有部分国家和地区没有明确规定，大体上大陆法系国家和地区规定相对较为具体。我国台湾地区"公司法"第178条规定，股东对于会议之事项，有自身利害关系致有害于公司利益之虞时，不得加入表决，并不得代理其他股东行使其表决权。德国《股份公司法》第136条规定，任何人在对其应否免责或应否免除一项义务或公司应否对其主张一项请求权作出决议时，既不得为自己，也不得为他人行使表决权。对于股东依第1款不得行使表决权的股票，表决权也不得由他人行使。欧盟《第五号公司法指令》第34条规定，就与下列事项有关的决议而言，无论是股东还是其代理人都不得行使自己股份，或者属于第三人的股份的表决权：（1）该股东责任的解除；（2）公司可以对该股东行使的权利；（3）免除该股东对公司的义务；（4）批准公司与该股东之间订立的协议。中国香港《公司条例》中没有明确规定，但在上市规则中确立了表决权回避制度。意大利《民法典》第2373条规定，在已方的利益或者所代表的第三人的利益与公司的利益发生冲突的情况下，该股东不得就审议事项行使表决权。我国2013年《公司法》第16条规定公司为公司股东或者实际控制人提供担保的，必须经股东会或者股东大会决议，这些股东或者受实际控制人支配的股东，不得参加表决。

关于异议股东股份收买请求权，是指当股东大会作出对股东利益关系有重大影响的决议时，对该决议表明异议的股东，享有请求公司以公平价格收买其所持股份的权利。只有少数国家公司法做了规定，大部分国家和地区并没有规定，其中日本、韩国和美国相对规定得较为明确。我国台湾地区"公司法"第186条规定，股东于股东会为前条决议前，已以书面通知公司反对该项行为之意思表示，并以股东会已为反对者，得请求公司以当时公平价格收买其所有之股份。但股东会为前条第 1 项第 2 款之决议，同时决议解散时，不在此限。日本《商法典》第 245 条之二第 1 款规定，在作出前条第 1 款的决议的股东大会之前，以书面通知公司反对同款所列行为的意思，并在股东大会上提出反对意见的股东，可向公司提出应当以无该决议时股份应有的公正价格收购自己持有的股份的请求。但在前条第 1 款第 1 项的情形下，在作出该决议的同时作出解散决议的，不在此限。韩国《商法典》第 360 条之五第 1 款规定，关于第 360 之三第 1 款规定的承认事项，董事会作出决议时，反对其决议的股东向股东大会提交书面反对意向时，从大会决议日起 20 日内，可向公司递交载明股份种类和数量的书面申请，申请公司收购自己持有的股份。维尔京群岛《国际商务公司法》第 83 条规定，依据本法成立的公司的股东对下列动议持有异议的，其就持有的股份有权获得公平的偿付：（a）兼并，如果该公司是个参与合并的公司，但公司为存续公司且股东继续持有相同或类似股份的情形除外。（b）合并，如果该公司是个参与合并的公司。（c）对公司的 50% 以上的资产或业务的销售、转让、租赁、交换或其他处分行为，如果该行为不属于公司日常经营活动范畴，但下列行为除外：（i）根据有管辖权的法院做出的指令而发生的处分行为；（ii）为获得现金而按照约定在处分行为发生之后的 1 年内，按各个股东的份额将全部或大部分处分收益分配给股东；或者（iii）根据第 9 条第 2 款规定的权限进行的转让。（d）公司根据第 81 条对该股东持有的股份的回赎。以及（e）重整，如果法院许可。我国 2013 年《公司法》则分别对有限责任公司和股份有限责任公司做出了特别的规定：有限责任公司有下列情形之一的，对股东会该项决议投反对票的股东可以请求公司按照合理的价格收购其股权：（一）公司连续 5 年不向股东分配利润，而公司该 5 年连续盈利，并且符合本法规定的分配利润条件的；（二）公司合并、分立、转让主要财产的；（三）公司章程规定的营业期限届满或者章程规定的其他解散事由出现，股东会会议通过决议修改章程使公司存续的。自股东会会议决议通过之日起 60 日内，股东与公司不能达成股权收购协议的，股东可以自股东会会议决议通过之日起 90 日内向人民法院提起诉讼。股份有限公司也不得收购本公司股份。但是，有下列情形之一的除外：（一）减少公司资本；（二）与持有本公司股份的其他公司合并；（三）将股份奖励给本公司职工；（四）股东因对股东大会作出的公司合并、分立决议持异议的，要求公司收购其股份的。公司因前款第（一）、（二）、（三）项的原因收购本公司股份的，应当经股东大会决议。公司依照前款规定收购本公司股份后，属于第（一）项情形的，应当自收购之日起 10 日内注销。属于第（二）、（四）项情形的，应当在 6 个月内转让或者注销。公司依照前述第（三）项规定收购本公司股份，不得超过已发行股份总额的 5%；用于收购的资金应当从公司的税后利润中支出；所收购的股份应当在1年内转让给职工。公司不得接受本公司的股票作为质押权的标的。

还有股东大会召集权，是公司法赋予小股东以股东大会召集权，目的在于防止控股股东和董事不经召集股东大会就擅自决定关系到小股东及公司利益的重大事项，同时也为小股东提供召集和参加股东大会的平等权利，实现股东之间实质平等。关于提起比例，意大利规定占公司资本1/5的股东，德国《有限责任公司法》、中国香港《公司条例》、日本《有限公司法》均规定持有股份总额10%以上的股东就可请求召开临时股东会，加拿大、德国股份公司法规定为5%，韩国、日本的商法典规定为3%，我国台湾地区的规定也为3%，欧盟《第五号公司法指令》第23条更低，规定具备本指令第16条第1项所列要求的一名或者一名以上的股东，有权请求公司召集股东大会，并确定股东大会议题。日本、加拿大、德国等国以及我国台湾地区还规定，前项请求提出后一定时间内，董事会不为召集之通知时，股东得报经主管机关或法院许可，自行召集。我国2013年《公司法》规定，董事会未履行规定的召集和主持股东大会职责的，监事会应当及时召集和主持股东大会。监事会未依照本法规定召集和主持股东大会的，连续90日以上单独或合计持有公司股份10%以上的股东可以自行召集和主持股东大会。此外，股东还被赋予了提案权，这样就可以有机会将非控股股东的意见和建议传达给经营层和其他股东，使其拟订政策时更加谨慎，从而预防控股股东滥用控制权。日本《商法典》规定，持有全部股东表决权1%以上或者持有300个以上表决权的股东有权向董事提出书面议案；韩国《商法典》规定，持有除无表决权股份以外发行股份总数的3%股份的股东可以向董事提出以一定事项为股东大会目的事项的议案；法国《公司法》规定，代表5%以上资本的1名或若干名股东，或上市公司由登记入册至少两年及持有至少5%表决权的股东组成股东协会有权要求将决议草案列入会议日程；欧盟《第五号公司法指令》第25条规定，1名或1名以上的股东，有权请求在已经发出通知的股东大会议题中增列一项以上的新内容。我国2013年《公司法》第102条规定，持有公司股份3%以上的1个或者多个股东，可以在股东大会召开10日以前提出临时提案并书面通知董事会。董事会应当在收到上述通知后2日内通知其他股东，并将临时提案提交股东大会审议。临时提案的内容应当属于股东大会职权范围，并有明确议题和具体决议事项。

股东还可以行使代位诉讼权。代位诉讼，又称派生诉讼，是指当公司的董事、监事、经理及其他高级管理人员等主体侵害了公司权益，而公司怠于追究其责任时，符合法定条件的股东可以自己的名义代表公司提起诉讼。在各国公司法中，只有少数国家公司法中明确规定了股东代表诉讼制度，大部分国家没有规定，其中日本、韩国、巴西相对规定得较为明确，英、美、法国家则通过判例确立了该制度。美国、日本允许个别股东提起此类诉讼而没有对投股量期待限制；欧盟《第五号公司法指令》规定为1名或数名，但必须持有一定账面价值或者记账价值以上的股份（成员国不得要求此种股份超过实际认购资本数额的5%）或者持有一定账面价值或者记账价值以上的股份（成员国不得要求此种股份超过10万欧洲货币记账单位）；韩国规定必须达到持股总数的1%；德国规定为10%。代位诉讼的被告，日本、韩国等国家规定可以是董事、监事，发起人与清算人，美国却只规定为董事。代位诉讼的提起程序各国规定也是不同的，日本规定股东在起诉时需先向公司提出书面请求，30日内公司不提起诉讼时，股东方才有权提起诉讼；韩国规定申请应当以载明其理由的书面作出，在自接受申请之日起30日内公司不起诉的，可为公司即时起诉；美国《示范商业公司法》规定向公司提出权利要求后的时间限制为90日，除非公司早已通知这类权利要求被拒绝了或等待90天后公司的损害是不可补救的，但是当代位诉讼已经开始后，公司自身开始调查了，那么代位诉讼仍然是可以中止的。我国2013年《公司法》第151条和第152条规定，董事、高级管理人员违反前条规定，给公司造成损害的，股东可以书面请求监事会提起诉讼；有限责任公司不设监事会的，股东可以书面请求监事提起诉讼。监事违反前条规定，给公司造成损害的，股东可以书面请求董事会提起诉讼；有限责任公司不设董事会的，股东可以书面请求执行董事提起诉讼。监事会、监事、董事会、执行董事收到股东书面请求后拒绝提起诉讼，或者在30日内未提起诉讼，或者情况紧急、不立即提起诉讼将会使公司利益受到难以弥补的损害的，股东有权为了公司利益以自己名义直接向法院提起诉讼，且第三人如侵犯了公司合法权益也可以成为被告。

三、股东资格

对于股东资格，日本和瑞士禁止公司成为其他公司的无限责任股东，我国台湾地区也有此规定，这显然是为了保护作为投资方公司的债权人。当然在德国、美国、英国公司法中并没有这个限制。有的国家，如日本、意大利、法国、英国等对公司间相互持股做了限制性规定，有的国家并没有限制。德国《股份公司法》规定，一旦一家企业或一家公司拥有一家资合公司25%以上的股票，该企业应立即以书面方式通知该资合公司。一旦一家企业知道了相互参股的事实，持股企业可以行使对另一企业的股权，但这一股权的行使受到限制，不得超过另一家公司股份的1/4。美国《示范商业公司法》有类似的股权行使的限制。我国2013年《公司法》规定，公司可以向其他企业投资，但不得成为对所投资企业的债务承担连带责任的出资人。

四、股东退股

股东退股是指在公司存续期间，股东基于特定的事由，收回其所持股权的价值，从而绝对丧失其社员地位的制度。股东退股是在保持公司主体存续的情况下终止退股股东与公司和其他股东的关系，因此不同于公司解散。从世界范围考察，各国和地区对于股东退股都经历了从禁止到有限许可的过程，只是在模式上有所差异。比如，日本《商法典》第349条规定，对于公司变更章程，将股份转让的限制转为经董事会同意时，股东大会上提出反对意见的股东，可以书面形式请求公司以公正价格购买其股份。俄罗斯《民法典》第94条规定，有限责任公司的股东有权随时退出公司，而不论公司其他股东是否同意。在这种情况下，应按照有限责任公司法和公司设立文件规定的程序、方式和期限向他支付相当于他在公司注册资本中股份的价值。我国台湾地区“公司法”第186条规定，股东于股东会为前条决议前，已以书面通知公司反对该项行为之意思表示，并于股东会已为反对者，得请求公司以当时公平价格，收买其所有之股份。但股东会为前条第1项第2款之决议，同时决议解散时，不在此限。德国《有限责任公司法》虽然未规定股东退股与除名，但学说和法院一致认为当存在有重大事由，并且没有任何其他方法可以解决争议时，即使公司章程没有相关记载，股东依然可以退股或被除名；但对股份有限公司，股东不得退股，公司在被允许购买自己股票的情况下支付的购买价金不被视为对投资的偿还。欧共体《第二号公司法指令》明确了成员国可以规定公司在10种情况下可以取得自己股份，这对欧盟各国有着重要意义。[①] 英国1985年《公司法》原则上仍禁止公司回购自己的股份，但在例外情况下可以取得自己的股份，即如果15%或更多的公司发行的股票的持有者反对修改公司章程，他们可以在21天之内向法院申请阻止这项修改或者要求公司回购其股票。

第六节　公司治理结构的比较

公司法律制度另一个重要组成部分为公司治理结构。早前的公司，股东会作为最高权力机关，掌握和控制着公司重要事务的决策权，董事会主要是执行公司章程及股东会的决议，股东会享有至高无上的权力。但是进入20世纪以后，市场日益复杂，股东进一步走向国际化、分散化。对于小股东而言，其微弱的力量完全不足以影响公

---

① 见《欧共体理事会为协调成员国为保护欧共体条约第五一八条第2项所称公司的股东和其他利害关系人的利益而制定的、有关股份有限公司设立及其资本的维持和变更的保障措施，以使这些措施趋同的第二号公，11法指令》（简称EC第二号公司法指令）第19条、第20条。

司的运营，让他们参与股东大会反而会投入较多的时间、精力和金钱，只要公司能带来红利，怎么运营并不那么重要。因此，股东会对公司的控制日益衰落，董事会渐渐成为公司的权力中心，成为一个独立于公司及股东的阶层，对公司运营和利益分配起着决定性的作用，这就是所谓的“所有与控制”分离。高级管理层作为一个独立的利益团体，极有可能违背善良管理人的义务，作出有害公司及其他股东利益的决策。规范高级管理层的行为，合理分配公司的权力资源，完善公司管理运营与监督控制，使经营者能最大限度地实现投资者的利益最大化，成为各国公司法立法和学理探讨的热点。

一、公司组织机构概述

对公司组织机构的设置，大陆法系与英美法系有着不同的做法。

英美法系采取的是外部监控型结构。股东对经营者监督需要一定的成本，在股权分散化的情形下，股东行使权利所得利益很大一部分被其他股民分享，成为他人搭便车的对象。但是证券市场的发达，为英、美公司治理结构提供了制度构建的沃土。以美国为例，股权的高度分散，一方面使得公司的控制权与所有权高度分离，另一方面，大多数股东又可以通过在股票市场上转让投资，使自己从公司的经营风险中脱身，也就是所谓的“用脚投票”。通过股票供求关系，从外部形成对公司的鞭策力，如果公司一旦经营不善，其股票必然乏人问津，公司管理层的行为必然受股市变化的影响，从而不得轻举妄为。这样，股东通过间接的手段达到了约束公司行为，选择代理者的效果。在美国，实现外部监管目的的除了通过证券交易，还有其他健全的市场体系，证券市场只是资本市场的运作方式。另外，企业家市场、劳动力市场、产品市场都有助于通过竞争机制来达到鞭策公司、约束经营管理层的目的。在美国这种典型的“董事会中心主义”的模式下，我们再来分析其内部的组织机构：股东会的权力极为有限。一般仅限于董事的任免，批准或拒绝批准非经股东会认可无效或可撤销的公司业务，修改章程，批准或拒绝批准股东与公司间契约，公司兼并、解散、强制性股份交换、处置公司重大资产等重大事项。而董事会可行使除此以外的一切权力，如经营决策权、业务执行权、对外代表权，具体工作由附属于董事会的委员会行使。美国公司中往往是没有监事会的，公司治理中的监督职能是由董事会的一个附属机构——审计委员会来行使的。为避免高级管理人员控制董事会和审计人员，审计委员会的成员一般是不在公司中担任其他职务并与所受聘的公司和主要股东不存在利益关系的人员担任，往往是其他公司的管理阶层、社会各界专家或机构投资者的代表，职权主要是对公司高级管理人的经营行为和公司财务信息披露方面的事项进行监管。这就是在美国所谓的“独立董事”，英国的公司组织机构与美国大体一致，但英国公司没有设立专门的监督机关，但要求每家公司设置审计员，以负责对公司的财务进行监管。

大陆法系同于英美法系的治理结构在于其实行内部监控的方式，主要可以认为是由于这些国家资本负债率较高，银行资本参与公司投资，股权相对集中的原因造成的。德国公司中设有股东会、董事会、监事会，相互关系为：股东会是公司权力机关，但其权力只限于法律和章程的规定，如公司形式变更、公司合并解散、公司增减资本、公司经营方针改变、选举监事会中股东代表，解除董事会和监事会个别成员等；股东会下设监事会，监事会负责监督董事会并参与决策，由股东代表和职工代表共同组成，监事会需要向股东会报告工作；监事会负责任命董事会成员，董事会行使法律或章程规定属于股东会职权以外的所有职权，特别是经营权，但其重大业务必须得到监事会的批准；董事会可以授权由董事或经理行使公司业务的执行权、代表权。相较于德国，法国、荷兰、丹麦等国的治理机构比较灵活，可以选择设立或不设立监事会，由公司立法再分别配制相应权力以达到相互制衡。日本公司治理机构融合了德国公司治理结构和英美公司治理结构的特色。首先，其组织机构也是由股东会、董事会、监察人三部分组成。股东会仍然是公司权力机关，职权由法律和章程规定。在日本，金融机构间接投资占公司资本很大比重，银行对公司实行人事参与，这在日本公司治理结构中表现得格外充分，董事会成员中往往有银行向公司派遣的人员。董事会是公司执行机关，并推举一名或几名董事为公司代表人。在日本并没有监事会组织，而是由监察人单独行使财务监督权和业务监督权，监察人的人选多为与本公司交叉持股或有资金代理贷和业务关系的公司或银行担任。1993 年日本《商法典》修正，强制大型股份有限公司设立双重监察人，即会计监察人和监察人，并且设立监事会。监事会的作用仅仅是协调监察人间的关系并提高监察人效率，监事会的决议并不影响单个监察人的活动，监事会中必须有外部监察人，目的在于保证监察人相对独立于股东与董事。而小股份公司可以只设监察人负责公司的财务监督。近几年来，日本证券经济崩溃。银行对企业的控制渐渐削减，将会对日本公司的治理模式造成影响。

二、公司代表权的行使主体

各国公司法对于公司代表权的规定，有的国家采单一制，由董事会行使，有的国家采复合代表制，各个董事均可行使代表权。但无论采单一制规定的国家还是采复合制规定的国家，均允许公司以章程规定来排除法律的适用。韩国《商法典》规定，董事代表公司；有数名董事时，若章程中另无规定，则应在社员大会上选任应代表公司的董事；章程中或者社员大会上可以决定由数名董事共同代表公司。欧盟《第一号公司法指令》第一节第2条第4项规定，公司要强制公开对于负有以下职责、依法作为一个组成机关，或者作为此种机关的人员的选任、解任以及此类人员的基本情况：被授权在与第三人实施法律行为或者参加诉讼时代表公司；参加公司的管理、监督或者控制活动。此种公开必须能够表明被授权代表公司是否有权单独代表公司，或者必须与他人一道共同代表公司。英国1985年《公司法》第35条规定，为保护在和公司的交往中善意信赖公司能力的第三人，任何公司董事的交易行为都视为在公司能力范围内作出的，且不受公司章程对此的限制。但并不排除交易的一方当事人可以询问公司能力或董事的权限，并且除非有合同的反证，推定第三人善意。美国《加利福尼亚州普通公司法》规定，下列任何一人签字的任何票据、抵押、借债证明、合同、财产让与或其他书面文书及其转让或保证，在公司和其他任何人之间已经完成或开始履行的，当交易对方不知签字人员无权执行该事项时，公司不得以签字人员缺乏授权宣布无效：董事会主席、董事长或副董事长、任一秘书、任一秘书助理、首席财务官或任一助理财务员。除中国原公司法的规定外，各国均没有规定法定的唯一制。我国2013年《公司法》做了变通，法定代表人可以由公司章程规定，由董事长、执行董事或经理担任。出于保护交易安全和第三人利益的目的，各国公司法均规定公司章程对于公司代表人代表权的限制不能对抗善意第三人。

三、高级管理人员的义务

高级管理人员，是指公司的经理、副经理、财务负责人，上市公司董事会秘书和公司章程规定的其他人员。大陆法系国家和地区一般称善管义务，英美法系称为注意义务。后者较前者在具体规定上更加详细，更富操作性。英美法的注意义务，被我国《公司法》以勤勉义务代替。

美国《示范商业公司法》第8.30条（董事的行为准则）规定，（1）董事会的每个成员在履行董事职责之时，应以下列原则行事：以善意的动机，以该董事合理信赖系为公司最佳利益的方式；（2）董事会的成员或董事会委员会的委员，在获悉与其行使决策职责相关的信息，或被提示注意履行起督查职责时，应以类似职位之人类似情形下合理信赖为适当的方式履行其注意职责。德国《股份公司法》第93条（董事会成员的注意义务和责任）规定，（1）董事会的成员应在其执行业务时，尽通常及认真的业务执行人之注意。对于因在董事会内的活动所知悉的机密事项和秘密，特别是营业或业务秘密，其应保持缄默。法国《商事公司法》第51条禁止经理或法人代表以外的股东以任何形式和公司签订借款契约，促使公司同意在往来账户上或经其他方式进行透支，以及让公司对他们向第三人承担义务提供担保，否则，契约无效。这一禁止性规定适用于法人股东的法定代理人。但公司经营金融事业的，这一禁止性规定不适用于在正常条件下进行的日常贸易活动。该禁止性规定亦适用于本条所指人员的配偶、直系卑亲属以及一切中间人。

关于忠实义务，大陆法系国家和地区一般以董事的竞业禁止和自利交易禁止为主，而英美法系则是概括规定。《特拉华州普通公司法》第 142 条规定，公司可通过契约或其他方式，确保其任何经理或代理人对公司尽到忠诚义务。而我国并未对勤勉义务和忠实义务进行明确区分，而是融合处理。我国董、监、高共同义务是：遵守法律、行政法规和公司章程，对公司负有忠实义务和勤勉义务；股东会或者股东大会要求董事、监事、高级管理人员列席会议的，董事、监事、高级管理人员应当列席并接受股东的质询。不得利用职权收受贿赂或者其他非法收入；不得侵占公司的财产。董事、高级管理人员应当如实向监事会或者不设监事会的有限责任公司的监事提供有关情况和资料，不得妨碍监事会或者监事行使职权。董事、高管的特定义务是不得有下列行为：（1）挪用公司资金；（2）将公司资金以其个人名义或者以其他个人名义开立账户存储；（3）违反公司章程的规定，未经股东会、股东大会或者董事会同意，将公司资金借贷给他人或者以公司财产为他人提供担保；（4）违反公司章程的规定或者未经股东会、股东大会同意，与本公司订立合同或者进行交易；（5）未经股东会或者股东大会同意，利用职务便利为自己或者他人谋取属于公司的商业机会，自营或者为他人经营与所任职公司同类的业务；（6）接受他人与公司交易的佣金归为己有；（7）违反对公司忠诚义务的其他行为。因监事无经营权，故无此限制。

四、员工在治理结构中的地位

大多数大陆法系国家都规定公司董事会或监事会中要有职工代表，并规定了职工代表的选举、职权、地位和保障等。有相当多的国家都规定了工会等劳工团体在公司管理中的作用。德国《参与决定法》适用于矿业大型企业（雇员 2000 名以上），按照企业雇员规模来确定监事会的组成（雇员不超过 1 万名的，监事会由资方和劳方监事会成员各 6 人组成；雇员为 1 万—2 万名的，由资方和劳方监事会成员各 8 人组成；雇员超过 2 万名的，由资方和劳方监事会成员各 10 人组成）；该法还规定了职工董事。法国《商法典》规定了公司雇员被任命为董事的条件和人数限制：职工董事不得超过在职董事人数的 1/3；公司职工持有的股份超过公司资本 5% 时，董事会召集特别股东大会任命 1 名或 2 名职工董事；公司章程可规定由公司或子公司职工选举产生的董事不得超过 4 人，上市公司不得超过 5 人，也不得超过其他董事人数的 1/3；公司职工持有的股份超过公司资本 5% 时，经理室召集特别股东大会任命 1 名或 2 名职工监事。公司章程可规定由公司或子公司职工选举产生的监事不得超过4人，上市公司不得超过5人，也不得超过其他监事人数的1/3。欧盟《第五号公司法指令》规定，平均雇工规模不低于成员国确定数目（不得超过1000人）的公司，应当由职工参加任命监督机关成员，监督机关中1/3—1/2的成员由职工选举产生，但股东大会指定的成员应享有最终决定权。一些未规定职工董事或职工监事的国家，也通过劳资协议会等形式使公司员工参与涉及其自身事项的公司决策。如意大利虽未颁布有关雇员代表加入股份有限公司董事会的法律，但雇员根据宪法规定在法定范围内仍有权参与企业的管理，所有股份有限公司和某些较大的其他公司都建立了劳资协议会，根据雇员请求，任何生产单位都可建立工会委员会。

而英美法系国家通常并未规定职工董事或监事，而是通过信息披露或员工持股使员工参与公司管理。由美国《示范商业公司法》第8.02条关于董事的资格和第8.40条关于经理的要求可知，职工均可以担任公司董事和经理，参与公司管理。英国1985年《公司法》第11条第（3）项规定，董事报告应当对本会计年度公司的安排作出说明，以达到、维持、发展以下目的：（a）向公司雇员提供与其雇员身份有关的系统信息；（b）定期向雇员或其代表咨询，以使雇员意见在作出对其有影响的决策时被考虑；（c）通过员工持股或其他途径鼓励雇员参与公司运作；（d）知悉所有影响公司运作的有关雇员的财政和经济因素。

五、公司治理中的利益相关者保护

英美法系国家的立法中通常都有关于公司管理者对职工等利益相关者考虑的规定。美国《示范商业公司法》第3.02条规定，除非公司的组织章程中另有规定，每家公司……包含下列不受限制的权利：……（12）为任何或所有在任或前任的董事、经理、雇员及代理人支付退休金，并建立退休金计划、退休基金、利润共享计划、股份红利计划、股份期权计划、福利与奖励机制。美国《纽约州商业公司法》第717条（b）规定，董事有权在决定公司行动时考虑：公司和股东的近期和长远利益、公司行为对以下利益的近期和长远影响——公司前景、现有员工、退休员工、供应商、销售商、顾客和债权人的利益，以及远期的公司经营中提供货物、服务、雇用机会和雇佣利益及其他此类对社区的贡献。中国《香港公司条例》附表7第5条第7项为，设立、支持或协助设立与协助支持旨在惠及公司或其业务的前任的雇员或董事或过去的雇员或董事或惠及该等人士的受养人或亲属的组织、机构、基金、信托及便利设施；批给退休金及津贴；就保险作出付款；为慈善或仁爱宗旨，或为任何奖助宗旨或任何公众、大众或有用的宗旨而认捐款项或担保支付款项。

第七节 公司债

一、发行公司债的概述

公司可以通过发行债券募集资金，在各国证券市场上流通的，除了股票，就是债券，因为公司债较之于股票能够偿还本金，不用参与公司经营管理就可获利，公司解散时还能优先于股东的剩余财产分配，所以为各国投资者所青睐。各国公司立法或证券立法对公司债券的发行条件、程序以及还本付息的问题做了规定。首先，不是所有的公司都有资格发行债券。各国一般都允许股份有限公司发行公司债，至于有限责任公司能否发行公司债的问题，大多数大陆法系国家是不允许的，如意大利、比利时、法国、日本等，德国、瑞士、丹麦、荷兰等国允许其非募集性地发行公司债。英美国家对此未作限制。其次，各国立法都分别对允许发行的债券类型进行了必要的限制，一般都包含记名公司债券和无记名公司债券，可转换几种公司债券；有的国家，如德国、日本、法国规定有附新股认购权公司债；有的国家，如德国规定了参加债券，法国规定有可兑换股份公司债。特别的，英国还允许发行不可赎回公司债。而最后，发行债券的限额各国和地区规定也有所不同：有的地区将其与公司的净资产数额相联系，如我国台湾地区；有的国家将其与公司的实收资本数额相联系，如丹麦、日本；有的国家兼顾公司的实收资本额和净资产数额，如意大利。

与股票发行一样，各国和地区都规定了债券发行的具体程序。日本、韩国规定债券募集由董事会决议，法国、中国规定由股东会作出决议，德国规定发行可转换公司债券、附新股认购权的债券及参与债券必须由股东大会决议。对发行债券的管理，英美规定为登记制，如美国为联邦证券交易委员会；我国台湾地区规定为审核制；德国、法国、意大利等国家只有在发行总额超过一定数额，或发行特殊形式的债券和无记名债券时才需经政府部门批准；日本等国家发行债券无须审批。另外，对发行债券所递交的文件，各国也有不同的规定。发行公司债的申请经登记或核准后，各国都规定了应当公告募集办法，经公告后，公司依各国立法可以采取直接发行、间接发行和总额认购的方式。

二、债券持有人会议

单独的或少数的债券投资者相对于公司而言毕竟处于弱势，为了维护证券投资者的利益，法律需要作出一些特别的规定，其中考虑为债券投资者提供一个集体维护自身利益的机会就是其中一种，即法律规定债券投资者可以组成债券持有人会议来代表其行使权利。债券持有人会议不同于公司组织机构，只是一种临时性的议事机构，参与者是公司全体债权人。如中国《澳门商法典》第447条规定，公司应在发行债券之认购期届满30日后，以刊登公告方式召集债券持有人大会。但是法国有一特殊规定，即占发行公司债公司10%以上股份的公司不得以其拥有公司债而参加会议的表决。

债券持有人会议的职权涉及与债权人利益有关的一切事项的决策。如法国《商法典》规定，公司债券持有人会议的职权为：对一切为维护公司债债权人利益和履行借贷合同的措施以及对债券合同修改的建议进行审议。日本法规定，各公司债债权人就每宗公司债最低额有一表决权。会议决议以出席表决权的过半数通过。重大事项的决议须1/3以上表决权的公司债债权人出席，并以其表决权2/3以上通过。对于债券持有人会议的职权，日本《商法典》第319条规定，除本法有规定者外，经法院许可，公司债券持有人会议可以就与公司债债权人利害有关的重大事项作出决议。

债券持有人会议的召集人一般为发行公司债的公司或受托公司；有些国家或地区甚至赋予一定比例的公司债券投资人自行召集权，如我国台湾地区“公司法”规定，发行公司债的公司、公司债债权人的受托人，或有同次公司债总数5%以上之公司债的债权人可以为公司债债权人之共同利害关系事项，召集同次公司债债权人会议；法国《商法典》规定在法定期限内未召集会议的，申请者可请求法院召集大会，香港《公司条例》也有类似规定。日本《商法典》第320条第2款规定，债券持有人会议的召集权人是发行公司或公司债管理公司；同时第320条第3款、第6款规定，持有公司债总额10%以上的公司债债权人可以请求召集会议，提出请求但仍不召集会议时，可以依照法院的许可自行召集。

对债券持有人会议的决定，日本及我国台湾地区规定须经法院认可方才有效，如日本《商法典》第325条、第327条规定，公司债券持有人会议的决议经法院认可后方生效，公司债券持有人会议的召集人应当在会议决议作出之日起一周内请求法院予以认可。经法院予以认可的公司债券会议决议对全体公司债券持有人均有效力。公司债债权人会议可从公司债权人中选任代表人决策或执行。我国台湾地区“公司法”规定，债权人会议之决议，应制成议事录，由主席签名，申报公司所在地之法院认可并公告后，对全体公司债债权人发生效力。对债券持有人会议的决议，可委托受托人为其决议执行人。如意大利《民法典》规定，可以从非债券持有人中选任共同代理人，也可以任命授权从事投资的法人和信托公司为共同代理人。债务公司的董事、监事、雇员不得被任命为共同代理人。未任命的，根据债券持有人或者董事的请求，法院任命共同代理人。共同代理人的任职期不得超过3年，可以连任。其报酬由债券持有人大会确定，并规定了共同代理人的义务和权利。韩国《商法典》规定公司债权人集会可从持有公司债券总额的 1/500 以上的公司债权人中选任代表人决策或执行。我国《澳门商法典》规定，债券持有人应选出自然人、律师合伙或核数师合伙为共同代理人，以无投票权之方式列席及参与股东会，并在法院及面对公司或第三人时代理全体债券持有人。

也有一些国家规定了债券持有人对大会决议可以提出异议。例如，意大利《民法典》规定债券持有人大会作出的决议，可以由债券持有人的共同代理人在公司所在地的法院提起诉讼。

第八节　公司合并、分立与解散

一、公司合并概述

公司在存续期间，除了会发生资本变更、内部组织机构人员变更、章程规定事项变更以外，还会存在合并、分立与公司形态变更的可能。所谓公司的合并，是指两个或两个以上的公司依照公司法规定的程序，合并为一个公司的法律行为。合并可以是吸收合并（指一个公司吸收其他公司，被没收的公司解散，所以又称为兼并），也可以是新设合并（指两个以上公司合并为一个新公司，原来各方解散）。但英美国家的合并形式不同，如美国不承认新设合并。美国《示范商业公司法》规定的合并形式有吸收合并（兼并），强制的股票交换和简式兼并。强制的股票交换是指一家公司用本公司的股票或其他公司的股票，承担义务证书或其他证券、现金、其他财产用来交换另一家公司全部售出的股票（只要得到了另一家公司多数股东的批准），强制表现在少数反对出售股票的股东也必须接受这一交易，但仍有异议权和评估权；简式兼并只适用于母公司兼并子公司，这一制度在德国、日本法律中也有体现。英国公司的合并可以是两个以上的公司联合组成新公司，也可以是一家公司用取得股份的方法接管另一家或几家公司的控制权（参考《公司法比较研究》，第 315—316 页）。

合并可能是同种类型公司的合并，也可能是不同种类型公司的合并，法国法对此不作限制，吸收合并中存续的公司只需修改其章程，新设合并新公司需按法定程序、条件进行组建；美国《示范商业公司法》的规定也相当轻松，任何类型的公司都可以相互吸引对方；德国法律规定吸收合并中存续的公司只能是股份有限公司，只有股份公司和股份两合公司之间可以相互吸收；日本法律限制较为严格，股份公司间合并可以成立有限公司，但必须是合并方已全部清偿了公司债，有限公司与有限公司合并的结果只能是有限公司，有限公司与股份公司合并的结果只能是股份公司。但是为了防止垄断的产生，许多国家都通过反垄断法对公司合并进行监督。

各国都由公司法对公司合并的程序做了详尽的规定，大体步骤是一致的，只是各国基于自己的政策在具体监管上有松有紧，如德国、法国规定合并协议必须经各方董事会或法院任命的合并审计员审查；合并协议有的国家要求政府批准，有的国家要求商业登记或公证；美国、日本、韩国均赋予了异议股东股份收买请求权；德国规定合并需经申报，日本、韩国规定有限公司与股份公司合并为股份公司时需经法院批准等。

二、公司分立

与合并相反的是公司分立，是指公司依照法定程序分为两个或两个以上公司的法律行为，分立的形式有新设分立和派生分立。前者指分立后原公司消灭的方式；后者是指一个公司分出部分财产设立一个或几个公司，原公司仍然存续的方式。韩国《商法典》还规定了分立合并与新设及分立合并，其中分立合并是指先将公司的营业分立成数个，然后将分立的部分营业吸收合并至正在存立的其他公司或者以分立的一部分与其他正在存立的公司共同设立公司。新设及分立合并是指并用单纯的分立和分立合并两种方法，即以分立的一部分营业新设公司，以另一部分与其他正在存立的公司进行合并。与合并相同，各国公司法也规定了公司分立的程序，在具体操作上各国都各有特色，但大体上还是相同的，不再一一赘述。

三、公司形态的变更

公司形态的变更，是指公司在存续期间由一种公司类型变更为另一种公司类型，而公司的债权债务关系由变更后的公司概括承受。英美法系国家公司法对此未作规定，他们认为封闭公司与分公司的转化不是公司形态的变更，无法进行解散、清算，只用修改公司章程中关于股份转让的条款就可以了。但大陆法系国家无一例外地对此做了规定，只是宽严不一，如德国、日本、法国、韩国等都允许有限责任公司变更为股份有限公司，也允许股份有限公司变更为有限责任公司。其他的股份有限公司、有限责任公司、无限公司、两合公司、股份两合公司的转化都由各国公司法明确作出规定的才予允许。我国 2013 年《公司法》新增了允许股份有限公司变更为有限责任公司的规定。

四、公司解散和清算

最后一个问题是公司的解散和清算问题。公司的解散是消灭公司的行为，但公司并非一经解散就失去法人人格，往往需要经过清算程序，了结公司事务，清理债权债务关系，完成剩余财产的分配才能使公司这一实体完全消灭，所以公司的消灭不同于自然人的死亡，是按步骤的从容的过程，公司解散的原因，各国均有规定。如法国、比利时、意大利等规定公司章程必须载明公司的存续时间，并且限制了最大期限，当存续期间届满时，公司就得解散。多数国家规定股东会可以决定公司的解散，美国《示范商业公司法》甚至规定创办人可以在未发行股票或未开始营业前解散公司，董事会也可在开业前解散公司；日本《公司法》规定当出现了法定情形时，法院为维护公共利益，可以依请求命令公司解散，德国《公司法》也规定了法院依职权解散公司的情形；同时日本还规定了法院可以在法定情形具备时通过判决的形式解散公司，美国法律也承认法院判决解散这种形式。另外，各国都规定了公司可以因为合并、分立或破产而解散；美国《示范商业公司法》还规定了州务长官可以签发解散证书的形式，在公司未缴纳特许税和罚款，或未按期送交年度报告书，或未在本州设注册代理人办事处，或以上人员处所变更时未履行通知义务时解散公司。有的国家，如德国、日本、美国等还规定了公司解散的撤销制度。

各国公司法对公司清算的程序规定是基本一致的，就同一国家不同类型公司的清算，虽然有的国家规定了不同的适用法，如日本、德国等，但这种区别都仅指具体内容的区别，程序上是基本相同的。清算需要清算人，各国公司法对清算人的选任、职权、义务都有专门规定，根据解散原因的不同，有的规定清算人为公司股东组成，有的规定清算人为公司董事，有的规定清算人由法院根据利害关系人的申请选任。美国《示范商业公司法》甚至规定公司解散后，股东、董事会、高级职员、注册代理人的法定职权不受影响，清算事务仍由清算中的公司承担。对清算人制作的财务会计报告，德国没有结算审计员对此进行审查，日本及我国台湾地区规定必须经监察人审查，经审查后，清算人才能向股东大会提交报告。清算的结果可能是申请宣告破产，也可能是清算完结，注销公司登记。前者应按各国或地区规定的破产程序进行，后者而言，法人人格消灭，德国、日本、我国台湾地区等还规定了公司文件的保存制度。

第九节　一人公司的问题

一、一人公司的承认

所谓一人公司，是指公司的股东仅有一人的特殊形态，这是与传统的公司理论认为公司是社团性组织相冲突的。但与此相对立、重视企业组织独立人格和财产构筑的公司法人理论却认为，公司的人格只是法律上的拟制，个人也可以享有法律上的人格经营公司业务。英国公司用“company”一词，其词根“com -”就含有“共同”的意思，所以在面临一人公司时存在着概念上的困难。按照英国 1948 年《公司法》的规定，公募公司须由 7 人以上设立，私募公司须有两人以上设立，股东人数低于法定最低人数，仍继续经营 6 个月以上时，知道该事实的股东要对这期间的债务负责，并且此时已构成了公司解散的原因。并且英国 1985 年《公司法》仍然坚持全部公司要由二人以上股东设立，并没有改变其公司社团性的初衷。直至 1992 年依欧盟《第十二号公司法指令》制定的《一人有限责任公司条例》才允许设立一人有限责任公司。相比之下，美国公司采用“corporation”一词就不存在这种尴尬。事实上，1962 年《示范商业公司法》只要求有一人在公司章程上署名即可设立公司的修订，美国各州均陆续采纳，到 1970 年已有 28 个州对一人公司做出了规定。

大陆法系各国对一人公司的态度存在着差异。早前，多数国家不仅对公司的设立规定了最低人数，并且要求公司成立后，股东人数也不得低于法定人数。在德国 1884 年《股份公司法》和日本 1899 年《商法典》中都有体现。随着经济的发展，公司成立后常因社会、经济因素导致股东人数发生变化，可能只剩一个股东，如果强令公司解散，会造成经济资源的浪费，所以有些国家相继做了一些改变，如卢森堡 1978 年修正《商事公司法》虽然不承认 1 名股东的股份有限公司，但对有限责任公司，可以其在存续中变成一人公司后法定期限内存在；瑞士等国家规定只要利害关系人没有提出解散的请求，那么允许存续中的一人公司；奥地利、荷兰等国对存续中的一人公司不再加以任何限制了；德国 1892 年《有限责任公司法》明确规定了承认存续中的一人有限责任公司；欧盟《第二号公司法指令》第 5 条规定，成员国法律如果要求发起人在一人以上，在公司设立后全部股份转归一人单独持有，或者股东人数低于最低法定人数时，不应导致公司的自动解散。随着经营者对有限责任利益的追求，单个投资者也希望采用有限责任的公司形态，使自己摆脱有限责任的负担，反映到各国立法，一些国家明确规定，允许设立中的一人公司。列支敦士登 1925 年《自然人和公司法》最早确认了单一投资者可以设立公司并承担有限责任；日本、德国、丹麦、澳大利亚、新加坡、加拿大等也相继允许设立一人公司；但也有的国家不予承认，如印度、巴西等。对承认设立时的一人公司，大部分国家规定既可以设立一人有限责任公司也可以设立一人股份有限公司；也有只承认设立其中一种一人公司的，如中国《澳门商法典》第 390 条承认一人有限公司，澳大利亚《公司法》承认一人股份有限公司，法国只承认设立一人股份有限公司。

二、一人公司的设立人

承认一人公司的国家，其公司法大部分承认自然人与法人均可设立一人公司，如日本、韩国、美国、德国等；法国的规定比较特殊，1985年法国颁布了一人有限责任公司的修改方案，明确规定可设立一人公司并承认一人公司的存续，但为了防止个人企业通过对个人财产的无限细分，设立若干一人公司，滥用公司独立财产和有限责任，又明文禁止自然人设立复数的一人公司，也禁止一人公司再行设立一人公司。但该法没有禁止法人举办复数的一人公司。

三、一人公司的机构设置

对于一人公司的机构设置，各国大多未作特别规定，因此一人公司的机构设置适用普通公司的规定。只有个别国家和地区有特别规定。我国台湾地区“公司法”规定，政府或法人股东一人所组织之股份有限公司之股东会职权由董事会行使，不适用有关股东会之规定。并且董事、监察人，由政府或法人股东指派。法国《商事公司法》第34条第2款规定，当公司只有一人时，该人取名为“一人股东”，一人股东行使股东大会的权力。中国《澳门商法典》第329条规定，对法律规定属股东决议权限事宜之决定，应由单一股东亲自作出及将之在为此目的而设之簿册内登记，且由单一股东及公司秘书签署。

四、我国关于一人公司的规定

我国公司法允许设立一人有限责任公司，并以专章专节规定了具体制度，这是公司法理念的一个突破。2013年《公司法》取消了一人有限公司最低资本限额为10万元的要求降低了设立一人有限责任公司的门槛；同时为避免投资者滥用公司法人人格滥设一人公司，恶意逃避法律责任，明文禁止一个自然人设立多个一人有限责任公司，也禁止一人有限责任公司再投资设立新的一人有限责任公司；一人有限责任公司不设股东会，股东作出重大决定时应采用书面形式并由股东签字后置备于公司；一人有限责任公司应当在每一会计年度终了时编制财务会计报告，并经会计师事务所审计；最后，建立了一人公司法人人格否认制度。

第三章　公司管辖权的基本制度

在解决国际民商事纠纷过程中，管辖权制度作为法院决定是否受理原告提出的诉讼请求的“阀门”，其创设有两大技术功能，第一，就原告而言，管辖权为其提供了解决争议的广泛场所，并决定其选择的争议解决地点的意图能否得到满足的分水岭，进而，最终决定争议结果的不同命运；第二，就法院而言，管辖权是决定其是否裁判当事人争议的“筛筐”，并直接决定实体结果。在这两大功能的背后又分别有两个不同立法目的：其一，尽可能为当事人提供广泛和合适的场所，能真正公正、便利和有效地为当事人解决纠纷；其二，决定由该法院解决纠纷与其国内的公共秩序的利益密切相关，并且判决的结果能得到广泛认同。在国际民事诉讼中，如何确定对公司行使管辖权的标准，就会因为公司自身的特点而复杂化，以下我们具体论述。

第一节　各国对公司行使管辖权的一般制度

公司作为法律拟制的一类主体，对公司行使管辖权提出了特别的问题——一国何时能获得对性质上不是现实存在的创制物的管辖权？发展起来的一个理论是，当公司在一国内从事商业事务时，至少就产生于这些商业活动的诉因，或甚至产生于其他地方的诉因，公司暗示同意由该国行使管辖权，对这种理论作出的解释，是一国能排除外国公司在本国境内从事商业活动，因此，同意管辖作为从事这种商业活动的条件。另一种理论是，在一国内从事商业活动的公司，由此是有形存在于一国内，并且，公司在国内活动的相关诉因和与地方活动不相关的诉因都受本地的管辖，对这种理论主要的限制是，一旦公司停止在国内从事商业活动，本国法院就不再对它行使管辖权，因为它不再有形存在。出现的第三种理论是简单的，即如果公司在一国内从事商业活动，它就接受这个国家法院的司法管辖权。因此，在法院地国家内从事商业活动是所有这种理论的一个因素。但是，公司关系是复杂的，仅仅以从事商业活动作为确定对公司行使管辖权的标准，也过于单一和有失正当。大体来看，公司关系包括内部关系和外部关系，内部关系主要是指公司的股东相互之间的关系以及股东与公司之间的关系，特别是股东在公司经营管理和分配红利方面的权利。公司内部关系从广义上说也包括公司的内部组织与管理。公司的外部关系就是公司与其交易当事人之间的关系，这包括两类：一类是与公司组织特点有关的活动，如股票、债券的发行和转让等；另一类是与公司组织特点无关的活动，如买卖、借贷关系等。针对公司关系的不同特点确定管辖权标准，成为各国确定公司管辖权的一个基本路径。[①]

一、对公司的内部关系行使管辖权的标准

针对公司内部关系所产生的争议，即与公司设立、效力或解散相关的诉讼，以及股东之间或股东与法人组织间相互提起的诉讼，各个不同国家基于公司与国家之间的真实隶属关系，确定隶属关系，以此为标准作为行使管辖权的依据，大体上主要可以划分为依据公司主事务所所在地或住所来对公司行使管辖权和依据公司成立地或注册登记地来对公司行使管辖权。

（一）依据公司主事务所所在地或住所为标准确定公司管辖权

采取这种确定公司管辖权标准的国家基本在实体法上坚持“真实本座理论”，认为公司与特定国家之间的真实隶属关系的体现就是公司的主事务所所在地或住所位于该国领域内，自然该国对于公司内部关系的争议就有当然的管辖权。例如，2000 年哈萨克斯坦共和国《冲突法与国际民事诉讼法》第 416 条规定：“1. 被诉组织或外国被告的住所在哈萨克斯坦共和国境内的，哈萨克斯坦共和国法院对其参加的诉讼有管辖权……”瑞士 1987 年《国际私法》第 151 条第 1 款规定：“在与公司法有关的争议中，公司主事务所所在地的瑞士法院对于受理对公司、公司成员或依公司法应负责任的人提起的诉讼有管辖权。”斯洛文尼亚共和国 1999 年《关于国际私法与诉讼的法律》第 60 条规定：“与公司、其他法人或者自然人或法人联合体设立、解散与法律地位变更有关的诉讼，以及涉及法人机构所做决定的效力的诉讼，如果公司、其他法人或联合体的所在地在斯洛文尼亚共和国，由斯洛文尼亚共和国法院专属管辖。”

依据公司的主事务所所在地或住所确立管辖权，充分地考虑到公司与行使管辖权国家之间的真实联系，这样确定管辖权更有利于进行诉讼程序的便利，真正实现诉讼效率。但是，这样确定管辖权也有其局限性，这就是，由于对主事务所所在地和住所的认定不同，会因认定的不同而导致管辖权的冲突。

（二）依据公司成立地或注册登记地为标准确定公司管辖权

采取这种确定公司管辖权标准的国家基本在实体法上坚持“成立地国理论”，认为公司与特定国家之间的真实隶属关系的体现就是公司成立地或注册登记地位于该国

---

① 在现实确定公司管辖权中，主要管辖权的确定是针对公司内部事务的管辖权。

领域内，公司成立地或注册登记地就是公司人格的产生地，自然该国对于公司内部关系的争议就有当然的管辖权。

如果商业团体较为长久地实际存在于某地，它们通常就要服从于该地法院的一般管辖。公司应当服从其成立地法院的一般管辖，这一点已得到美国司法实践的广泛承认。美国学者卡萨德教授曾经指出："不论诉因为何，公司总是受制于其成立地法院的管辖。在一州成立即构成支持不受限制的一般管辖权的充分实际联系。"① 美国下级法院在司法实践中得出的结论与之相同。与此类似，按照美国《对外关系法重述（第三次）》的有关规定，如果公司或类似法人团体依据一国法律成立，该国法院即可对之行使管辖权。在法院地之外成立的公司，如果在法院地登记注册从事经营，也要服从该法院的管辖。实际上，美国所有各州均以指定一名登记注册的代理人，作为外国公司在本州从事商业的条件。"从事商业"在此处通常是指与法院地之间实质性的持续商业关系。《美国冲突法第二次重述》第 41 条也规定，一州（国）有权对本州（国）公司行使管辖权，而美国在确立是否为本州（国）公司时是以成立地法为标准。

在英国法制中，只要是依据英国 1985 年《公司法》或其他法令的规定在英格兰注册的公司，则英格兰法院毫无疑义地有权对之行使管辖权，即使公司的成立是为了在国外开展业务，但其成立地在英格兰，并且传票总是可以有效地送达给它在英格兰的注册办公室。

《布鲁塞尔公约》第 16 条第 2 款规定，如果诉讼标的是公司、其他法人、自然人或法人的联合体的设立（constitution）、宣告无效（nullity）、解散（dissolution）或者其他机关的决定，那么公司、法人或联合体所在地的缔约国法院享有专属管辖权。之所以采用"公司、法人或联合体的所在地"作为确定专属管辖权的连结因素，是因为国际上并无统一的标准，实践中比较多的国家采用登记地主义和住所地主义。为此，欧盟通过公约第 53 条第 1 款说明公司、其他法人或联合体所在地的确定应参照受理法院所在地国的法律，而欧盟成员国一般均认为是其注册事务所所在地和实际的管理和控制中心所在地。如果两个或两个以上的成员国就此规定不一，导致几个成员国法院同时具有专属管辖权时，便依照公约第 23 条关于专属管辖权冲突的协调条款，由首先受案法院受理，其他法院应主动放弃管辖权。对于股东之间或股东与法人组织间相互提起的诉讼，由于欧洲法院已通过其在 Peters GmbH v. Zuid Nederlands Aannemers Vereniging 一案中的裁决明确指出，公司或其他联合体与其成员的关系是契约性的，

---

① 张茂：《美国国际民事诉讼法研究》，中国政法大学出版社 1999 年版，第 59 页。

因此，公司对其股东提出的回购股份的诉讼可以在正当支付地提起，按照公约第5条第1款规定，该地通常是公司注册事务所所在地。也就是说，发生在股东之间或股东与法人组织间的纠纷属于公约第5条第1款所规定的与合同有关的事项，应当归入特别管辖权调整的范围。

依据公司成立地（或登记地）决定管辖权，具有明确性和可预测性，避免诉讼中的突然袭击，而且，公司成立地（或登记地）国家的法院对公司内部关系的审查更加便利。但是，当公司成立地与公司的主事务所所在地相分离的情况下，这样确定管辖权标准，不能反映出特定国家与公司之间的真实联系。

依住所和成立地决定对公司行使管辖权是普遍的一般的制度。另外，有的国家根据公司营业所、公司的意思自治和公司持续及系统活动来确定公司的管辖权。

（三）对公司确定管辖权的其他标准

除了上述两种确定公司管辖权的基本标准，各国的立法与司法实践，也确定了公司管辖权的其他标准：

1. 公司营业所标准

2000年，哈萨克斯坦共和国《冲突法与国际民事诉讼法》第416条规定："……2. 符合下列情形者，哈萨克斯坦共和国法院对外国人参加的诉讼亦有管辖权：外国法人在哈萨克斯坦共和国境内设有管理机构、分支机构或领导机构的；……"斯洛文尼亚共和国1999年《关于国际私法与诉讼的法律》第39条规定："对自然人或所在地在外国的法人提起的诉讼，如果该人在斯洛文尼亚共和国有分支机构或业务负责人在斯洛文尼亚共和国，斯洛文尼亚共和国法院对因该分支机构或负责人在斯洛文尼亚共和国境内的业务所得引起的诉讼有管辖权。"罗马尼亚1992年《关于调整国际私法关系的第105号法令》第149条第2款规定："作为被告的法人营业所位于罗马尼亚境内，则罗马尼亚法院拥有对案件的管辖权；所谓有营业地是指在罗马尼亚境内有子公司，有分支机构、代理处或代表处，则视为在罗马尼亚有营业所。"英国法认为，一个成立于大不列颠之外的公司在不列颠建立了商业地（a place of business），并按1985年《公司法》S. 691（1）（b）（ii）的要求向公司注册官存档一个在大不列颠居民的名称和住址，以授权他代表公司接受传票送达，那么只要送达程序是对该存档有效为之，便使法院的管辖权取得了合法依据。

依据公司营业所确定对外国公司行使管辖权的基本理由是，公司的生产经营活动是公司的命脉，是公司得以存活的基础，因此，公司的营业所往往是公司真正业务开展的地方，由公司的营业地国行使管辖权能真正公正、便利和有效地为当事人解决纠纷。但是，随着现代经济全球化的发展，公司的跨国经营使得公司的营业所不止一个，在这样都主张管辖权的情况下，会导致管辖权的冲突。

2. 当事人协议管辖（意思自治）标准

当事人可以就公司关系的争议协议选择一国法院解决。这就是意思自治原则在公司管辖权领域的应用，这样的管辖权标准充分尊重了当事人的意愿，只要不违反公共秩序，这样的确立管辖权的标准是最有效率的。于是，一些国家的法律做出了这样的规定。斯洛文尼亚共和国 1999 年《关于国际私法与诉讼的法律》第 52 条规定："（1）如果当事人至少一方为外国公民或所在地在外国的法人，且依照本法或其他法律规定，该争议的事项不属于斯洛文尼亚共和国法院专属管辖时，当事人可以协议由外国法院管辖。"《美国冲突法第二次重述》第 43 条规定："一州（国）有权对同意受其司法管辖的外州（国）公司行使司法管辖权。"英国高等法院也有权管辖针对一个同意接受该法院管辖的对人诉讼。在 Employer's Liability Assurance Corporation v. Sedgwick，Collins & Co. 一案中，高等法院的三位法官建议：1948 年《公司法》的第 407 条（1）（c）［现已为 1985 年《公司法》S. 691（1）（b）（ii）所取代］可被解释为：一个外国公司通过在英格兰开展业务而表明它接受英格兰法院管辖。另外，协议管辖也在一些国际条约中得到了反映。例如，1971 年海牙《国际民商事案件中外国判决的承认和执行公约》、欧洲《民商事司法管辖权和判决执行公约》、美洲国家间的《关于外国判决与仲裁裁决的域外效力的公约》等也有类似规定。

3. 公司持续及系统活动的标准

在美国，被告在法院所在地从事连续及系统的商业活动，也构成一般管辖的根据。这种管辖根据又称"出现"（presence）或"从事商业"（doing business）规则。按照这一规则，如果证实被告在法院所在地从事连续及系统的商业活动，该法院就可对其行使一般管辖权。

美国的司法实践表明，法院根据持续的系统性联系行使属人管辖权必须有立法上的授权。许多州的法律均认可这种一般管辖权根据，新修订的《联邦民事诉讼规则》第 11 款第 2 项也是如此。美国有学者认为，以持续的系统活动为依据的一般管辖权，是一种有力的诉讼工具。其理由是，美国的一般管辖权允许原告就任何诉讼请求对被告提起诉讼，包括与法院地毫无关系的诉讼请求在内。这就使得原告有较多的机会选择对自己有利的法院进行诉讼。基于此种原因，一般管辖权的多数根据具有独特性且条件苛刻，诸如国籍、住所、公司成立地、同意等。然而，"出现"显然带有很大的模糊性，由此可以导致在较大的范围内行使一般管辖权。

按照美国的有关法律解释，正当程序条款允许将与法院地之间的持续性系统联系作为一般管辖权的根据。联邦最高法院据此在柏金斯诉本古特联合矿物公司（Perkins

V. Benguet Consolidated Mining Co）一案中，做出了具有代表性的判决。在该案中，一家根据菲律宾法律成立的矿业公司，在菲律宾于第二次世界大战当中被日本占领期间，由其在美国俄亥俄州的办事处经营。该公司的董事长将公司记录保存于俄亥俄州，并在该州举行董事会议，通过俄亥俄州银行发放工资。联邦最高法院裁定，在一桩因与俄亥俄州无关的活动引起的诉讼中，原告柏金斯可以在俄亥俄州法院对该公司提起诉讼。其根据就是被告在俄亥俄州从事持续的系统经营。①

二、对公司的外部关系行使管辖权的标准

公司的外部关系就是公司与其交易当事人之间的关系，大致就是与公司组织特点有关的活动，如股票、债券的发行和转让等，以及与公司组织特点无关的活动，如买卖、借贷关系等。由此产生争议后，第三人就会对法人或组织主要因其活动提起诉讼，现实中，一般应视乎具体纠纷的性质而归入不同的管辖权类别，不需要为其制定专门的规则。但是，针对与公司组织特点有关的活动，各国法律还是专门规定了一些管辖权的标准。匈牙利1979年《关于国际私法的第13号法令》第55条规定：“对于下列案件，匈牙利法院或者其他机关可以行使专属管辖权：……（六）有关取消在匈牙利发行的有价证券或证件的诉讼；……”1987年瑞士《国际私法》第151条第3款规定：“不论当事人是否合意选择管辖法院，当责任诉讼因发行股票和债券而提起时，公开发行地的瑞士法院也有管辖权。”另外，第153条规定：“旨在保护主事务所所在地在外国的公司位于瑞士的财产的措施，由应受保护的财产所在地的瑞士司法或行政机关管辖。”

第二节　美国公司管辖权制度

在美国的商业团体领域内，法院的管辖权范围更为受到了实体法概念的影响。而具体到公司管辖权制度的确立中，其国内公司和外国公司管辖权的确立都受到了这种

① 张茂：《美国国际民事诉讼法研究》，中国政法大学出版社1999年版，第64页。

理念的影响。①

---

① 这里没有专门探讨跨国公司的问题，一般跨国公司的管辖权确定标准是，以公司从属关系依据的司法管辖权。在当今社会，从事国际商业活动的公司在国外设立分支机构、创办合资企业并不鲜见。公司从属关系的表现形式多种多样。外国公司可以通过其代理人、分支机构或其他商业合作伙伴，避免自身与美国之间发生直接联系。这就可能得出一种结论，即由于其本身缺乏与美国法院地之间的最低联系，根据长臂管辖法规或正当程序条款，该外国公司可不受美国法院的司法管辖。然而，外国公司实际上并不一定因此而规避美国法院的司法管辖。对于通过商业合作伙伴与美国发生联系的外国公司，美国下级法院在行使司法管辖权时区分两种情况，并依据两种彼此相关的理论。第一种情况，美国公司为外国母公司的“另一个自我”（alter ego）；第二种情况，美国公司为外国公司的代理人。

a. 以“另一个自我”身份为依据的属人管辖权。在美国法律中，有一个基本的原则，即公司是独立的法律实体，具有不同于其股东或分支机构的身份。因此，外国公司拥有在法院地营业的公司的股份，并不自动使其从属于该法院的属人管辖权。《美国冲突法第二次重述》指出：“一州对子公司的司法管辖权本身并没有赋予该州对母公司的司法管辖权。即使母公司拥有子公司的全部股份，也是如此。”

尽管存在这样一项基本规则，但是，在某些情况下，外国母公司将被视为其子公司的“另一个自我”，美国法院可以根据其子公司与法院地的联系而对之行使属人管辖权。

b. 关于“另一个自我”的标准。只有当立法上有授权，且符合正当程序的情况下，美国法院才可根据“另一个自我”行使管辖权。美国各州的长臂管辖法律没有涉及另一个自我，州的普通法是有关这一问题的唯一法律渊源。关于某一公司是否为另一公司的另一个自我应由何种法律支配，美国法院对此问题尚无定论。可以选择的准据法包括子公司成立地法、母公司成立地法、法院地法以及与争议事项有最密切联系地的法律。

外国母公司由于其子公司的行为而受到美国法院管辖，并不一定意味着该外国公司在实体问题上也因其子公司的责任而承担责任。在美国，管辖问题上的揭开公司面纱标准与责任问题上的揭开公司面纱标准具有较大的不同。根据大多数州的法律，另一个自我责任的要件为：（1）具有较强控制力的母公司完全无视子公司的形式；（2）存在对第三人的欺诈或类似行为。另一个自我管辖要件却没有如此严格。

美国法院对另一个自我管辖权问题的讨论最早开始于1925年佳能制造公司诉库德海包装公司（Cannon Manufacturing Company v. Cudahy Packing Company）。在该案中，一家北卡罗来纳州公司在该州对一家缅因州公司提起违约之诉。诉讼令状送达到阿拉巴马州一家公司在北卡罗来纳州的代理商，该公司为缅因州公司的全资子公司。原告声称向阿拉巴马州子公司的送达对缅因州母公司一样有效，其理由是这两家公司实际上是一家。联邦最高法院维持了下级法院根据送达无效而撤销诉讼的决定。联邦最高法院在其意见中承认，被告通过拥有阿拉巴马州公司的全部股份，完全控制了该公司。被告对其子公司商务和财务的控制，与其对公司销售部或商务部的控制如出一辙。然而，联邦最高法院却得出结论，认为阿拉巴马州公司从各个方面来说都是一个独立的公司实体。它的簿记单独保存。母公司与子公司之间的业务往来也各自记录于簿记之中，如同两者为完全不同的公司。因此，两家公司之间的分立，尽管仅仅是形式上的，但实际存在。

许多下级法院遵循了联邦最高法院对佳能一案的判决，认为这一判例仅仅允许在母公司完全无视子公司公司形式（corporate formalities）的情况下对其行使管辖权。母公司是否控制子公司与之无关。

3. 可替代另一个自我标准。一些法院认为联邦最高法院对佳能一案的裁决并非有关正当程序的判例，因为它没有涉及州或联邦政府的宪法性权力问题。其他法院认为佳能一案确立的判例已为后来有关正当程序的判例所取代。

联邦最高法院在美国诉美国斯科弗尼公司（United States v. Scophony Corp. of America）案中，没有遵循佳能一案的判决。该案涉及的问题为，是否可以根据《克莱顿法》第12节对外国被告行使属人管辖权。联邦最高法院裁定，由于该外国被告对其美国子公司利用复杂的运作方式，规定除行使正常股东权之外，对美国子公司进行持续的监督和干涉，因此，根据《克莱顿法》第12节及正当程序条款，美国法院可以对该被告行使属人管辖权。该案所确立的另一个自我标准，比之佳能一案，较为宽松。按照这一标准，如果母公司对其子公司的运作采取显著的直接控制，从而超越了控股股东的普通权利，美国法院就可对该母公司行使属人管辖权。即便母公司尊重其子公司的公司形式，也是如此。见张茂：《美国国际民事诉讼法研究》，中国政法大学出版社1999年版，第70页。

一、国内公司管辖权的确立

一公司依据一国（州）的法律而组建和成立，一般认为公司应受到该国法院的管辖。在几乎所有的情况下，这是事实。然而，由于涉及公司的法律关系是非常复杂的，并且，附属于这些法律关系的当事人之间在诉讼中引发的问题也同样复杂，因此，在一些情况下，这种历史形成的合理规则可能不会适用或者其适用受到不方便法院原则的阻碍。

在普通法中，对公司主要高级管理人员的送达是确保对公司的送达。当然，法规可能规定了以其他方式的送达，并且，如果他们合理告知了有责任的公司管理人员，这种方式也是有效的。传统的规则是，公司受成立地国（州）的对人管辖权，是建立在这样一种理论基础上，即公司是其国家的创设物。在过去，美国通常把国内公司当作成立地国的居民，类推于个人的住所。美国《联邦审判法》（Federal Judicial Code）把公司法当作公司成立地国（州）的居民。然而，在承认成立地国是与公司的活动有唯一联系的同时，联邦法律也把公司当作其主要商业活动场所所在国的公民。另外，美国《联邦审判法》修改规定，对责任保险人的直接诉讼，各州法律也通过处理虚假外国公司的法规来增加了这样的复杂性，如技术上的处理是，在另一国成立的公司，但是与法院地有广泛和连续的联系，这样该公司应受到法院地立法的约束，它是一个国内公司。而且，许多公司已经在几个国家成立。从上述可以看出，公司在成立地国诉讼的理念基本可以表述为，在多数情况下，公司可能在几个地方被诉，其中之一是公司成立地或几个公司成立地。这种对成立地的尊重已经受到不方便法院原则和内部事务规则的限制。

基于公司可能在多个州法院选择被诉的背景，这里还涉及联邦法院的问题，许多问题依赖于诉讼的性质或诉讼标的。比如，联邦法律的重要性已经广泛发展，特别是有关按照 1934 年《联邦证券交易法》涉及证券的公司活动。按照联邦实体或程序法，诉讼开始于一州法院，如公司成立地的州法院，但是可能转移到联邦法院，是因为不同州的公民诉讼，可能存在按照联邦公司法的联邦问题。进而，对公司的诉讼可能涉及更适宜在公司商业活动场所所在地而不是成立地审理，并且，可能适用不方便法院原则而导致成立地国（州）法院与诉讼更适当联系的州。

二、外国公司管辖权的确立

（一）历史发展

按照现代美国管辖权制度的发展，外国公司受到管辖权的调整，其同于同样标准下的个人。然而，外国公司的案件在管辖权理论的发展中非常重要，而且在一些情况下，对外国公司的管辖权会区别于个人。

历史上，按照早期的判决，因为公司被看作其国家的创设物，在该国的边界之外并没有法律上的存在，公司不可能在特许其成立的国家之外被诉。尽管有这样的，早期的案件允许扣押属于公司的在另一州内的财产，虽然本身这并不能主张对公司的管辖权。管辖权理念并不能充分满足日益增长的公司活动的需求。同意理论首先得到演变，可以让外国公司在不同其成立地的州内诉讼。判例很快允许公司同意在不同其成立地的地方诉讼，并且，一州可以拒绝外国公司在本州领域内从事商业活动。通过要求公司任命一代理人在该（州）内接受送达，保证了管辖权。当外国公司在法院地内作出这样的任命，法院地就可以对其作出有效的判决。由法规或要求的同意范围决定了，通过任命代理人接受送达的管辖权是否可以扩展到所有的诉因或只是产生于州内的商业活动的诉因。

然而，这种同意理论本身有理念上的困境，特别是当这种同意不是事实，而是通过在州内公司活动暗示的情况下。美国联邦最高法院对此作出反应认为，公司并不能拒绝任命代理人接受送达并因此逃避按照此规所应承担的责任。当外国公司只参与州际的商业活动（贸易），也不能确定一州排除外国公司在其领域内从事商业活动的权力范围，可以在公司同意的范畴内允许行使管辖权而进行诉讼予以解决。

然而，这种同意不但是虚拟的，而且这种理论过于狭窄，不能涵盖外国公司正当可以进行诉讼的所有情况。一些法院和学者为了避免这种同意理论的困境，合理得出，无论如何在公司企业运营的情况下，公司本身是存在的。然而，公司存在这种理念也是虚拟的，并且类推适用于个人是不完整的。比如，如果公司从其参与商业活动的州内撤离，通常认为该州能就公司撤离之前在法院地内所产生的诉因对该公司进行送达。但是这并不基于在法院地内的存在而类推对个人的管辖权，因为在州内仅仅公司代理人主要高级管理人员的存在对于作为管辖权的基础并没有任何意义。

在现行有关对公司管辖权理论的演变过程中，法院关注于公司和代表其行事的代理人的真实活动。这种对活动的关注导致了从事商业活动法规（doing - business statutes）的进一步发展，并普遍在美国被采纳。给予对公司经济活动的关注导致了现行接受的对外国公司管辖权理论的承认。现行被接受的对外国公司管辖权和个人管辖权理论被 Learned Hand 法官在 Smolik V. Philadelphia & Rending Coal & Iron Co. 和 Hutchinson V. Chase & Gilbert 两个案件的意见中作出预测。正如 Scott 教授的转述："如果外国公司自愿在州内从事商业活动，该州一定会对该商业活动实施合理规范，这并不是因为发现其在州内，也不是因为它曾同意这些规范，而是因为让公司受这些规范的约束是合理的和正当的，好像其已经同意。”[①] 这并不能避免这种理论的不确定性，因为很难事前决定什么样的交易将让外国公司受当地诉讼的约束，但是它至少关注于这种活动并且因为这些活动，施加给公司在州内诉讼的义务是合理的。

（二）现代管辖权理论

支配美国管辖权的“最低限度联系”标准开始是作为一种法律拟制，使公司存在的理念合理化。在 International Shoe Co. v. Washington 一案中[②]，华盛顿州寻求起诉并没有正式获准在华盛顿州从事商业活动的外国公司。公司的销售人员展示了样品——一双鞋，并且从华盛顿州的消费者那里获得订单，销售者承诺，合同缔结。争议的焦点是该公司并没有在华盛顿州从事商业活动，因而不能强迫接受该州法院的管辖。在拒绝这样主张的同时，美国联邦最高法院认为：“正当程序中要求……被告……与法院地有某种最低限度的联系，这样，进行这种诉讼并不违反传统的公平和实质正义理念。”正当程序的合理性标准依赖于“……与法律公平和有序执行相联系活动的质量和特性，而这正是正当程序条款所确保的目的，在公司行使在一州内从事活动的权利范围内，它享有该州法律的收益和保护。这种权利的行使可能会引起义务；并且，就来自该州内这些活动或与这些活动相联系的义务而言，要求公司对执行这些义务所提起的诉讼进行应对的程序在大部分情况下几乎不能说是不合理……”虽然这种标准并

---

① Scott, Jurisdiction over Nonresidents Doing Busniess Within a State, 32 Harv. L. Rev. 871, 883 (1919).

② 国际鞋业公司成立于特拉华州，其主要营业地是在密苏里州。1937 年至 1940 年间，国际鞋业公司在华盛顿州雇用了十几名华盛顿州的居民，作为本公司的推销员。该公司在华盛顿州没有办公地点。除了让这些推销员在华盛顿州为该公司征集定单，该公司在华盛顿州没有其他任何的商业活动。这些推销员有时在华盛顿州租用房间，以作为公司产品的展室，租金由公司报销。推销员没有被授权签订合同，而是必须将所有的订单交由公司总部批准。该公司每年付给这些华盛顿州推销员的佣金总数约达 31000 美元。

华盛顿政府根据华盛顿州的失业保险法的规定，以雇主没有缴纳失业保险费为由，在华盛顿州法院对国际鞋业公司提起诉讼，并向该公司的推销员送达了传票，同时也向该公司总部送达了传票的副本。

国际鞋业公司认为，华盛顿州法院对本案没有管辖权，其行使管辖权的行为违反了《美国联邦宪法修正案》第 14 条有关正当程序的规定。华盛顿州最高法院作出判决，认定华盛顿州法院对该公司具有管辖权。于是，国际鞋业公司向美国联邦最高法院提起上诉。这里的争议事项是，华盛顿州法院对国际鞋业公司是否具有管辖权？

联邦最高法院认为，从历史上看，法院对人管辖权的根据是基于法院对被告身体的物理支配权力，所以被告在法院管辖区域内存在，就成为对该被告作出对人判决的前提。但是，现在的正当程序的要求在于使被告服从法院的对人判决，如果被告不在法院所在地州，包括不是在法院所在地州成立或者其主要营业地不在法院所在地州，而它与该州存在某种最低限度联系，这种联系使诉讼的进行不会违反传统的公平和实质上的正义的理念，那么，法院就可以对该被告行使管辖权。

根据上述标准，联邦最高法院认为，在本案中，虽然国际鞋业公司不是在华盛顿州成立的，其主要营业地也不在华盛顿州，但是，由于涉及本案的缴纳义务直接产生于被告在华盛顿州的活动，被告的活动与华盛顿州存在最低限度的联系，因此，华盛顿州法院对国际鞋业公司具有管辖权。这是符合美国联邦宪法的正当程序要求的。联邦最高法院驳回了国际鞋业公司的上诉。

没有对公司诉讼的结果给予准确的预测，但是，它确实具有以下价值：承认现实并且重点强调与法院寻求主张管辖权相联系的公司从事活动的重要性，从 International Shoe Co. v. Washington 一案开始，任何有责任的行为，不管是经济还是非经济的，只要与法院地有实质联系，就应该成为管辖权的基础，至少对于来自这种行为的活动来说如此。

International Shoe 一案也承认公司代理人的单一行为或偶然行为，因为他们委托的情况和特性，可以认为公司对诉讼负责。在 McGee v. International Life Insurance Co. 一案中①，认为单一行为足够构成对公司行使对人管辖权的基础。在 McGee 一案中，被告邮寄保险单给在加利福尼亚的被保险人，这就认为按照加利弗尼亚的法规，对于来自这种单一保险交易的诉讼，被告应受到对人管辖权。美国联邦最高法院认为，出于正当程序的目的，基于合同与该州的实质性联系，进行诉讼是充分的。International Shoe 案和 McGee 案主要扩大了州法院的管辖权。

自 International Shoe 案和 McGee 案以来，美国联邦最高法院已经在两个重要的案

① 1944 年，罗威尔·富兰克林从帝国共同保险公司（亚利桑那州法人）购买了一份人身保险。1948 年，得克萨斯州的国际人身保险公司与帝国共同保险公司签订了协议，承担了帝国共同保险公司以前承担的对被保险人的人身保险义务。而后，国际人身保险公司向被保险人富兰克林发送了再保险要约。被保险人富兰克林接受了这一要约，并按时从加利福尼亚州汇寄保险费给在得克萨斯州的国际人身保险公司。富兰克林的母亲麦吉是该人身保险的受益人。然而，在被保险人富兰克林死后，国际人身保险公司声称被保险人是自杀身亡，从而拒付保险金给受益人麦吉。

与本案管辖权有关的其他主要情况是：被保险人富兰克林及其保险受益人麦吉均为加利福尼亚州居民；能够证明被保险人死亡情况的所有证人也均为加利福尼亚州居民；国际人身保险公司在加利福尼亚州没有设立办事处等分支机构，而且，除了本案涉及的保险单以外，该公司在加利福尼亚州没有进行其他任何保险业务。

受益人麦吉作为原告，在加利福尼亚州法院对国际人身保险公司提起诉讼。加利福尼亚州法院基于本州有关允许对涉及本州居民的国际保险合同行使管辖权的法律而受理了此案，向州外的被告国际人身保险公司送达了应诉传票，并在最后做出了原告胜诉的判决。

但是，由于被告在加利福尼亚州没有其他财产，原告的胜诉判决难以执行，因此，原告不得不到得克萨斯州法院起诉，请求得克萨斯州法院承认并执行加利福尼亚州法院的判决。但是，得克萨斯州法院认为，加利福尼亚州法院的判决违反了《美国联邦宪法修正案》第 14 条正当程序条款的规定，加利福尼亚州法院向得克萨斯州的被告送达应诉传票并不能成为其对被告行使管辖权的依据。这样，原告只好向联邦最高法院提起上诉。这里的争议事项是，加利福尼亚州法院是否可以对被告行使对人管辖权？

联邦最高法院认为，宪法规定的正当程序条款并没有排除加州法院对被告行使对人管辖权。诉讼所依据的保险合同与法院所在地州的实质性联系充分符合正当程序的要求。其主要理由是：该保险合同是在加利福尼亚州成立的，保险费是从加利福尼亚州汇寄出去的，被保险人是加利福尼亚州居民，不可否认，当保险人拒付保险金时，加利福尼亚州在为其居民提供有效的保护方面具有明显的利害关系。如果其居民为使保险公司承担责任而不得不追随保险公司远到其所在地州去进行诉讼，那么，该居民的处境将十分不利（例如，在本案中，能够证明被保险人死亡情况的证人均在加利福尼亚州等）。

联邦最高法院认为，被告与加利福尼亚州的联系已经足够使加利福尼亚州法院对被告行使对人管辖权。

件中加入了一些限制性标准。首先 Hanson v. Denckla 一案认为①，当被告在佛罗里达州没有进行任何活动时，作为被告的特拉华州信托公司作为受托人不受佛罗里达州法院的对人管辖权。美国联邦最高法院认为，其他方的单边行为并不会让公司受到诉

---

① 该案涉及两个州有关信托财产处理的判决。案情如下：当唐纳太太住在宾夕法尼亚州时，她与特拉华州的银行建立了信托关系，将其财产托付该银行管理，并保留其在有生之年通过遗嘱或有效文件处理该信托财产的权利。10 年之后，唐纳太太移居佛罗里达州，又过了几年之后，她通过一份赠与文书将信托财产指定赠给其在特拉华州居住的孙子女。而在其一份遗嘱中，她又申明（假定她将信托财产指定给孙子女无效）将信托的其他财产交由其两个居住在佛罗里达州的女儿继承。其两个女儿在佛罗里达州法院起诉诉称她将信托财产指定给孙子女是无效的，信托财产应根据遗嘱交由她们二人继承。她们请求法院作出有利于她们的判决，根据佛罗里达州法律，作为受托人的特拉华银行被邮寄送达通知，并进行了州内公告送达。在案件审理中，特拉华银行没有出庭，佛罗里达州法院判决支持了原告的请求。与此同时，特拉华州的信托受益人（其孙子女）在特拉华法院提起诉讼，请求确认信托财产通过唐纳太太的指定赠与他们有效。唐纳太太的女儿尽管被邮寄送达通知，但也没有出庭。特拉华法院做出了支持其孙子女请求的判决。上述两个互相矛盾的判决均被上诉至联邦最高法院。联邦最高法院需解决的两个问题是：第一，佛罗里达州法院对受托人特拉华银行是否具有管辖权？第二，如果其具有管辖权的话，特拉华法院拒绝依充分诚实与信任原则承认佛罗里达州法院判决是否错误？联邦最高法院认为，佛罗里达州法院对特拉华银行行使管辖权不符合宪法，因为特拉华银行作为受托人与佛罗里达州的联系很不充分：特拉华银行从未在佛罗里达州从事过任何商业活动，该案的诉因也不能说是产生于特拉华银行在佛罗里达州的商业活动，因为，受托人的义务设立于宾夕法尼亚州，只不过是在信托的设立人唐纳太太移居佛罗里达州后受托人的义务继续持续而已。因此，特拉华的受托人与佛罗里达州不构成具有“最低限度联系”。

该案是国际鞋业公司案之后联邦最高法院认定对州外公司行使管辖权无效的第一个主要的案例。联邦最高法院还认为，如果由国际鞋业公司一案对管辖要件的放宽而推定对州法院对人管辖权的所有约束均已改变将是错误的。对管辖权的限制，并不只是使当事人免受不方便和到异地诉讼的保证，它也是对各州权力予以地域限制的结果。除非被告与某州存在最低限度联系这一对其行使对人管辖权的必要条件，被告不能被通知应诉。

上述的汉森案与麦吉案有着重要的区别。在汉森案中，作为被告的受托人特拉华银行与法院所在地的联系是由信托的设置人（唐纳太太）而不是由被告自己设置的，而且是由唐纳太太在宾夕法尼亚州设置的，故不能满足被告与法院所在地州的最低限度联系的要求。联邦最高法院认为，州法院并不能单单因为本州是争议的中心或诉讼的最方便地而获得管辖权。在每一案件中，被告需有在法院所在地州从事某些有意识的旨在使自己获得某些利益的行为，所以，获得其法律所给予的利益和受到法律的保护，才算是符合最低限度联系要求。汉森一案的重要性主要在于，联邦最高法院仍然坚持法院所在地州与非州内居民的最低限度联系标准，但诉讼标的与法院所在地州有相当的联系或法院所在地方便诉讼的进行并不足以构成最低限度联系。

基于特拉华州的被告与佛罗里达州法院没有最低限度联系，联邦最高法院认为佛罗里达州法院对案件缺乏管辖权，进而认定其判决无效。这意味着特拉华州法院可以不受“充分诚实与信任”原则的拘束，可以不予承认和执行佛罗里达州的法院判决。

不过，对该案的处理，布莱克大法官持有不同意见。他认为，佛罗里达州是对财产提出争议的主要的当事人的所在地；对所有的当事人来讲都可以说是方便和合理的诉讼所在地，受托人特拉华银行在唐纳太太移居佛罗里达州后的 8 年内一直与其保持通信联系，因此，即使对它来讲，接受佛罗里达州法院管辖也并没有什么实质上的不公平。这种不同的意见，反映出在大法官们之间对最低限度联系认识和理解上的不尽一致。

假定一个外州法人自己没有而是由其他公司作为其代理人在法院所在地州进行活动，该外州法人是否可在法院所在地州被诉呢？对此问题的回答不能一概而论，而需视具体情形加以确定。如果外州法人的代理人为了该法人的利益进行了大量的商业活动，而且该外州法人对该代理人如何进行这些活动至少有某种程度的控制，该外州法人即可以在法院所在地州被诉。但是，仅仅是根据外州法人在法院所在地州有代理人这一事实却并不足以将该外州法人置于法院所在地州的司法管辖之下。例如，被告是生产餐具的外州公司，它在伊利诺伊州有生产商代理人（该代理人同时也是其他公司产品的代理人）的事实，被认为并不充分构成该外州法人在伊利诺伊州进行了商业活动。因此，在外州法人在法院所在地州有代理人代理其活动时，不少州法院通常将代理人的代理活动与该公司自己在该州的活动等因素一并加以考虑以确定对外州法人的对人管辖权。

讼，但是在每一个案件中，确实存在某种行为，被告有意识地利用了在法院地州内从事活动的特权，并因此获得了其法律的利益和保护，这基本要受到法院地的管辖。Hanson 一案也阐述了决定管辖权的重要因素和与不方便法院原则相联系因素之间的相似性。尽管在抗辩诉讼中对被告的不便利是一个重要因素，但是，“管辖权限制”不仅仅是豁免不便利或远程诉讼的保证……在外国法院抗辩诉讼的负担不管多么微小，都不能让被告这样做，除非他已经与该州有“最低限度联系”，这是对它行使管辖权的前提条件。

这两个因素的重要性（有目的的活动和法院与被告公司的最低限度联系）在 World - Wide Volkswagen Corp. v. Woodson 一案中进一步得到阐明[①]。在 World - wide

---

① 原告哈里·罗宾逊和凯·罗宾逊是一对夫妇，1976 年，当他们还是纽约市居民的时候，他们在纽约从西威大众有限责任公司（以下简称西威公司）购买了一辆新奥迪车。第二年，罗宾逊全家开着该奥迪车从纽约迁往亚利桑那州。他们在途经俄克拉荷马州时，另一辆汽车碰到了他们的奥迪车尾部，导致奥迪车起火，从而严重烧伤了凯·罗宾逊和他的两个孩子。

此后，罗宾逊夫妇在俄克拉荷马州的克里克地区法院提起产品责任诉讼，诉称奥迪车的油箱和燃料系统的设计和安装存在缺陷，从而导致他们受伤。在该诉讼中，原告夫妇将汽车制造商德国奥迪 NSN 汽车联盟合股公司（以下简称奥迪公司）、汽车进口商美国大众汽车公司（以下简称大众公司）、汽车地区经销商环球大众汽车公司（以下简称环球公司）和汽车零售商西威公司作为共同被告。西威公司与环球公司在法院特别出庭（special appearance）时，对法院的管辖权问题提出了异议，认为俄克拉荷马州法院对其行使管辖权违反了《联邦宪法修正案》第 14 条正当程序条款对州管辖权的限制。

据州法院了解的有关事实是：环球公司在纽约州注册成立，其营业地也在纽约州，环球公司依照其与大众公司签订的协议，向纽约州、新泽西州和康涅狄格州的零售商批发汽车和零配件。西威公司是其中的一家零售商，其注册地和营业地均在纽约州。西威公司和环球公司是相互独立的公司，二者之间的关系以及两公司与大众公司、奥迪公司的关系仅仅是合同关系。没有任何证据表明西威公司或者环球公司在俄克拉荷马州从事任何业务，或是向该州输送或出售任何产品；在该州没有任何收款代理，也并未在任何媒体上购买以俄克拉荷马州为目标的广告。原告在口头辩论时也承认，除了本案所涉及的车辆之外，没有任何证据表明环球公司或者西威公司所出售的汽车曾经进入过俄克拉荷马州。

据此，俄克拉荷马州地区法院法官伍德森驳回了被告西威公司与环球公司的特别出庭主张。两被告又向俄克拉荷马州最高法院申请限制地区法院行使对人管辖权的禁止令，但被否决。俄克拉荷马州最高法院的主要理由是：两被告在向原告出售汽车时，应当能够预见到原告所购买的汽车会驶入其他州，因而可以认为其与俄克拉荷马州成立最低限度联系。于是，两被告向联邦最高法院提出上诉。这里的争议事项是，被告与俄克拉荷马州是否成立最低限度联系，从而以接受其管辖？

联邦最高法院认为，《联邦宪法修正案》第 14 条的正当程序条款限制一州法院对非本州居民作出有效的对人裁判的权力，违反正当程序条款的裁判本身在法院地州是无效的，并且，没有权利获得他州依宪法规定的“充分诚实与信任”原则给予承认和执行。对于外州的被告行使对人管辖权，必须是外州被告与法院所在地州存在“最低限度联系”，就本案而言，外州被告对其所售产品途经法院地州的可能性的应当预见性并不能说明其与法院所在地州存在最低限度联系。最低限度联系应当是指被告在法院所在地州的活动以及该活动与法院所在地州的联系使其应当合理地预见到可能在该州被诉。汽车制造商和进口商的业务范围在美国是全国性的，因此，俄克拉荷马州法院对其行使管辖权属于理由当然。但是，汽车地区经销商和零售商则不同，他们的经营范围十分有限。在本案中，原告购买汽车的行为发生在纽约，其购买汽车时是纽约州居民，在俄克拉荷马州使用该汽车仅仅是一个非常孤立的事件，仅仅是由于原告单方的行为所致。除此之外，被告西威公司、环球公司与俄克拉荷马州没有其他任何联系。这两被告中的任何一个均不曾作出努力直接或者间接地在俄克拉荷马州开辟产品市场，也没有期望在该州获得一定的利益以及法律保护。因此，联邦最高法院认为，这两被告与俄克拉荷马州的最低限度联系不能成立。

法院裁决，俄克拉荷马州的法院不能对被告行使管辖权。

Volkswagen 一案中，美国联邦最高法院认为，当纽约的批发商和零售商既没有在俄克拉荷马州从事任何商业活动也没有任何理由预测在俄克拉荷马州使用汽车时，在这样的产品责任案件中，俄克拉荷马州就没有对汽车批发商零售商的管辖权。在讨论可预测性因素时，法院注意到可预测性并不仅仅是这样的可能性即产品进入法院地，而是被告的行为和与法院地州的联系使被告可以合理地预测到会进入那里的法院……正当程序条款给予法律制度某种程序的可预测性，这可以允许潜在的被告组织其主要行为，这样可以最小限度地确保这种行为会和不会在什么地方被诉讼。

现在对公司和个人管辖权都建立在相同基础上，诉讼和活动之间关系的合理性或当事人与法院地联系的合理性。外国公司由于其同意或在一州内有财产而受到管辖或在州内的活动或该活动在州内有效果而管辖。

对于真正的“外国（非美国）”公司，在美国法院抗辩的负担会导致法院认为行使管辖权是不合宪法和不合理的。在 Helicopteros Nacionales de Colombia v. Hall① 和 Asahi

---

① 南美哥伦比亚纳西雷尔斯直升机运输公司（以下简称直升机运输公司）是哥伦比亚的一家公司，主要在南美从事为石油建设公司提供直升机运输的活动。该公司与康绍绥公司签订了一个运输合同，为康绍绥公司在秘鲁铺设石油管道的业务提供直升机运输服务。在提供这种服务的工程之中，直升机运输公司的一架飞机失事。康绍绥公司的 4 名雇员（均在得克萨斯州雇用）遇难。

直升机运输公司与得克萨斯州的联系有：该公司总裁曾在该州与康绍绥公司的有关代表就该运输服务合同进行过一次协商谈判；该公司 80% 的直升机购买自得克萨斯州的贝尔直升机公司；该公司曾经将自己的飞行员送到得克萨斯州的贝尔公司进行培训，并从那里将直升机运往南美。

在飞机失事中遇难的 4 名雇员的亲属作为原告，在得克萨斯州提起非正常死亡诉讼，起诉了康绍绥公司、贝尔公司和直升机运输公司。陪审团裁决直升机运输公司赔偿 100 余万美元。这里的争议事项是，得克萨斯州法院能否对直升机运输公司行使管辖权？

联邦最高法院认为，当诉因并不是产生于外州法人在法院所在地州内的活动时，在确定该外州被告是否与法院所在地州构成最低限度联系时，要求该外州法人被告与法院所在地州存有更加紧密的联系，即要求外州法人被告在法院所在地州内的活动必须达到“持续化和系统化”（continuous and systematic）的程度。

联邦最高法院认为，原告亲属所乘的被告直升机运输公司的飞机失事发生在秘鲁而非在得克萨斯州，原告就其亲属非正常死亡而提出的诉讼请求并不是直接产生于被告直升机运输公司在得克萨斯州的有关活动。因此，只有当该被告在得克萨斯州的有关活动构成“持续化和系统化”的重要的商业联系的情况下，该被告与得克萨斯州才能成立必要的“最低限度联系”。

联邦最高法院认为，毋庸置疑，被告直升机运输公司在得克萨斯州没有设立营业点，也从来没有在该州从事经营活动。该公司与得克萨斯州的联系仅仅表现为：该公司总裁曾到过该州谈判有关合同事宜，曾在该州购买过飞机、设备，曾将自己的有关人员送往该州培训。联邦最高法院认为，被告直升机运输公司单单一次到得克萨斯州就有关运输合同进行谈判的协商之旅并不能视为构成“持续化和系统化”的联系；将有关人员送去得克萨斯州培训也没有独立的并议，因为这不过是该公司购买飞机及相关服务中的一部分；在得克萨斯州内的购买活动虽然发生了数次，但是，这并不足以构成最低限度联系，并不足以构成支持该州法院在与这些购买活动本身无直接联系的诉讼中，对该外州被告行使对人管辖权。

联邦最高法院认为，得克萨斯州法院对直升机运输公司不能行使管辖权，推翻了得克萨斯州法院的裁决。

metal Industry Co. v. Superior Court[①] 案件中，都拒绝对真正“外国”公司行使管辖权。

三、《美国冲突法第二次重述》确立的公司管辖制度

《美国冲突法第二次重述》（以下简称《重述》）是美国民间学术机构就美国司法实践中对冲突法问题所作出的解决而进行了法律上的总结和编撰，因此，可以肯定的是，在《重述》中所规定的内容都与上述美国司法实践的发展相呼应。在《重述》中有关公司的管辖权规定在第三章司法管辖权对人的司法管辖权的第 3 项对公司的司法管辖权中，共 12 个条款。另外，在对物司法管辖权中还就公司组织特点有关的活动，如股

---

① 1978 年，加利福尼亚州居民哥瑞在加利福尼亚州驾驶摩托车时，摩托车后胎起火，导致其受伤。他在加利福尼亚州法院提起损害赔偿诉讼，诉称摩托车排气管设计存有缺陷，要求被告程欣公司（制造排气管的中国台湾公司）予以损害赔偿。程欣公司反过来起诉了阿萨西金属公司（提供排气管阀门系统的日本公司）。阿萨西公司提出管辖权异议。与此同时，原告哥瑞因其诉讼请求得到解决而退出了诉讼。

关于管辖权问题的有关事实是：阿萨西公司从日本将阀门船运到我国台湾地区的程欣公司，在那儿组装入排气管。在 1978 年至 1982 年间，阿萨西公司每年出售给程欣公司 10 万—50 万个阀门，约占阿萨西销售额的 1%。此外，程欣公司也从其他渠道购得阀门，并将包括这些阀门在内的排气管销售到世界各地。没有证据表明有多少阿萨西公司提供的阀门被运往加利福尼亚州，而且，阿萨西公司否认原告哥瑞摩托车上的阀门是其提供的产品。程欣公司提供了销售经理的宣誓书，声称阿萨西公司曾经意识到自己的阀门系统将被用于售于加利福尼亚州的产品之中。而阿萨西公司的法定代表人的宣誓书则声称，它“从来没有预计到它对我国台湾地区程欣公司的有限的阀门销售将会使其在加州被诉”。

加利福尼亚州最高法院认为，加利福尼亚州法院的管辖权是适当的。问题提交到联邦最高法院。

这里的争议事项是，加利福尼亚州法院对本案行使管辖权是否适当？

联邦最高法院认为，在本案中，尽管作为阀门提供商的阿萨西公司自己没有直接在加利福尼亚州进行过任何商业活动（如进行广告宣传、设立销售办公室、授予该州经销商独家经营权等），但是，该公司多次将其产品卖给程欣公司，而程欣公司又多次将该产品在加利福尼亚州出售，阿萨西公司对于程欣公司将其产品在加利福尼亚州出售的事实十分清楚，并且，该公司从这种出售行为中间接地但持续性地获得了利益。从这些情况来看，阿萨西公司与加利福尼亚州可以成立最低限度联系。然而，联邦最高法院认为，尽管该案已经符合了最低限度联系的要求，但是根据正当程序的要求，加利福尼亚州法院还是不能对阿萨西公司行使管辖权。这是因为，如果加利福尼亚州法院对阿萨西公司行使管辖权，那么将违反正当程序所要求的“传统的公平和实质上的正义的理念”。

联邦最高法院认为，是否应当由加利福尼亚州法院审理该案，应当考虑的几个主要因素有：作为外国公司的阿萨西公司在加州法院进行诉讼的负担问题；法院所在地州的利益问题；原告获得救济的利益问题；州际（或者国家）之间在最有效的解决争议方面的司法体制的利益问题；不同州（或者国家）之间在维持基本的实质上的社会政策方面的共同利益问题。在本案中，阿萨西公司是日本的一家公司，若其在加利福尼亚州应诉，负担将非常重，这不仅是因为日美之间相距遥远，而且，还因为它必须服从一个外国司法体制；即使由加利福尼亚州法院审理此案，这对加利福尼亚州的利益非常微小，因为程欣公司非本州居民和或法人，产生其追偿请求的争议发生在我国台湾地区而非美国；与阿萨西公司基于同样的原因，程欣公司在加州进行诉讼将获得的利益也非常微小；在考虑最有效地解决争议的时候，对于诸如此案的涉及多个国家和地区的案件，美国应当对扩大自己国家的管辖权而进入国际领域持特别谨慎的态度。基于以上诸多因素的分析和权衡，联邦最高法院得出结论：即使本案的日本被告阿萨西公司与加利福尼亚州存在最低限度联系，加利福尼亚州法院也不能对其行使对人管辖权。

联邦最高法院推翻了加利福尼亚州最高法院的裁决。

票、债券的发行和转让等做出了五个方面的规定。以下我们简述一下其中的内容。

（一）公司管辖权的一般适用原则

因为《重述》中的规定都是对美国司法实践中所确定的公司管辖权而进行的总结，所以，在确定公司管辖权的标准时，必然在美国宪法正当程序原则的指导下进行，正当程序原则要求在确定公司管辖权标准时，应该遵循以下的要求，这体现在《重述》第三章对人司法管辖权的总则中：1. 管辖权的合理联系标准。《重述》第 24 条规定："1. 如果一人与一州之间的联系使该州能够合理地对该人行使司法管辖权，该州即有权对其行使管辖。2. 何种联系可据以对人行使司法管辖权，由第 27 条至第 52 条规定。"2. 通知及申辩机会标准。根据第 25 条规定，除非一州采用合理的方式将诉讼通知送达给公司，并给予其合理的申辩机会，否则该州不可对其行使司法管辖权，即使该公司处于该州的司法管辖之下亦同。3. 管辖权延续标准。《重述》第 26 条指出："如果一州对诉讼当事人一方已有管辖权，则该管辖权将在由原始诉因而生之一切后续程序中继续有效；在诉讼程序的每一新步骤开始时，应使当事人得到合理的通知和合理的申辩机会。"

（二）公司管辖权的具体标准

《重述》在第 41 条至第 52 条中对公司管辖权问题做出了具体规定，《重述》第 42 条重申对外州公司的司法管辖权所依据的原则："1. 如果一州因其与外州公司的联系而能够合理地对该公司行使司法管辖权，则该州有权对其行使司法管辖权。2. 据以对外州公司行使司法管辖权的联系，由第 43 条至第 52 条确定。"并以此为原则，分别针对本州公司和外州公司的管辖权问题作出规定。

1. 本州公司

《重述》第 41 条对本州公司的管辖权作出规定："一州有权对本州公司行使司法管辖权。"从该条规定我们可以看出，公司受成立地国（州）的对人管辖权，这与司法实践是相互呼应的。

2. 外州公司

《重述》从第 43 条到第 52 条分别依据不同的标准，确定对外州公司行使司法管辖权，以下我们具体来看。

（1）同意

《重述》第 43 条规定："一州有权对同意受其司法管辖的外州公司行使司法管辖权。"根据美国的法律，当事人自愿接受美国法院的属人管辖权应该尊重。这里的理论基础是充分尊重当事人的自由选择权，而且这样从诉讼的角度来看也是最具有效率的，因此，做出了上述的规定。

（2）指定代理人

《重述》第 44 条规定："一州有权对该州内授权代理人或政府官员接受对其诉讼之传票的外州公司，就授权该代理人或官员接受传票方面所涉及的一切诉因，行使司法管辖权。"依据美国的司法实践，传票可送达于外州公司在本州的授权代理人，就可以对外国公司行使对人管辖权。在美国，通常都用成文法规定，一个外州（国）公司未取得某州的许可证是不能在该州开展业务的，而取得许可证的条件之一就是该公司必须指定一个接受在该州向他提起的诉讼的传票的代理人和公务职员。这样产生于代理人或职员接受传票中所提出的诉因，有权行使管辖。

（3）出庭

《重述》第 45 条和第 46 条针对外州公司的出庭确定其管辖权。第 45 条规定的是外州公司作为被告出庭："一州有权对作为诉讼被告出庭的外州公司行使司法管辖权。"第 46 条规定的是外州公司作为原告出庭："一州有权对在该州起诉的外州公司，在该诉讼中行使司法管辖权，如诉讼提起时该州的本地法规定被告可以通过反诉或独立他诉的形式对该外州公司起诉，则该州在任何这类诉讼中亦有权行使司法管辖权。"

（4）营业

《重述》第 47 条和第 48 条针对外州公司的营业而确定公司的管辖权。第 47 条规定的是外州公司在州内营业："1. 一州有权对在该州营业的外州公司，就产生于该营业活动的诉因，行使司法管辖权。2. 一州有权对在该州营业的外州公司，就并非产生于该营业活动诉因，行使司法管辖权，只要该营业活动相当持续和重要，致使该州行使司法管辖权是合理的。"第 48 条规定的是外州公司停止营业后以前产生的诉因的管辖权："一州有权对曾在该州营业但于诉讼提起时已停止营业的外州公司，就产生于该营业活动的诉因，行使司法管辖权。"

（5）在州内的行为

《重述》第 49 条和第 50 条针对外州公司在州内的行为所产生的管辖权。第 49 条规定的是外州公司在州内完成的行为确定管辖权："1. 一州有权对在该州完成或导致完成某行为的外州公司，就产生于该行为的任何侵权诉因，行使司法管辖权。2. 一州有权对在该州完成或导致完成某行为的外州公司，就产生于该行为的任何非侵权诉因，行使司法管辖权，除非因该行为的性质以及该公司与该州联系的性质，行使司法管辖权是不合理的。"第 50 条规定的是外州公司在他处完成的行为在州内造成影响所确定的管辖权："一州有权对于在他处完成行为而在本州造成影响的外州公司，就此种影响所引起的任何诉因，行使司法管辖权。除非因此种影响的性质以及本州与该公司法联系的性质，行使司法管辖权是不合理的。"

（6）对州内有形物的所有、使用或占有

《重述》第 51 条规定了外州公司对州内有形物的所有、使用或占有而确定的管辖权：“1. 一州有权对在该州内拥有、使用或占有不动产的外州公司，就该公司拥有、使用或占有该物时从中产生的任何诉因，行使司法管辖权。2. 一州有权对在该州内拥有、使用或占有不动产的外州公司，就该物位于该州内并为该公司拥有、使用或占有时从中产生的任何诉因行使司法管辖权。除非因该动产的性质以及该公司与该州联系的性质，行使司法管辖权是不合理的。”

（7）其他联系

这是一个兜底条款。《重述》第 52 条规定：“除第 43 条至第 51 条规定的情况外，在其他情况下，一州只要因其与某外州公司的联系，对该公司行使司法管辖权是合理的，则也有权对该外州公司行使司法管辖权。”

另外，这里应该提及的是，在《重述》的对物管辖权中又就公司证券方面的问题规定了五个条款。第 61 条规定了对证券的司法管辖权：“一州有权行使司法管辖权以影响本州内的证券权益，即使拥有或主张该证券权益的人不属该州的司法管辖范围。”第 62 条规定了对证券中体现的动产产权的司法管辖权：“如果依一证券签发时支配其所涉动产的法律，该证券体现该动产的产权，则该证券所在地州有权行使司法管辖权以影响该动产中的权益，即使该动产不在该州领土之内。”第 63 条规定了对由证券体现的无形物的司法管辖权：“如果体现某无形物的证券位于某州之内，该州即有权行使司法管辖权以影响该无形物中的权益。”第 64 条规定了对公司股份的司法管辖权：“1. 一州有权行使司法管辖权以影响在本州内成立的公司的股份的权益。2. 一州有权行使司法管辖权以影响在本州内的股票的权益。3. 如果公司成立地州的本地法规定股票体现股份，有权对股票行使司法管辖权的州，即有权对股份行使司法管辖权。”第 65 条规定了对非由证券体现的无形物的司法管辖权：“如果一州因其与某无形物及其有关当事人的联系，该州行使司法管辖权以影响该项非由证券体现的无形物的权益是合理的，该州即有权行使这种管辖权。”

第三节 欧洲有关公司管辖权制度

一、欧洲各国有关公司管辖权制度

（一）英国有关公司管辖权制度

英国 1982 年《民事管辖权与判决法》，使得 1968 年关于民商事件的管辖权与判决的承认与执行的《布鲁塞尔公约》在英国生效。《布鲁塞尔公约》在很大程度上统一了欧共体成员国关于管辖权的法律，它适用于具有涉外因素的纠纷，英国1982年《民事管辖权与判决法》被1991年《民事管辖权与判决法》修订，这一修订使得《洛迦诺公约》在英国生效。《洛迦诺公约》使得欧洲自由贸易联盟各国加入了布鲁塞尔公约体系。《洛迦诺公约》虽然采纳了《布鲁塞尔公约》中的基本原则，不过两公约并不完全相同。《布鲁塞尔公约》并不调整欧共体成员国间的所有纠纷，该公约范围之外的诉讼包括：自然人的地位或者法律能力、无力偿还债务的公司的破产或者解散、司法调解或者和解、社会保障、仲裁、夫妻财产权、税收和关税、遗嘱和继承。因此，英国法院在处理以非欧共体成员为被告的案件及公约范围之外的案件时，有必要适用传统的英国管辖权规则。

英国确定公司管辖权时，住所作为一个主要标准，是公约确立管辖权的主要依据，其既适用于公司也适用于个人。公约第53条规定，公司或者其他法人或者自然人或法人的联合体之所在地即是它们的住所。公约没有给“所在地”下定义，不过，缔约国应依它们的国内法为住所下定义。

《民事管辖权与判决法》第42条和第43条规定，公司的所在地位于：

（1）联合王国——如果公司依联合王国某一地区的法律成立，并且其注册地或其他法定的地址位于联合王国或其管理或者控制中心位于联合王国。

（2）联合王国的某一特定地区——如果公司的所在地位于联合王国，且要么其注册地或者其他一些法定地址位于该特定地区或者其管理或控制中心位于该特定地区或者其在特定地区有营业地。

（3）联合王国的某一特定地方——如果公司在联合王国某一地区的某一地方有所在地，其注册登记地或者其他一些法定地址或者其管理与控制中心地或者其营业地位于该地区。

（4）联合王国以外的国家——如果公司依该国法律成立，且其注册登记地或一些其他的法定地址位于该国或者其管理与控制中心位于该国，除非该国法院认为该公司的所在地不在该国。

法定地址即法律所要求登记及接受通知的地址。根据这些法律，一个公司可能在两个或更多的地方有所在地，因此，应依第21—23条的规定解决管辖权冲突。第16条第2款规定，关于公司章程的有效性，公司或者其他法人或者自然人或者法人的联合体或它们的机关决议的无效或者解散而引起的诉讼由公司法人或者联合体的所在地缔约国法院专属管辖。关于“所在地”的定义，参看1982年《民事管辖权与判决法》第43条的规定。

依英国传统规则，如前所述，依照普通法，适当地送达即足以确立管辖权。如果一个公司在英格兰注册，则令状可以通过委托或邮寄的方式送达公司的注册登记地，英国法院将因此而具有管辖权。

如果公司在国外成立，但是它在大不列颠有营业地，则公司应依据1985年《公司法》第691条（1）（b）（ii）的规定向公司登记提交公司授权的代表公司接受送达的人和住址。如果该人接受了法院的送达，则即使公司不在大不列颠营业，该送达亦有效。

Rome v. Punjab National Bank（NO. 2）一案主张：即使一个人和住所已提交给公司注册，其也没有必要一定接受送达。令状被置于送达地址即可以了。如果该人不在大不列颠或者其不接受送达，或者由于其他原因，不能以该种方式送达，则可以通过委托或者邮寄的方式将令状送达至公司在大不列颠设立的营业地。若依据前面所述的高等法院规则的规定，公司主动服从管辖或者法院承担管辖权，送达亦有效。①

（二）瑞士有关公司管辖权制度

瑞士《国际私法》第十章有三个条款专门规定了公司管辖权的标准，依据这三个条款的规定，我们可以作出如下总结：

1. 公司主事务所所在地标准

当公司的主事务所所在地在瑞士时，瑞士法院对所涉及的几乎所有公司事务有管辖权。依照该法第151条第1款的规定，当公司法上的争议发生时，对于受理对公司、公司成员或依公司法应负责任的人提起的诉讼有管辖权的首先是公司主事务所所在地的瑞士法院。该瑞士法院有权受理一切与公司的存在有关的问题，尤其是涉及公司的成立或解散、公司的组织以及内部关系的问题。

2. 住所地或惯常居所地标准

一切基于公司成员对公司债务的个人责任的诉讼，或基于违反公司法的事实面对那些作为创办人、管理人、经营者、监督员或清算人从事活动的责任人提起的责任诉讼，可以向“被告住所地的瑞士法院，或被告在瑞士无住所时，其惯常居所地的瑞士法院”提起（第151条第2款）。当公司的主事务所所在地位于瑞士时，仍然可以对在外国有住所的被告向瑞士法院提起诉讼。该法第151条第2款所规定的管辖法院在这里为补充性的管辖法院，它与该法在债法诉讼方面所规定的普通管辖法院是一致的（第112条第1款）。至于这样的个人责任是否存在这一先决问题，则受第154条所指定的法律支配。

---

① 李双元、谢石松：《国际民事诉讼法概论》，武汉大学出版社2001年版，第223页。

另外，该法第 159 条规定：“如果依外国法设立的公司的活动是在瑞士进行的或从瑞士开始进行的，以该公司名义进行活动的人的责任，适用瑞士法律。”这条规定只有在对依照第 159 条应负责任的人或其所代理的外国公司提起的诉讼的管辖权属于瑞士法院时，才能发挥其效果。因此，第 152 条规定，此类诉讼可向“被告住所地的瑞士法院，或被告在瑞士无住所时，其惯常居所地的瑞士法院”或“公司事实上的管理地的瑞士法院”提起。

3. 股票或债券公开发行地标准

如果外国公司在瑞士公开发行股票或债券，公开发行地的瑞士法院的管辖权是对发行股票或债券的责任人（自然人或法人）的住所地或惯常居所地或主事务所所在地的瑞士法院的管辖权的补充（第 151 条第 3 款）。在这种情况下，很难期望债权人的合法权益为公司主事务所所在地有专属管辖权的机构所保障。从某种意义上说，这一规定与关于法律适用的相应规定（第 156 条）有其相似之处。就公开发行债券而言，这一管辖权也是依关于保护债券债权人的瑞士法律规定而设的。这也是该条规定排除当事人管辖法院的选择的原因。

4. 财产所在地标准

最后，第 153 条还规定了一个特别的管辖法院：旨在保护主事务所所在地在外国的公司位于瑞士的财产的措施，由应受保护的财产所在地的瑞士司法或行政机关管辖。这确立了瑞士法院或主管机关对特种保护措施的专属管辖，是瑞士国家主权原则的体现，既有利于维护外国公司在瑞士投资的利益，也有利于保护相关瑞士属民的利益。

二、欧洲解决有关公司管辖权制度的国际公约

在欧洲内部，解决公司管辖权问题的制度主要体现为四个方面的国际公约，其主要是《布鲁塞尔关于民商事案件管辖权及判决执行的公约》《关于民商事案件管辖权及判决执行的卢加诺公约》和《关于民商事案件管辖权及判决执行的第 44/2001 号理事会规范》《关于民商事案件管辖权及判决执行的第 1215/2012 号理事会规范》。以下我们分别来看这四个公约对公司管辖权制度的规定。

（一）《布鲁塞尔关于民商事案件管辖权及判决执行的公约》（EC Convention on Jurisdiction and the Enforcement of Judgments in Civil and Commercial Matters, Brussels 1968）

该公约有两个条款分别针对公司管辖权制度作出规定，公约第五节专属管辖权第 16 条规定：“下列法院将有专属管辖权而不问住所何在……（二）公司或其他法人组

织的有效成立，撤销或歇业清理，或以有关其机构的决议是否有效为标的诉讼，专属该公司，法人组织所在地的缔约国法院……”（Article 16：The following courts shall have exclusive jurisdiction，regardless of domicile：2. in proceedings which have as their object the validity of the constitution，the nullity or the dissolution of companies or other legal persons or associations of natural or legal persons，or the decisions of their organs，the courts of the Contracting State in which the company，legal person or association has its seat；）就该条款来说，其并没有把专属法院进一步明确化，专属该公司、法人组织所在地的缔约国法院是否就是公司注册事务所所在地法院？如果是，如何决定公司注册事务所所在地？公约第 53 条又做出了如下规定，为了适用本公约，公司和法人的注册事务所，应视为其住所，但为了决定注册事务所所在地，受理诉讼的法官应适用基本国的国际私法的规则。这样的话，把决定注册事务所所在的权力给予了缔结国，这样可以理解为成立地国所在地或真实本座所在地。

欧盟的扩大和修订公约文本的必要性已经促成了三个附属条约。随着奥地利、荷兰和瑞典进入欧盟，第四附属条约已于 1998 年 12 月 1 日/1999 年 1 月 1 日生效。在过去的几十年中，提议修订《布鲁塞尔公约》反映出努力克服“真实本座”理论和“成立地国”理论认同的古老争议。

1. 改革前草案——1998 年 1 月

在 1998 年 1 月底《布鲁塞尔公约》的新附属条约的前草案首先出现，此时的文本处于讨论稿状态。它的制定者有些大胆，决定消除来自第 53 条的不利后果。于是提议一种实体法方法，即自然人和法人的住所不再在法院地国际私法的协助下决定，相反，这些概念由欧共体立法者自主决定。进而，依据第 2（2）条，给予公司的管理和控制中心场所以同自然人居所同等的地位。而且更为突出的是，起草者修订了包含在第 16（2）条中的专属管辖权：以在其缔约国内有其注册事务所的公司或其他法人的有效成立，撤销或歇业清理为标的的诉讼……管辖权属于该国的法院。这意味着，依据该提议，一些基本公司法律问题直接由公司的注册事务所所在缔约国的法院管辖，然而，其他类型的争议必须由公司的“真实本座”所在国的法院解决。由起草者所设计的这种理念因此类似于 Ѓberlargerung 和 Differenzierung 的理念[①]。这种理念的

---

① 为了试图协调“成立地国”理论与“真实本座”理论之间的对立，德国学者提出了一些协调理论，Differenzierung 被认为是“差异理论”，创始人 Grasmann 提倡分割公司的适当法（proper law），这样公司法律事项不再依据单一的适当法（proper law）来决定。他介绍了三个方面的公司法律冲突规则。Ѓberlagerung 理念不同于 Differenzierung 理念，Ѓberlagerung 理念认为“成立地国”理论或“真实本座”理论可以事前可替代地适用。公司的成立事项由成立地国法律支配。关于公司的外部法律关系也是同样，但是，如果公司在其设立国也没有真实本座，公司债权人、股东和其他第三方有时就可以适用真实本座所在国的强制性法律事项。

另一个结果是，在公司章程中的任何扩大条款，其指出了公司的“本座”，但是依旧有未解决的问题，这就是如何处理在缔约国内未有注册事务所的公司？

2. 改革草案——1999 年 4 月

在 1999 年 4 月 26 日，另一个文件被公布，按照第 16（2）条分配管辖权的提议被拒绝。符合现在第 16（2）条的版本，由缔约国法院来决定——在其冲突法规则的协助下——公司是否在本国境内设立，也没有对第 13 条作出显著的变化：缔约国法院有权决定——在本国冲突法规则的协助下——公司是否是法院地领域内的居民。因此，他们关键考虑（a）公司的注册事务所，（b）公司的总部，（c）公司的主要商业活动场所，这符合《欧共体条约》第 48 条的规定。这种分类建立在意大利国际私法的基础之上。

就公司章程中的扩大条款（《布鲁塞尔公约》第 17 条），标志性的案件是 Powell Duttryn 案。从这个判决中可以得出，虽然在跨国运营的公司章程中增加了法院地选择条款，但是当公司的管理和控制场所和注册事务所分处不同国家时，对于如何处理这样的条款依旧没有答案。这个争议至少现在还没有满意的答案。这意味着，暂时在不同国家有“本座”的公司依旧面临按照《布鲁塞尔公约》第 53 条来自不同管辖区和已不一致法院判决的危险。

（二）《关于民商事案件管辖权及判决执行的卢加诺公约》（EC EFTA Convention on Jurisdiction and the Enforcement of Judgements in Civil and Commercial Matters Lugano, 16 September 1988）

1988 年欧洲又在卢加诺制定了一个《关于民商事案件管辖权及判决执行的卢加诺公约》，其内含的规定与《布鲁塞尔公约》完全一致。

（三）《关于民商事案件管辖权及判决执行的第 44/2001 号理事会规范》［Council Regulation（EU）No44/2001 of 22 December 2000 on Jurisdiction and the Enforcement of Judgements in Civil and Commercial Matters］

该规范于 2000 年 12 月 22 日在布鲁塞尔制定，也被称为《布鲁塞尔条例 I》，该规范完全和直接适用于欧共体的成员国，在 2002 年 3 月 1 日开始生效。在该规范中体现对公司管辖权制度的条款有两个。第 6 节第 22 条是关于专属管辖制度的规定，不论被告的住所地为何，以下五种类型的案件行使专属管辖权：不动产物权或者以其为标的的租赁，公司的成立和其他公司法相关方面，公共登记的效力问题，知识产权的注册或者效力，判决的执行。第 22 条第 2 款规定是关于公司诉讼的专属管辖规定，“以公司、其他法人或者自然人或法人的联合体的成立的有效性，无效或者解散，以上述组织机构的决定为标的的诉讼，专属公司、法人或者联合体所在的成员国法院管辖，为了决定其所在地，法院应该适用其国际私法规则”。该条例第22条规定在此情形下的专属管辖权，主要目的在于防止在公司存废或者公司机构决议的有效性等诉讼方面的判决冲突。[①] 公司住所所在地的成员国法院是最有利于解决该类纠纷的法院，因为与该公司有关的信息往往在该国进行通知或者发布。

该规范的第60条又规定，1. 为了适用本规范，公司其他法人或者自然人或法人的联合体的住所在如下任何一个地方：（a）法定所在地（Statutory Seat），或（b）管理中心，或（c）主要商业活动场所。2. 对于英国和爱尔兰来说，“法定所在地”意味着注册事务所或者在没有这样的事务所的情况下，是成立所在地，或在没有成立所在地的情况下，按照其法律公司成立发生的所在地。

（四）《关于民商事案件管辖权及判决执行的第1215/2012号理事会规范》（Council Regulation（EU）No1215/2012 of 12 December 2000 on Jurisdiction and the Enforcement of Judgements in Civil and Commercial Matters）

该规范于2012年12月12日在布鲁塞尔制定，也被称为《布鲁塞尔条例I》（重订版），直接适用于欧盟成员国，该条例已于2015年1月10日正式生效。与原条例相比，该条例并未对公司诉讼的管辖制度进行任何修改，原条例第22条中关于公司诉讼专属管辖权的内容原封不动地转移到新条例第24条的规定之中，二者并无区别。

第四节　我国有关公司管辖权制度

在2012年《中华人民共和国民事诉讼法》（以下简称《民事诉讼法》）修改之前，我国立法并没有专门规定公司管辖权，我们只能在2007年《民事诉讼法》第四编“涉外民事诉讼程序的特别规定”中看出一些端倪。在该特别规定中，只有三个有关管辖权的条款：第241条规定：“因合同纠纷或者其他财产权益纠纷，对在中华人民共和国领域内没有住所的被告提起的诉讼，如果合同在中华人民共和国领域内签订或者履行，或者诉讼标的物在中华人民共和国领域内，或者被告在中华人民共和国领域内有可供扣押的财产，或者被告在中华人民共和国领域内设有代表机构，可以由合同签订地、合同履行地、诉讼标的物所在地、可供扣押财产所在地、侵权行为地或者代表机构住所地人民法院管辖。”第242条规定：“涉外合同或者涉外财产权益纠纷的当事人，可以用书面协议选择与争议有实际联系的地点的法院管辖。选择中华人民共

① Report Jenard. 35.

和国人民法院管辖的，不得违反本法关于级别管辖和专属管辖的规定。”第243条规定：“涉外民事诉讼的被告对人民法院管辖不提出异议，并应诉答辩的，视为承认该人民法院为有管辖权的法院。”从这三个条款难以看出有关公司管辖权的规定，根据该编第23章“一般原则”中第235条的规定，本编没有规定的，适用本法其他有关规定。该法第2章“地域管辖”第22条第2款指出：“对法人或者其他组织提起的民事诉讼，由被告住所地人民法院管辖。”这样我们可以概括出我国有关公司管辖权的规定。

修改后的2012年《民事诉讼法》第26条对公司诉讼进行了具体规定：“因公司设立、确认股东资格、分配利润、解散等纠纷提起的诉讼，由公司住所地人民法院管辖。”本条是对公司诉讼案件的特殊地域管辖的规定。一方面，修订前的《民事诉讼法》并无审理公司纠纷的特别规定，人民法院对大部分公司诉讼案件只能依据普通民商事诉讼的相关规定确定管辖，并适用普通审判程序进行审理，既不方便当事人进行诉讼，也不利于人民法院查清事实，造成了司法资源的巨大浪费。另一方面，公司诉讼案件通常需要调阅公司的档案资料、公司的财务会计资料、公司会议决议资料等，有的案件还需要等待公司股东会、董事会的决议意见作为裁判依据或前提。因此，2012年《民事诉讼法》修改新增加了此方面的内容。

相应地，2015年《最高人民法院关于适用〈中华人民共和国民事诉讼法〉的解释》也新增了第22条的规定：“因股东名册记载、请求变更公司登记、股东知情权、公司决议、公司合并、公司分立、公司减资、公司增资等纠纷提起的诉讼，依照《民事诉讼法》第26条规定确定管辖。”该条解释对《民事诉讼法》第26条的“等”纠纷进行了具体解释说明，进一步明确了股东名册记载、请求变更公司登记、股东知情权、公司决议、公司合并、公司分立、公司减资、公司增资的纠纷也由公司住所地人民法院管辖，对我国公司诉讼实践具有重要的指导意义。

一、2007年《民事诉讼法》关于公司诉讼管辖权的规定

（一）依据公司住所为标准确定公司管辖权

依据2007年《民事诉讼法》第22条第2款的规定，只要公司的住所在中国境内，中国就具有当然的管辖权，而依据《民法总则》第63条规定：“法人以其主要办事机构所在地为住所。”2005年《公司法》第10条规定：“公司以其主要办事机构所在地为住所。”这样，我国对公司管辖权的实质标准是，公司的主要办事机构在中国境内。至于公司是否在中国成立，在所不问。

（二）广泛的管辖权标准

依据2007年《民事诉讼法》第241条的规定，如果公司在中国境内没有住所，那么，对于因合同纠纷或者其他财产权益纠纷，如果合同在中华人民共和国领域内签订或者履行，或者诉讼标的物在中华人民共和国领域内，或者被告在中华人民共和国领域内有可供扣押的财产，或者被告在中华人民共和国领域内设有代表机构，可以由合同签订地、合同履行地、诉讼标的物所在地、可供扣押财产所在地、侵权行为地或者代表机构住所地人民法院管辖。如此广泛的管辖权标准，也符合现代扩大管辖权的趋势，但是，似乎可以规定一个兜底条款，结合“合理联系”的灵活标准，以适应社会复杂的变化。

（三）协议管辖标准

依据2007年《民事诉讼法》第242条的规定，协议管辖需要满足两个条件，其一就是用书面选择与争议有实际联系地点的法院；二是选择中国法院时，不得违反本法关于级别管辖和专属管辖的规定。这样等于赋予当事人在公司管辖权方面更多的自由选择权，但是，过于自由的选择权会导致损害本国的司法主权和本国人民的利益，因此，似乎可以加一个公共秩序条款以达到阻止选择权的滥用目的。

二、2012年《民事诉讼法》关于公司诉讼管辖权的规定

（一）特殊地域管辖标准

依据2012年《民事诉讼法》第26条的规定，因公司设立、确认股东资格、分配利润、解散等纠纷提起的诉讼，由公司住所地人民法院管辖。本条是对公司诉讼案件的特殊地域管辖的规定。根据我国的地域管辖制度，除专属管辖和协议管辖外，往往按照被告住所地、合同履行地、侵权行为地等确定管辖问题。公司诉讼大多涉及公司的组织法性质的诉讼，涉及多数利害关系人的多项法律关系的变动，且胜诉判决往往产生对世效力。由于公司股东等多数利害关系人可能来自不同地区，如果按照被告住所地管辖，将会导致以该等利害关系人为被告的案件的管辖权过于分散，当事人和法院往往会陷于管辖权争议之中，造成司法资源的浪费。为了避免当事人在管辖权上发生冲突，便利当事人诉讼，便利人民法院审理，同时也为了防止发生相同事实相异裁判的情况，因此，有必要对公司诉讼实行特殊地域管辖，即公司诉讼由公司住所地人民法院管辖。

依据2015年《最高人民法院关于适用〈中华人民共和国民事诉讼法〉的解释》第22条的规定，由公司住所地管辖的公司诉讼的案件种类主要是：公司设立诉讼，股东资格确认诉讼，利润分配诉讼，公司解散诉讼，公司组织形式变更诉讼，公司合

并与分立诉讼，公司资本变动诉讼。应当注意的是，还有一部分案件，如公司股东请求损害公司利益的公司高级管理人员或公司之外第三人对公司承担赔偿责任的股东代表诉讼等情形，虽然不是以公司为被告，但该类案件由公司住所地人民法院管辖更为适当，故而司法解释继续采取了列举加兜底的方式，给法官预留了一定的自由裁量权。

（二）公司住所地的确定标准

住所是民事主体所在的场所，即法律关系中心所在地。住所的意义是，通过法律固定住所，使法律关系、法律事实在空间问题上作稳定、简化处理。依照我国2005年《公司法》规定，公司住所是公司章程的必要记载事项，是公司设立的必要条件。公司诉讼案件由公司住所地法院管辖，便于公司和利害关系人参加诉讼、公司提供或法院调查各种证据、送达诉讼文书，以及事后可能发生的强制执行。

关于公司住所的确定，我国《民法总则》第63条规定，法人以它的主要办事机构所在地为住所。2005年《公司法》第10条规定，公司以其主要办事机构所在地为住所。《公司登记管理条例》第12条规定，公司的住所应当在其公司登记机关辖区内，公司的住所地应当是公司注册地。《最高人民法院关于适用〈中华人民共和国公司法〉若干问题的解释（二）》第24条也进一步明确，解散公司诉讼案件由公司住所地人民法院管辖。综上所述，公司住所地是指公司主要办事机构所在地，公司办事机构所在地不明确的，由其注册地人民法院管辖。

第四章　公司准据法的确定

历史发展表明，公司准据法的确定一直存在着内部事务主义和真实本座主义的对立和争论，普通法系的国家遵循了内部事务主义，[①] 而大多数的大陆法系国家则选择了真实本座主义。[②] 内部事务主义认为公司成立地法决定公司法律人格的承认和公司的适用法；真实本座主义则认为，公司真实本座（公司实际管理中心或者主营业地）所在国的法律调整公司关系。内部事务主义和真实本座主义之间的分歧反映出意思自治和本地利益优先保护之间的基本理论冲突。于是，内部事务主义与真实本座主义两相对峙，一国采取其中的任何一种理论固然都依赖于其法律传统，但也无不透露出不同理论的利弊得失以及各国的价值取舍。在 21 世纪初，欧盟内传统上坚守真实本座主义的国家迫于欧洲法院裁决的影响，[③] 也开始转向了内部事务主义。[④] 这种转变在欧盟统一市场和自由流动的背景下产生，这与内部事务主义倡导的法律选择自由和公司设立自由的理念不谋而合。从此，内部事务主义确立了在公司关系法律适用准据法确定中的主导地位。内部事务主义的精髓在于彰显法律选择自由和保护投资者的开业自由，其具有推动区域经济一体化的功效，这无疑应合了当今经济全球化及一体化的时代发展趋势。

第一节　公司准据法的基本规范立场

内部事务主义因兼具法律和经济上的优势而奠定了在公司准据法确定中的主导地位，成为大多数国家的立法选择。从法律上来讲，内部事务主义赋予了公司发起人法

---

① Paschalis Paschalidis, *Freedom of Establishment and Private International Law for Corporations*, Oxford University Press. 2012, p. 21.

② 前引 3，Paschalis Paschalidis 书，第 23 页。

③ 欧洲法院相继就 Daily Mail（每日电讯）案，Centros（森特罗斯）案，Überseering（于贝泽林）案，Inspire Art（灵感艺术）案做出了相关裁决，基本宣布了公司真实本座主义在欧盟内的终结。

④ Kilian Baelz & Teresa Baldwin, *The End of the Real Seat Theory* (*Sitztheorie*): *the European Court of Justice Decision in Ueberseering of* 5 *November* 2002 *and its Impact on German and European Company Law*, 3 German Law Journal (December 2002).

律选择的自由，确定公司的适当法（proper law）相对简单，与公司发生争议的当事方可以轻易地事前确认支配他们关系的法律，具有法律的确定性、可预测性、结果一致性和保护当事人正当期望的特性。对公司设立自由选择权的尊重创设了公司法的统一交易市场，在该市场内，公司法被当作一种产品进行交易，这使规范竞争在各国展开，最终有利于提高公司法的效率和提供更为有效和优质的公司法律，换句话说，这对公司设立市场会产生积极效应，因为这促使各国立法机构优化自身的公司法，最终促使公司法走向竞优（race to the top）而非竞次（race to the bottom）的过程①。从经济上来讲，内部事务主义所具有的宽松和自由的特性培育了经济贸易的发展，提高了公司的经营效率，鼓励了投资和促进一国及区域经济的发展，这种理论无可争议地最适合于成就单一市场的共同利益。

然而，确认内部事务主义的结果并不能解释其原因。内部事务主义之所以确立了在公司关系法律适用准据法确定中的主导地位，既离不开其身处的特定时代与经济社会环境的孕育，也离不开对人类社会具有根本意义的思想激发。

自由开放的经济社会环境是内部事务主义规范主导地位确立的物质基础。追溯历史，内部事务主义肇端于英国，② 现代内涵形成、发展于美国。

追溯历史，内部事务理论形成于美国工业化之前，也就是从美国革命到 19 世纪中期，此时的企业主要是经营规模较小的家族型本地企业，大部分是在其母国成立并且合伙运营。外国公司问题很少提起，公司的活动典型限于他们的本国。③ 通常各国对本国公司享有地域主权。在 19 世纪早期，商业公司不但是国家的创设物，而且被视为国家的代理人，商业公司的形成是寻求公共的目的，并且被认为是国家政府的附属机构。④ 正是国家与其所创设公司之间的紧密联系，地域主权考量要求每一国（州）应该享有对公司内部事务的排他权力。正如一位评论者所言，早期的公司在公司成立地国主权渊源的光环之下……⑤地域主权理念帮助解释了美国内部事务理论为

---

① 在美国，人们经常形象地把公司设立的竞争描述为“趋向更好的竞争”（race to the top）或者“趋向更坏的竞争”（race to the bottom），这都源于人们对特拉华州的看法。如果人们认为特拉华州的法律与其他州相比是更好的，那么，人们就把公司设立竞争这场竞赛描述为趋向更好，如果人们认为特拉华州的法律与其他州相比是更坏的，那么，人们就把公司设立竞争这场竞赛描述为趋向更坏。然而，无论如何，人们在限定这条终线时，特拉华州无疑是必须首先跨越的一个州。

② 早在18 世纪，在英国的判例法中就可以寻见其踪影。J. BORG – BARTHET, *The Governing Law of Companies in EU Law*, Oxford: Hart Publishing, 2012, pp. 52 – 69.

③ *Alfred D. Chandler, JR., The Visible Hand: The Managerial Revolution in American Business* 48 (1977).

④ *Bank of Augusta v. Earle*, 38 *U. S.* 519, 588 (1839).

⑤ *Forum Non Conveniens and the "Internal Affairs" of a Foreign Corporation*, 33 COLUM. L. REV. 492, pp. 494 – 495 (1933).

什么以后出现在各国（州）之间，并被共同接受。此时的公司法也仅具有地域性的效力范围，每一个国家对本地的公司享有地域性的规范垄断。该理论尊重成立地国对公司内部事务的调整仅仅是确认了各国现存的规范垄断。① 此时各国公司法的冲突是很少的，伴随着地域性的公司法，该理论排除了竞争。

从19世纪中期开始，随着工业化的发展，越来越多的公司活动开始跨越国（州）的地域边界，各国（州）被迫发展对待外国公司的政策。各国之间（州际之间）市场的出现，导致了跨国（州）公司的出现和有关各国对待外国公司的法律问题。② 随着工业化和跨国之间的公司（州际之间的公司）的进一步发展，跨国（州）经营的公司对新的法律需求随之增长。传统公司法的限制成为公司增长和扩展的阻碍，面对私人对更为自由公司法的需求，各国（州）继续适用地域性的公司法导致了所谓的“弱化形式”的公司设立竞争。③ 地域性的限制意味着公司并不能普遍地挑选公司法，这样公司的发起人只能在公司的重要经营活动场所或重要的经营场所所在国（州）选择设立，这自然与经济的发展背道而驰，于是在1845年，美国新泽西州率先突破了公司法的传统地域性，④ 开始推行公司自由设立制度，一种“强化形式”的公司设立竞争出现。⑤

在19世纪晚期和20世纪早期，随着大规模的兼并运动，公司与成立地国的地域联系逐渐放松，正式开始了现代公司设立的竞争。美国内部事务理论在便利竞争方面首先承担起现代化角色。新泽西州和其他州开始允许公司发起人自由设立公司而无须公司与设立地之间有任何实质经济联系。⑥ 尊重成立地国的法律已经促使了规范竞争。从经济和政治的目的来看，外国公司是否与其成立地国（州）之间有重要的经济联系已经不重要。这样就预示着地域性公司法的彻底死亡，各国开始普遍承认外国公司的法律地位并且鼓励他们从事本地的商业活动，在此时政治、经济的影响解释了美国内部事务理论的演进。尽管非地域公司法的现代环境完全不同于该理论起初产生时的环

---

① Henry N. Butler, *Nineteenth – Century Jurisdictional Competition in the Granting of Corporate Privileges*, 14 *J. LEGAL STUD.* 129, 155 (1985).

② Frederick Tung, *Before Competition: Origins of the Internal Affairs Doctrine Journal of Corporation Law* 32 2006 –2007. p. 56.

③ William Graebner, *Federalism in the Progressive Era: A Structural Interpretation of Reform*, 64J. AM. HIST. 331 (1977).

④ *Christopher Grandy*, *New Jersey ane the Fiscal Origins of Modern American Corporation Law*, *pp.* 81 – 82 (1993).

⑤ “强化形式”的公司设立竞争意味着公司可以不再顾忌其营业地，发起人的住所或者任何其他地域因素而任意选择公司法。

⑥ *Christopher Grandy*, *New Jersey ane the Fiscal Origins of Modern American Corporation Law*, *p.* 43 (1993).

境，但是其依旧存在下来，只不过其实现和保护的内容发生了根本性变化，如果说理论产生之时是尊重公司成立地国的地域主权的话，那么现代，保留该理论则是为了最大限度地实现私人利益。

在历史的演进中，内部事务理论也确立了在外国公司治理中适用的正当性：其一，内部事务理论源于公司的合同理论，这种理论的基本假设是只有公司设立者的意愿才创设了公司与所选择成立国法律之间的联系。[①] 因此，公司应受公司成立行为完成地的法律调整（如在一个国家的有权国家机构登记注册）。公司的设立行为创设了公司与公司成立国法律体系之间的充分联系，至于公司与成立国之间是否存在真实的经济或人员的联系则在所不问。这是公司内部事务理论的特许和自治的问题。内部事务理论使公司的创设者可以在国家的同意下事前确认和选择最适合自己需要的公司法。历史上，既然公司是作为由成立地国所创设和存续的拟制实体，那么，外国公司适用公司成立地法调整则是自然之事。这种理念的解释与合同理论相配合形成了这样的结论：由公司组织者之间的协议产生了对成立国的选择，而明示或默示所选择的成立地国的法律支配这种私人内部公司关系，因此，受他们约束也是公平和合理的。[②] 其二，适用内部事务理论，促进设立自由也是基于经济效率的原则。赞成公司内部事务理论的人们认为，从经济学的角度来看，自由市场是实现比较优势和利益最大化的基础，而市场主体的可自由流动是自由市场的基本要求。采纳内部事务理论，至少在为市场主体（这里特指公司）的可自由流动方面扫除了法律上的障碍，这样，发起人就有选择设立公司的自由，也会选出最优质的法律。公司同时也是可自由流动的，公司的中心事务管理和活动场所也可以不经公司的解散而自由转移，因为这样不会担心公司准据法的更迭，同时达到适用法的连续性和确定性。这样做也是最具效率和最节约成本的，省去了公司的重复解散和注册。赋予公司发起人设立自由自然会推动公司规范的竞争，并且最终有利于提高公司法的效率。在更大程度上允许公司发起人选择公司法，会激发各国公司法律体系之间的竞争，并最终提供给公司最为有效和优质的法律，换句话说，这对公司设立市场会产生积极效应，因为这促使各国立法机构优化自身的公司法，最终促使公司法走向竞优（race to the top）而非竞次（race to the bottom）的过程，消除不必要的成本，最终受益的是投资者和政府。

内部事务主义在自由开放经济需求的催生和作用下形成了公司发起人自由选择公

---

① Borg - Barthet, J., *The Governing Law of Companies in EU Law*, p. 51.

② 对公司和其投资者提供了可预测性，提供了对所有股东的同一对待。并且它确保了当事人对法律的选择。美国内部事务理论为公司和其投资者提供了可预测的和一致的法律选择，确保了最为关键的确定性，而且同一等级的股东享有相同的权利，在公司管理人员和股东之间的争议会适用相同的实体法。

司设立地和公司法的现代内涵。这也促使英美法系传统国家将其作为确定公司准据法中的主导适用理论。而对于在大洋彼岸的大多数大陆法系传统国家，在1999年之前，一直采纳真实本座主义。[①] 依据该理论，只有一个国家对外国公司内部事务有规范权力，该权力属于公司真实本座所在地国家，公司的“真实本座”通常就是公司的经营管理中心或者主营业地。也就是说，外国公司只受公司经营管理中心或者主营业地所在地国家法律的调整。其强调公司成立地（法律本座）与经营管理中心或者主营业地（真实本座）的一致性。但是，真实本座主义试图建立公司和公司成立地之间最密切的联系，结果限制了公司发起人法律选择的自由和公司的自由流动，阻止了各国公司法之间的竞争，进一步破坏了公司设立自由。自由设立是共同市场的必备因素，而严格适用真实本座主义就是对共同市场的破坏。[②] 随着欧洲共同市场的建设和运行，真实本座主义与欧洲共同市场发展的目标背道而驰。于是，在1999年至2003年间，欧洲法院作出的一系列判决对欧洲公司法起到了变革性的作用，依赖于《欧共体条约》第43条和第48条，欧洲法院开始否定支持真实本座主义的各国公司法的规定，其中三个裁决 Centros、Ueberseering、Inspire Art 终结了真实本座主义在欧盟内的实施，[③] 原本采纳真实本座主义的国家也纷纷转向内部事务主义，内部事务主义最终也奠定了在欧洲大陆的支配地位。[④]

第二节　公司准据法的规范范围

早期国际私法立法对于公司准据法的确定深受自然人属人法的影响，体现在立法形式上就是参照自然人属人法，仅笼统模糊地规定法人权利能力和行为能力的适用法。随着时代的发展，公司跨国经营已经成为常态，公司法内容也日益丰富复杂，公

① Borg - barthet J. , *The Governing Law of Companies in EU Law*, Oxford: Hart Publishing, 2012, pp. 49 - 51; see also Becht, M. & Mayer, C. & Wagner, H. F. , *Where Do Firms Incorporate? Deregulation and the Cost of Entry*, Journal of Corporate Finance, 14 (3), *p*. 243.

② Gelter, M. , Centros, *The Structure Of Regulatory Competition In European Corporate Law*, 5 (2) Journal of Corporate Law Studies, p. 248 (2005); Mucciarelli, F. M. , *Companies' Emigration and EC Freedom of Establishment*, European Business Organization Law Review 9, pp. 267 - 303 (2008).

③ 前引3。

④ Eugene F. Scoles & Peter Hay, *Conflict of Laws*, 2nd ed , West Publishing Company , 1992, pp. 322 - 49.《美国冲突法第二次重述》明确指出，公司成立地州的法律决定公司的设立要件，并且诸如公司的股东、内部管理和分红、表决委托、股份占多数的股东人的义务、普通股东人的义务、董事或高级职员的义务等问题原则上由公司成立地国法律决定。*See Dicey and Morris on the Conflict of Laws by Collins of Mapesbury*, 13th ed. , London Sweet& Maxwell, 2000, p. 1179. 英国法认为，公司成立国法调整公司的成立、公司章程事务、谁是有权代表以公司名义行为的公司成员、对于公司债务或负担的个人成员的责任范围和公司的合并和解散等。

司准据法所面临调整的事项也逐渐增多和复杂化。如何合理限定内部事务主义的规范范围不仅有利于实现内部事务主义适用的确定性、可预测性、准确性和有效性[①]，更关乎内部事务主义适用的合理边界和限制。这无疑就摆在了立法者的面前。

内部事务主义的普适性已经得到了广泛的承认，但是，公司成立地法的规范范围却是一个具有争议的问题，对于该规则（理论）的准确规范范围并不清晰。简单地主张区分内部和外部关系的学说理所当然无法得到贯彻，因为它会导致在区分上的疑惑并因此有损法律的稳定性[②]，困难还在于确认一种法律关系是否应归属于公司法的问题上。

关于内部事务主义规范范围的边界确定，董事和股东的责任与公司债权人和公司自身保护的问题最集中突出这其中的严重分歧。董事或者股东的错误行为，甚至是欺诈行为导致公司破产或者由此损害了公司债权人的利益就会产生责任承担的问题。这里产生的问题就是这样一种责任是否只按照公司成立地国法律确定还是可以按照公司真实本座地国法律确定。这就涉及识别的问题，使用不同的识别方法就可能有不同的结果。比如，在英国，董事或者股东的错误行为或者欺诈交易应受《破产法》第213条和第214条调整，这样所适用的破产法就由债务人主要利益中心（COMI）[③] 所在地法来决定，在虚假外国公司的情况下，一般就是由公司真实本座地法律决定。另外一种结果就是识别为侵权法调整。德国联邦最高法院将股东抽逃出资而对公司产生的责任就限定为侵权，有关侵权行为的适用法律在大多数情况下会导致公司真实本座地法。同样，如果公司管理人员和股东应对公司债权人直接承担责任，在虚假外国公司的情况下，大部分的债权人都位于公司管理中心所在国境内，这依旧会导致公司真实本座地国法律的适用。[④]

对公司内部事务理论规范范围进行准确的限定远比认识它来得困难。公司法本身的复杂性和各国公司法之间的差异导致对公司内部事务理论规范范围的限定存在一定的不确定性。在理论分析和实证考察的基础上，进行经验主义的分类性概括，提炼广泛共识，并形成新的认知是准确限定公司内部事务理论规范范围的第一步。美国最高

---

① 如能合理限定公司内部事务主义的调整事项并进行列举，这就可以在具体适用中避开复杂冗长的识别环节，做到节约成本，提高适用效率和准确性。

② 参见［德］托马斯·莱塞尔（Thomas Raiser）、［德］吕迪格·法伊尔（Rudiger Veil）：《德国资合公司法》，高旭军等译，法律出版社2005年版，第914页。

③ The Centre Debtor's Main Interests.

④ Eva - Maria Kieninger, *The Law Applicable to Corporations in the EC* Rabels Zeitschrift für ausländisches und internationales Privatrecht / The Rabel Journal of Comparative and International Private Law, *The Communitarisation of Private International Law* (July 2009), pp. 607 - 628.

联邦法院在给内部事务理论定义时做出了这样的解说，公司内部事务就是有关公司、它的现职管理人员、董事和股东之间各自相互关系的事项。① 该解读是从公司及其内部主体之间的关系来限定公司内部事务。戴西和莫里斯（Dicey 和 Morris）在《戴西和莫里斯论冲突法》中认为，所有涉及公司章程的问题由公司成立地法律支配。也就是说，公司成立地法的适用范围是公司章程所涉及的问题。这自然是从公司章程自主约定的范围来限定公司内部事务。② 莫里斯在其主持编撰的《美国冲突法第二次重述》中就公司成立地法所适用的范围做出了具体的规定，③ 尤其将内部事务理论的适用分为绝对适用和相对适用最受启发。其中，绝对适用是指只能适用公司成立地法而不能适用其他法律，适用的事项主要包括公司的有效成立，公司存在的终止和中止，股东在对公司应缴份额、资产分担，以及对公司债权人所负债务方面应承担的义务及范围等。④ 相对适用是指一般情况下适用成立地法，在特定情况下，可以依据最密切联系原则适用其他法律，适用的事项主要包括公司的股东，股东参与公司管理和分红，股东的表决委托，股份占多数的股东人的义务，董事或高级职员义务等。⑤ 此种划分是试图确定内部事务理论规范范围的明确边界。总之，上述从主体关系、章程事项和绝对适用等角度来限定内部事务理论规范范围，其核心出发点是将公司法作为一种组织法来确定公司的纯粹内部性事项，并将此类事项作为内部事务理论的规范范围。尽管此种限定并不具有立法上的意义，但是，具有理论上的合理性和逻辑自洽性，也充分代表了学理上人们对内部事务理论规范范围的基本广泛共识。

从各国实证法对内部事务理论规范范围的规定来看，大部分的立法例仅笼统模糊地规定，公司的能力或地位，或公司的存在由公司成立地法支配，而对于公司内部事

---

① *Edgar v. Mite Corp.*, 457 *US* 624, 645 (1982).

② *Dicey and Morris on the Conflict of Laws*, 13*th ed*, *London Sweet& Maxwell*, 2003, p. 340.

③ Luther L. McDougal III, Robert L. Felix, Ralph U. Whitten, *American conflicts law*, Transnational Publishers, 2001.

④ 见《美国冲突法第二次重述》第196—199条，第307—308条。*See* Luther L. McDougal III, Robert L. Felix, Ralph U. Whitten, *American conflicts law* , *Transnational Publishers*, 2001. 也参见李双元、欧福永、熊之才编：《国际私法教学参考资料选编（上）：总论·冲突法》，北京大学出版社2002年版，第474—475页。

⑤ 见《美国冲突法第二次重述》第303—306条，第309—212条。*See* Luther L. McDougal III, Robert L. Felix, Ralph U. Whitten, *American conflicts law* , *Transnational Publishers*, 2001. 也参见李双元、欧福永、熊之才编：《国际私法教学参考资料选编》(上)（总论·冲突法），北京大学出版社2002年版，第474—475页。

务理论的具体规范范围并未明确[①]。但令人惊喜的是，在有限几个国家的立法例中，除了规定一般性的适用法原则之外，还对公司内部事务理论规范范围进行了列举，这为我们归纳对内部事务理论规范范围的限定提供了实证的基础。1995 年意大利《国际私法》第 25 条在首先规定了公司由其成立地所在国法律支配后，接着规定该法律尤其适用于：（1）法律性质；（2）商业或社团名称；（3）成立转让及解散；（4）能力；（5）组织的编制、权力及运作方式；（6）机构；（7）取得或丧失组织成员资格的方式以及由此产生的权利和义务；（8）商业负债的法律责任；（9）违反法律或公司章程的后果。[②] 1987 年瑞士《国际私法》也在第 10 章第 155 条中规定，除第 156—161 条外，适用于公司的法律特别支配下列事项：（1）公司的法律性质；（2）公司的成立和解散；（3）公司的民事权利能力和行为能力；（4）公司的名称或商号；（5）公司的组织；（6）公司的内部关系，特别是公司与其成员间的关系；（7）违反公司法的规定所应承担的责任；（8）公司承担债务的责任；（9）为公司进行活动的人员的代表权限。很显然，第 156—161 条规定的事项就是公司成立地法规范范围的例外事项，这主要是：公开发行股票或债券，名称和商号的保护，对代理权的限制，对公司所负的责任，公司在瑞士的分支机构及公司的转移等。[③] 1992 年罗马尼亚《关于调整国际私法关系的第 105 号法令》第 42 条规定，适用于法人之组织章程的法律特别适用于：（1）法人的权利能力和行为能力；（2）成员资格的取得与丧失；（3）根据成员资格而产生的权利与义务；（4）法人领导机关的选举方式、管理权限以及作用方式；（5）通过本身机构进行代理；（6）法人及其机关对第三人责任；（7）创立文件

---

① 希腊《民法》（1946）第 10 条、葡萄牙《民法》（1966）第 33—34 条、奥地利《国际私法》（1978）第 10 条、乌拉圭《国际私法》（1941）第 2394 条、阿根廷《国际私法》（草案）（1974）第 9—14 条、秘鲁《民法》（第十编）（1984）第 2072—2074 条、巴拉圭《国际私法》（1985）第 26 条、委内瑞拉《国际私法》（1998）第 20 条、加拿大《魁北克民法》（1991）第 3083 条、苏俄《民法》（1964）第 464 条、《苏联和各加盟共和国民事立法纲要》（1977）第 124 条、哈萨克斯坦《冲突法与国际民事诉讼法法规》（1964）第 560 条、捷克斯洛伐克《国际私法及国际民事诉讼法》（1964）第 32 条、波兰《国际私法》（1966）第 9 条、德意志民主共和国《关于国际民事、家庭和劳动法律关系以及国际经济合同适用法律的条例》（1975）第 8 条、南斯拉夫《国际冲突法》（1982）第 17 条和第 79 条、匈牙利《国际私法》（1979）第 18 条、罗马尼亚《关于调整国际私法法律关系的第 105 号法令》（1992）第三章第 40—48 条、白俄罗斯《民法》（1999）第 1110—1113 条、泰国《国际私法》（1939）第 7 条、韩国《国际私法》（1962）第 29 条、约旦《民法》（1976）第 12 条、中国《澳门民法典》（1999）第 31—33 条、埃及《民法》（1948）第 11 条、突尼斯《国际私法》（1998）第 43 条等。

② Rammeloo, Stephan: *Corporations in private international law: a European perspective Oxford*; New York: Oxford University Press, 2001.

③ 参见刘铁铮等：《瑞士新国际私法之研究》，三民书局 1991 年版，第 171 - 185 页。又见陈卫佐：《瑞士国际私法法典研究》，法律出版社 1998 年版，第 201 - 211 页。

的改变；（9）法人的解散清算。[①] 仅从上述规定的表象来看，我们可能会失望地发现，上述关于内部事务理论规范范围也仅限于简单列举的水平，并且各国之间列举的事项也存在一定的差异，实际尚未形成完全意义上的共识。但是，我们从积极的角度来看，此种立法例第一次相对系统地列出了内部事务理论规范的具体范围，更为重要的是，这些列举的范围为我们正确认识和限定内部事务理论规范范围提供了一个可以修正和讨论的范本，尽管还有差异和分歧，但是，从另一个角度来看，这些明确列举的内容应属在实证法上对于内部事务理论规范范围的明确限定。

对于公司内部事务理论规范范围广泛共识的确定也从另外一个意义上为找到公司内部事务理论规范范围的限制和例外提供了有利的条件。有公司内部事务就有公司外部事务，也就客观存在公司内部事务与公司外部事务之间的交织地带。公司外部事务（the "external affairs" of a corporation）一定是公司开展对外经营而产生的事务，如雇佣劳动力、购买原材料、融资、取得资产、进行商业交易及缴费税费等，这些事项应是与公司之外的第三人发生法律关系，自然应由该法律关系所应适用的法律调整，与内部事务理论规范范围无涉，自然不应受内部事务理论调整。在公司事务方面，总是存在这样一些事项，其直接与公司内部事务或者组织机构相关联，但是，由于公司跨国经营及社会经济环境的变化，原来已有的和新出现的一些事项不再适用或者不再完全适用公司内部事务理论。该类事项往往集中于公司内部事务与外部事务的边缘和交叉地带，公司内部事务理论规范范围的限制和例外往往就产生于该交织地带。我们对其进行归类大致包括如下三个方面，具体而言：

1. 该事项传统上属于公司内部事务理论规范的范围，但是，由于外国公司持续和规模性地在行为地经营和交易，行为地国出于维护本地交易安全和秩序，要求适用行为地法。如股东知情权、外国公司代表、外国公司的经营资格。（1）股东知情权。股东有权查阅公司股东会会议记录和公司财务会计报告等获悉公司信息的权利，这就是股东知情权，传统上该事项属于公司与股东之间的内部关系。但是，由于公司的跨国经营，出于维护本地交易安全，适用行为地法成为必需。如美国《加利福尼亚州普通公司法》第 1601（a）节规定，如果外国公司在加利福尼亚州保留公司的财务账簿和记录或者在加利福尼亚州有主要管理机构，那么，公司股东有权审查公司的账簿和记录，另外，依据《加利福尼亚州普通公司法》第 2115 节，股东知情权也适用于虚假

① 参见李双元、欧福永、熊之才：《国际私法教学参考资料选编》（上），北京大学出版社 2002 年版，第 275 页。

外国公司。这就是股东知情权对内部事务理论适用的例外。[①]（2）公司代表。谁有权代表公司对外从事活动，并且法律效果归于公司，如签署协议、开展交易，起诉应诉等，这就是公司代表问题。一般而言，公司代表是公司章程所议定的事项，各国法律不会干涉，并且此类事项也被识别为公司内部事务，自然应由公司成立地法调整。但是，公司代表又直接关涉行为地及交易当事人的权益，行为地国基于维护本地司法主权及交易安全的考虑，会对公司成立地法的适用作出限制，要求适用行为地法。[②]（3）外国公司的经营资格。公司设立时依其成立地国的法律享有一定的民事权利能力和行为能力，但是，公司在进行跨国经营活动时，其能力和范围往往受到行为地法律限制，其活动所造成的责任也不能简单地依据公司成立地法律来决定。从各国的立法和司法实践来看，外国公司的营业资格以及外国公司不具备营业资格所承担的责任通常由行为地法所决定。[③]

2. 该事项属于公司跨国投资和融资中新产生的与公司内部组织机构直接相关的事项，公司投资和融资所在地国要求适用本国法，如外国公司转移，公司并购、股票和债券的发行等。（1）外国公司的转移。当外国公司将其管理中心从一国转移到另一国时，这也会涉及适用公司成立地法之外的其他国家的法律，即公司要转移其管理中心，需要得到相关国家的许可。这在主张“内部事务”理论国家和“真实本座”理论国家会有分歧。在采取“内部事务”理论的国家则不会因公司的管理中心（住所）迁移至另一国而发生适用法律的变化，不过，只有在新的中心地法许可的条件下，才可能实现迁移。如果新的中心地采取“真实本座”理论，则意味着公司必须按照当地的法律成立一个新的公司，所以必须适用新管理中心地法律的各项要求才能实现这种转移。[④]（2）外国公司的并购。随着经济的全球化，跨国并购已经成为国际投资最为主要的方式。于是，本国公司与外国公司之间相互兼并（Mergers）和收购（Acquisi-

---

① http：//www. professorbainbridge. com/professorbainbridgecom/2015/01/shareholder – inspection – rights – versus – the – internal – affairs – doctrine. html.

② 瑞士《国际私法》第158条规定，在第三人是善意且无过失的情况下，如果第三人的惯常居所地国家或营业所所在地国家的法律并没有规定对公司某一机构或代理人的代理权加以限制，公司不得依据公司成立地法律而对某一机构或代理人的代理权加以限制，从而主张法律行为无效。该规定是基于交易安全的考虑而对公司成立地法的适用做出了限制。参见刘铁铮等：《瑞士新国际私法之研究》，三民书局1991年版，第171 – 185页。又见陈卫佐：《瑞士国际私法法典研究》，法律出版社1998年版，第201 – 211页。

③ 之所以有这样的规定，根本原因在于公司的营业活动对营业地的经济秩序和相关交易方的利益会产生深远影响。《美国冲突法第二次重述》第311条规定，除宪法的限制外，外州公司在一州从事商业或其他活动之前，是否必须符合该州在资格方面的条件，依该州的法律。

④ Rammeloo, Stephan：*Corporations in Private International Law：A European Perspective Oxford*；New York：Oxford University Press, 2001. 意大利1995年《国际私法制度改革法》第25条规定：“……企业注册办公地向另一国家的迁移，只有依据这些有关国家的法律进行方为有效。”

tion）已经成为一种常态。无论是兼并还是收购，该行为总是受到参与方各自属国法律的共同调整。从行为应受行为地法制约的传统冲突法原理来看分属不同国家公司之间的兼并和收购也应同时遵守数个相关国家的法律。① （3）外国公司发行股票和债券。公司进行跨国融资，资本市场的国际化，必然发生外国公司跨国发行股票和债券的问题。要跨国发行股票和债券，不管是公募还是私募，都必然会受到外国公司本国及发行国的监管，从这个角度来看，其必然要符合成立地法及发行地法才能有效展开。从各国有关公司证券和债券法律适用的规定可以看出，在确定公司证券和债券法律适用方面，已经开始偏离了公司成立地法，考虑适用行为地法、发行地法、交易所所在地法和其他一些相关法律。②

3. 原属于公司组织结构方面的事项，基于对相关方利益的保护（对公司自身利益的保护和对公司实际经营所在国利益的保护），要求适用相应被保护地国的法律。如外国公司名称和商号的保护，外国公司的终止和清算等。(1）外国公司名称和商号的保护。公司名称和商号是公司设立时标注公司的一个指称符号，能够表征公司生命的，唯有登记的名称和商号，公司名称和商号一经登记，公司对其就具有了独占性，因而进入权利体系，受到法律的保护。③ 这是从公司人格权意义上确定公司对名称和商号依法享有的专有使用权。④ 同时，商号权属于《保护工业产权巴黎公约》所定义的工业产权范畴，经过依法登记而取得的商号，受到知识产权法律的保护。⑤ 因此，在公司发生跨国经营的情况下，对外国公司名称和商号的保护就面临是纳入公司人格

---

① 我国自2007年8月8日起施行的《最高人民法院关于审理涉外民事或商事合同纠纷案件法律适用若干问题的规定》第8条规定，在中华人民共和国领域内履行的下列合同，适用中华人民共和国法律：……（六）外国自然人、法人或者其他组织购买中华人民共和国领域内的非外商投资企业股东的股权的合同；（七）外国自然人、法人或者其他组织认购中华人民共和国领域内的非外商投资有限责任公司或者股份有限公司增资的合同；（八）外国自然人、法人或者其他组织购买中华人民共和国领域内的非外商投资企业资产的合同……从该规定的内容来看，应适用兼并和收购行为地法。另外，美国《示范商业公司法》对此种冲突采用重叠性适用两国法律的方法；意大利1995年《国际私法制度改革法》已明确指出：不同国家的企业之间的兼并，只有依这些国家的法律进行才具有效力。

② 参见萧凯：《跨国证券交易的国际私法问题》，武汉大学出版社2008年版。孔玉飞：《跨国证券发行与交易中的法律冲突》，知识产权出版社2009年版。

③ 参见朱庆育：《民法总论》（第2版），北京大学出版社2016年版，第450-451页。

④ 参见张俊浩主编：《民法学原理》（修订第3版），中国政法大学出版社2000年版，第190页。

⑤《保护工业产权巴黎公约》第8条规定：厂商名称应在本联盟一切国家受到保护，没有申请或注册的义务，也不论是否为商标的一部分。

权还是知识产权保护体系下确定适用的法律，[①] 但是，无论如何，出于对公司实际经营地利益的保护，适用被请求保护地国的法律来确定外国公司名称和商号的保护是一种立法趋势。[②]（2）外国公司的终止和清算。公司是法律创造物，生命来自实证法，其生命的终结也取决于法律。公司解散与破产都是公司终止的原因，[③] 作为公司终止程序的一环，是清算的前提。[④] 公司终止之前必经过财产清理程序，即清算。通过清算，公司得以了结一切财产关系。清算又可分为普通清算和破产清算。对于外国公司的解散，如前所述，各国已达成广泛共识，一般都由公司成立地法来调整。[⑤] 对于外国公司的破产，因其受到破产法的专门调整，各国都没有将其纳入公司一般法律适用体系中去，而是另外对其进行独立规范，其所涉及内容也更为复杂。[⑥] 在一国国内涉及外国公司的清算，主要是因外国公司的解散或外国公司撤离其在该国境内的财产，而需要清理债权债务。对此类问题，各国都倾向于依据清算地法来进行。[⑦]

随着公司跨国经营已经成为常态和公司法内容日益丰富复杂，面对内部事务主义调整事项的叠加交错，杂乱纷繁，尽管成文规范应该为司法适用留下解释空间，但是，既然立法者的权限并不是在个案基础上作出决定，那么，其至少尽可能地为规范的适用划出更为明确的界限和设想将来可能发生的情况。确定判别和衡量内部事务主

---

① 对此问题，从已有的立法例来看，都是将外国公司的名称和商号纳入公司人格权的范畴内来制定适用法律的。例如，瑞士联邦《国际私法》第155条便明确规定，除法律有特别规定外，适用于公司的法律调整公司的名称或商号。1995年意大利《国际私法》第25条在首先规定了公司由其成立地所在国法律支配后，接着规定该法律尤其适用于商业或社团名称等。

② 在公司发生跨国经营的情况下，对于公司名称和商号的保护又不得不考虑经营地的法律。瑞士联邦《国际私法》第157条规定，（1）在瑞士商业登记簿上登记以免在瑞士遭受损害的公司的名称或商号名称的保护，适用瑞士法律。（2）公司未在瑞士商业登记簿上登记时，其名称或商号名称的保护，适用不正当竞争所适用的法律（第136条）或侵犯人格权的行为所适用的法律（第132条、第133条和第139条）。这样的规定就等于考虑公司行为地国家的相关利益的保护。

③ 公司法人有下列原因之一，就会发生终止的法律后果：（1）依法被撤销；（2）自行解散（章程规定不能再存续的事由发生，法人意思机关作出解散决定，独资法人投资人作出解散决定）；（3）依法宣告破产（法人破产由人民法院宣告）；（4）其他原因（成员不足法定人数，被合并或分立等）。

④ 解散是否导致公司法人资格的终止因国家而异，英国实行“先算后散”体制，解散即意味着公司法人人格的终止，我国实行“先散后算”的体制，美国、日本和欧洲大陆国家亦然，这种解散并不导致公司法人人格消灭，只是导致清算程序的发生。只有清算完成后，公司的法人人格才消灭。

⑤ 1995年意大利《国际私法》第25条第2款认可了公司成立地法来决定公司的解散问题。英国法实践也表明，公司是否解散必须由公司的成立地法决定，因为“主权者的意愿可以创建它也可以消灭它”。如果外国公司依成立地法的解散程序已经解散，则英格兰法院视该外国公司已经消亡。

⑥ 参见赵相林、杜新丽等：《国际民商事关系法律适用法立法原理》，人民法院出版社2006年版，第175－184页，在该部分中本人对破产法律适用作出了立法建议和分析。

⑦ 参见［英］J. H. C. 莫里斯主编：《戴西和莫里斯论冲突法》，李双元等译，中国大百科全书出版社1998年版，第1093页。《美国冲突法第二次重述》第300条规定，除受宪法限制外，一州无须终止一外州公司，即可对其在本州境内的业务进行清算。

义适用事项的主观标准，依此标准确定公司准据法的绝对适用事项，最后，通过包含若干事项的非结论性清单的方式进行具体规定，这应是在规范意义上有效实现合理限定内部事务主义规范范围的可行路径。这既可以确保公司准据法有一个尽可能大的合理规范范围，又可以通过划分公司成立地法与真实本座地法规范范围边界，明白无误地给出公司准据法具体规范的范围，省去了司法中可能面对的复杂的识别困难甚至错误，这无疑是一种消除分歧，实现法律的确定性和节约成本的有效方法。

某一事项究竟是否受内部事务主义调整，这取决于该事项的性质，即它是否或者在多大程度上应归属于公司法律关系，归根结底还应按照对该公司适用的公司法进行审查和评价，本质上还是要回归到公司的本质上来进行判断。公司是法律创设之物，是实证法赋予其生命，其设置、结构、机构、功能及组成都由包含在各国成文法规及公司文件（章程）中的实体及程序规则所设定，这是唯一以资衡量和判断的标准。正是基于这样一个思路，莫里斯在其主持编撰的《美国冲突法第二次重述》中就公司成立地法所适用的范围做出了具体的规定，[①] 尤其将内部事务主义的适用分为绝对适用和相对适用最受启发。其中，绝对适用是指只能适用公司成立地法而不能适用其他法律，适用的事项主要包括公司的有效成立，公司存在的终止和中止，股东在对公司应缴份额，资产分担，以及对公司债权人所负债务方面应承担的义务及范围等。[②] 相对适用是指一般情况下适用成立地法，在特定情况下，可以依据最密切联系原则适用其他法律，适用的事项主要包括公司的股东、股东参与公司管理和分红、股东的表决委托、股份占多数的股东人的义务、董事或高级职员义务等。[③]晚近的国际私法立法便开始采取这种清单列举事项的方式，规定出公司准据法调整的事项，并尽可能扩大法人准据法的规范范围，这尤其以 1987 年瑞士联邦《国际私法》为代表[④]。这种立法方式

---

① Luther L. McDougal III & Robert L. Felix & Ralph U. Whitten, *American Conflicts Law* , Transnational Publishers, 2001, p. 315.

② 见《美国冲突法第二次重述》第 196—199 条，第 307—308 条。参见李双元、欧福永、熊之才编：《国际私法教学参考资料选编》（上）（总论 · 冲突法），北京大学出版社 2002 年版，第 474 - 475 页。

③ 见《美国冲突法第二次重述》第 303—306 条，第 309—212 条。也参见前引李双元等书，第 474 - 475 页。

④ 如该法在第 10 章第 155 条中规定，除第 156—161 条外，适用于公司的法律特别支配下列事项：（1）公司的法律性质；（2）公司的成立和解散；（3）公司的民事权利能力和行为能力；（4）公司的名称或商号；（5）公司的组织；（6）公司的内部关系，特别是公司与其成员间的关系；（7）违反公司法的规定所应承担的责任；（8）公司承担债务的责任；（9）为公司进行活动的人员的代表权限。很显然，第 156—161 条规定事项就是公司成立地法规范范围的例外事项，这主要是：公开发行股票或债券，名称和商号的保护，对代理权的限制，对公司所负的责任，公司在瑞士的分支机构及公司的转移等。参见刘铁铮：《瑞士新国际私法之研究》，三民书局 1991 年版，第 171 - 185 页。又见陈卫佐：《瑞士国际私法法典研究》，法律出版社 1998 年版，第 201 - 211 页。

也为许多国家效仿。1992 年罗马尼亚《关于调整国际私法关系的第 105 号法令》第 42 条[①]，1995 年意大利《国际私法》第 25 条[②]，2001 年《俄罗斯联邦民法典》第 1202 条[③]，德国国际私法委员会提出的欧洲条例建议稿的第 3 条规定了公司成立地法适用的范围，其所采取的方式也是提供了一份包含若干事项的非结论性清单。[④]

第三节　公司准据法的规范例外

内部事务主义彻底实现了公司设立和流动的自由，是意思自治原则在公司准据法确定中的胜利。但是，任何法律选择的自由并非不受限制，正如意思自治原则必有其适用的范围和例外，这才构成意思自治原则的完整内涵，内部事务主义自不能例外。在决定公司适用法时，合同自由原则本身不能解决所有问题。如果承认公司法主要具有合同性质，那就依旧存在合同自由限制适用的部分。保护合同中弱者和保护善意第三方可以作为正当限制公司法律选择中意思自治的理由。公司的合同性质不应导致得出这样的结论，公司的发起人可以不受限制地自由选择公司适用法。在公司法中意思自治也不是绝对的，因为公司的合同总是会被产生公司的公司法所补充和修改。承认公司组成文件的合同要素的同时，也需要认识到这样一个现实，国家赋予这些文件法

---

① 该条规定适用于法人之组织章程的法律特别适用于：(1) 法人的权利能力和行为能力；(2) 成员资格的取得与丧失；(3) 根据成员资格而产生的权利与义务；(4) 法人领导机关的选举方式、管理权限以及作用方式；(5) 通过本身机构进行代理；(6) 法人及其机关对第三人责任；(7) 创立文件的改变；(9) 法人的解散清算。参见前引李双元等书，第 275 页。

② 该条首先规定了公司由其成立地所在国法律支配后，接着规定该法律尤其适用于：(1) 法律性质；(2) 商业或社团名称；(3) 成立转让及解散；(4) 能力；(5) 组织的编制、权力及运作方式；(6) 机构；(7) 取得或丧失组织成员资格的方式以及由此产生的权利和义务；(8) 商业负债的法律责任；(9) 违反法律或公司章程的后果。Rammeloo Stephan. *Corporations in Private International Law: A European Perspective*, Oxford University Press, 2001, p. 222.

③ 该条规定的属人法：1. 法人以其设立地法为属人法。2. 根据法人的属人法特别确定：(1) 一个组织作为法人的地位；(2) 法人的组织法形式；(3) 对法人名称的要求；(4) 法人设立、重组和清算的问题，包括权利继受问题；(5) 法人权利能力的内容；(6) 法人取得民事权利和承担义务的程序；(7) 内部关系，包括法人与其股东的关系；(8) 法人对自己的债务承担责任的能力。参见邹国勇编译：《外国国际私法立法精选》，中国政法大学出版社 2011 年版，第 30 页。

④ 该第 3 条公司适用法的范围：按照第 2 条公司适用法应该特别适用于下列事项：1. 公司的性质，权利能力和行为能力；2. 公司的设立、重组和解散；3. 商号或者公司名称；4. 组织和资金的章程；5. 公司的代表权限；6. 公司成员资格的取得和丧失，以及成员的权利和义务；7. 公司的责任，公司的管理人员和股东对公司义务的承担；8. 对公司法施加义务的违反所产生的责任；9. 依据商法确定的标准制定公司清账，特别是年度财务声明及其内容，年度财务声明和形式的审计，财务披露和不遵守的法律后果，包括责任。除了上述第 2 项中的“重组”和整个第九项之外，德国司法部《关于新的民法实施法建议稿》第 10 条中也有相同的清单。

律效力，并赋予公司虚拟法律人格和股东有限责任。

公司成立地国法律无限制的适用只建立在实体公司法达到最低限度的趋同化的基础上，尽管在各国公司法中股东本位的模式在更大范围趋向一致，在公司法冲突中自由主义获得广泛认可，但是，不同国家对公司、公司法的目标和具体设计存在差异。在欧洲，依旧有一些国家在公司治理中包括了工人的代表。美国也采取了公司利益相关者法规，旨在允许或要求公司管理人员在作出决策时考虑公司利益相关者的利益。英国作为另一个推崇股东价值的阵地也通过修订公司法来规定董事的责权并不限于完全为股东的利益服务。尽管公司董事的主要义务是为股东利益服务，但是，其也应尽可能作出其他的考虑：（1）决策的长远效果；（2）雇员的利益；（3）供应商和消费者之间的关系；（4）公司对社区和环境的影响；（5）公司的愿景；（6）公司内部成员之间的公平性。除了长期存在的分歧之外，新的分歧也在欧洲出现，这就是公司法中的性别问题。法国、西班牙和挪威等国家认为法律应该规定在公司董事会中性别的平衡，相似的发展也在欧洲其他国家出现。然而英国则认为平等性不应通过公司法来执行。[①] 这证明对于哪些事项是公司法集中处理的问题，哪些应留给其他法律来处理继续存在分歧。与之相应的是，公司治理模式趋于一致将继续受到旧的和新出现分歧的抗衡。对于公司采取合同观点的国家往往在公司的国际私法中限制合同自由，因为合同主义从来不是不受限制的。各个国家都乐于通过国际私法来保护这些差异和对公司法的选择，限定公司法中需要保护的重要领域范围。公司的国际私法与立法选择紧密关联而不是依赖于争议的原则。

因此，内部事务理论之有效实施不仅应依赖自身体系的补正使其受到规范事项范围的约束，而且需借助体系之外的直接干预使其规范受到因法院地重大公共利益维护所需要的保留限制。具体而言：

第一，在特定情况下，法院地法或公司经营管理中所在地优先于成立地法适用。

20 世纪 60—70 年代进行的美国冲突法革命对美国各州及世界范围内其他地方的冲突法产生了深远的影响，并且产生了新的冲突法方法。新产生的冲突法方法主张完全抛弃传统冲突法的三大目标而实现其全新目标：首先，新方法认为传统方法中法律选择的中立正义和选择适用法的一致性是不现实和不适当的，与此相反，法院地政策和利益应优先考虑，并且法院地法律一般应该适用于所有争议，除非适用另一种法律更具有说服力。因此，应该抛弃寻求正当或最为适当的法律。其次，新方法认为传统方法中分配正义的目标——基于内容中立的标准在平等主权之间、在私法范畴内分配

---

① 前引 BORG - BARTHET, J. 书，第 49—51 页。

立法权——必须服从于在特定情况下国家利益的证明和特定结果的实体正义。因此，实现实体正义和结果公正是终极目的。最后，新方法认为传统方法通过冲突规则体系实现冲突正义，寻求可预测性和易于适用性是僵硬机械和形式主义的。[①] 取而代之的是，新方法使用“最密切联系原则”等灵活的方法来发现蕴含在国家实体规则中的政策和利益空间及立法意图，并由此确定在不同国家相冲突的政策和利益中哪一个应该优先保护。新的冲突法方法就是抛弃法律选择规则，主张按照对所有潜在的相关利益的考量来决定适用法，其中，法院地州（国）的利益和政策，特别是法院地居民的保护和重要性的估量被优先考虑，并在大多数情况下主张适用自己的法律——法院地法。新方法对所有领域的法律选择都产生了重要影响。新方法认为固定的、单个连结因素、内容盲目和法院地中立的规则是令人厌恶的，因为它们自动地和完全地服从一种法律制度而不考虑相联系的其他州的利益和政策。准确来说，按照新的冲突法，适用成立地国法律就是这样令人厌恶的规则。

在美国，公司成立地国法律的地位在 Western Air Lines v. Sobieski 一案中开始动摇，[②] 在该案中，加利福尼亚州法院最终支持了公司委员会的命令，实际要求与加利福尼亚州有主要联系的特拉华州公司采取加利福尼亚州法律所要求的累积投票。虽然该案存在一些模糊性，并且以西部航空公司是虚假外国公司而使该判决合理化，但是，背离公司成立地法的适用是一个不争的事实。总之，西部航空公司案件是新冲突法在公司法律冲突中适用的一个前兆，它限制或背离了成立地国法律。人们积极强调地方公司政策优先于公司成立地法。[③]

随后，在 Mansfield Hardwood Lumber Company v. Lohnson 一案中，美国第五巡回上诉法院认为，尽管存在内部事务规则，但是在以下情况下适用法院地法律，这就是：与成立地州仅有的联系点就是单纯的成立事实，并且既没有公司的章程也没有成立地州的成文法可以适用。[④] 在 Francis v. United Jersey Bank 一案中，新泽西州最高法院适用新泽西法律而不是纽约州法律来决定董事的责任，因为新泽西州与纽约州相比，与当事人和交易有更为重要的联系，并且当事人同意适用新泽西州法律。这个案例被新

---

① Symeon C. Symeonides, *The American choice - of - law revolution: past, present and future*, *Martinus Nijhoff Publishers*, 2006. Symeon C. Symeonides, *Private international law at the end of the 20th century: progress or regress?: XVth International Congress of Comparative Law*, *Kluwer Law International*, 2000.

② Western Air Lines, *Inc. v. Sobieski*, 191 *CA2d* 399, 12 *Cal. Rptr.* 719 *Dist. Ct. Add.* 1961).

③ Norwood P. Beveridge, *Jr. The Internal Affairs Doctrine: The Proper Law of a Corporation*, *The Business Lawyer* *Vol.* 44, *No.* 3 (*May* 1989), pp. 693 - 719.

④ Mansfield Hardwood Lumber Co. v. Johnson, 268 *F.* 2d 317, 321. (5*th Cir.* 1959). *See also Note*, *Conflict of Laws—Duty of Director of Foreign Corporation to Shareholder Held to be Governed by Law of Forum when Corporate Activity Centers in Forum*, 108 *U. Pa. L. Rev.* 742 (1960).

泽西州的联邦地区法院在 re ORFA 的证券诉讼中所遵循。这些案件都涉及董事或高级职员的责任，这就意味着所认定的内部事务规则在某种情况下可以例外，但是这种例外并不限于特定的事实模式。[①] 所有这些案件都指出，纽约州是公开作出对内部事务理论的例外。

总之，按照普通法，内部事务理论并不是僵硬的，而是为问题的灵活解决和例外留有空间。事实上，美国法院已经在某些情况下适用法院地法律来调整外国公司的内部事务。《美国冲突法第二次重述》恰当使用了“极少”和“另一州优先的利益”这样的词语来指向了成立地法可以规避的情况。随之，《美国冲突法第二次重述》所使用的“最密切联系”的考查就是在例外情况下对成立地法的干预。[②]

美国冲突法革命对世界各国的国际私法产生了深远的影响，拥有成文法传统的国家虽然没有像美国一些学者所主张的一样，在法律选择中彻底抛弃规则而使用方法，但是，实质正义的考虑被他们所接受，并体现到结构上适合传统模式的法律选择规则中，这些规则就是以结果为导向的规则，他们被设计为成就某种被认为值得优先考虑的实体结果的规则。[③] 具体到外国公司的治理中，结果为导向的规则表现为，当公司的主要经营活动或管理活动并不在公司成立地时，可以排除适用内部事务理论，考虑适用公司经营管理中心所在地法来调整公司内部事务，其主要衡量的就是公司实际经营地国及相关方利益的保护，这被人们视为“真实本座”理论的重生。[④] 1987 年的瑞士联邦《国际私法》在第 154 条明确了内部事务理论的适用之后，在其第 159 条明确规定：“如果依外国法设立的公司的活动是在瑞士进行的或从瑞士开始进行的，以该公司名义进行活动的人的责任，适用瑞士法律。”[⑤] 该条规定被视为对内部事务理论的一项重要限制，为的是保护公司债权人的利益。但是，该条只是针对“活动的责任”产生对内部事务理论的例外适用，其他问题是否也有同样的效果则语焉不详。1995 年 12 月意大利修订的《国际私法典》第三章第 25 条规定：“1. 以公有或私有体制为基

---

① *Francis v. United Jersey Bank*, 432 *A. 2d* 814, 820 (*N. J.* 1981).

② 《美国冲突法第二次重述》第 302 条规定：与公司的权利和义务相关的其他问题：(1) 第 301 条规定以外的涉及公司权利和义务的问题，可适用据第 6 条原则所确定的与事件及当事人有最重要联系的州的本地法。(2) 公司设立地州的本地法，决定此类问题。但是在非常情况下，就该特定问题，另一州与事件及当事人有更重要的联系时除外。在此情况下，依该另一州的本地法。

③ 在成文的法律选择规则的体系内，冲突法律的内容也成为一个正式的法律选择标准，它要求设计内容为导向的法律规则，这样的规则要求在法律之间的选择作出之前，考虑冲突的实体法律的内容。

④ *Bratton, W. W., McCahery, J. A., & Vermeulen, E. P. M. How does corporate mobility affect lawmaking: A comparative analysis. The American Journal of Comparative Law*, 57 (2), 2009, pp. 501—549.

⑤ 参见刘铁铮等：《瑞士新国际私法之研究》，三民书局 1991 年版，第 171—185 页。又见陈卫佐：《瑞士国际私法法典研究》，法律出版社 1998 年版，第 201—211 页。

础的公司、社团、基金会及其他机构，即使尚不具有社团的特征，应由其成立地所在国的法律支配。但是，如果其总部位于意大利或主要工作机构位于意大利，则应适用意大利法律……”① 该条条款主要受瑞士《国际私法》第155条的影响。该条虽然没有反对承认外国实体，但是第25（1）条第二句就对在意大利境内从事商业活动的外国法人形式的滥用形成了有效保护。从第25（1）条的最后一句的字面意义上可以清楚得出，如果外国公司仅是在外国设立，但是其管理活动中心主要在意大利，该公司的所有事项适用意大利法律，这实质上是完全排除了内部事务理论的适用，于是有人认为在意大利境内拥有经营管理中心的外国公司本质上适用的是“真实本座”理论。②

第二，专门调整外国公司的本地实体法规则的直接适用。

一些国家的实体法中总是包含有一些本地化的规则专门调整涉外民商事关系。这些本地化规则明确设定出其空间适用的范围来确保其适用于特定的涉外民商事关系中，这些规则的存在实质上是直接排除了相应的法律选择规则。在对外国公司或虚假外国公司的调整中也存在这样的本地化规则，美国的准入法规和超越法规，以及荷兰的虚假外国公司法案应属此类规则。

1. 美国的准入法规和超越法规（qualification and outreach statutes）

在美国，如果不是所有的州都有某种类型的准入法规（qualification statutes），至少大部分州都有这样的法规。③ 该法规要求外国公司在本州从事商业活动之前“准入”。美国的准入法规（qualification statutes）解决的是外国公司的披露和程序问题。该法规一般都规定，外国公司在一州内从事商业活动之前要在该州内登记。登记意味着公司需提供给东道州以确定的信息，并且同意受该州的管辖。虽然各州法律存在细节上的差异，但是，通常而言，公司只需提供它的名称和成立地州，并且提供一份由其母管辖区证明公司存在的证书，还有任命一名代理人接受送达，提供代理人的名字和住址。起初，这些法规主要的目的是便利对外国公司行使本地的管辖权。④ 但是，其后的发展表明其也体现为对未经“核准”进入本州从事商业活动公司的制裁，如一些州要求外国公司的股东、代理人（代表人）或董事承担个人或合伙责任，一些州使

---

① 参见李双元、欧福永、熊之才编：《国际私法教学参考资料选编》（上）（总论·冲突法），北京大学出版社2002年版，第346页。

② Rammeloo, Stephan: *Corporations in private international law: a European perspective Oxford*; New York: Oxford University Press, 2001.

③ *Qualification Requirements For Foreign Corporations: The Need For a Ner Definition of "Doing Business" Based on In - State Sales Volume*, 14 *U. Mich. J. L. Reform* 86 1980 - 1981.

④ *Edward G. Collister, J, Foreign Corporations - Qualfication To Do Businesss, In Personam Jurisdiction, And The "Doing Business" Concept*, 12 *U. Kan. L. Rev.* 83 1963 - 1964.

外国公司缔结的合同绝对无效，一些州使外国公司在州内获得的财产无效，其他州处以罚款并且公司在州内缔结的合同在州法院内不得执行。[①] 当外国公司在一州内从事“商业活动”并且这种交易并不是州际之间商业活动的一部分时，就构成了违反准入法规。至于什么是“从事商业活动”没有作出单独的限定。[②] 然而，商业公司修订示范法案第§15、01（b）条规定了在15、01（a）意义内并不构成“商业交易活动”的一系列活动，这确立了一般的准入条件。[③] 美国准入法规有关对外国公司核准及处罚的规定从另一个层面来看，其实质上是直接要求外国公司遵守其所从事商业活动所在州的法律，并在未核准的情况下就施加本州法律对其进行直接规范。

超越法规（outreach statutes）在美国各州普遍存在，按照该法规的规定，如果条件满足，外国公司直接受法院地州的实体公司法来调整。[④] 这构成了内部事务理论的例外。这以美国的两个商业州——纽约州及加利福尼亚州的法规为代表。纽约州和加利福尼亚州已经采纳了修订内部关系理论的“超越”法规。[⑤] 纽约州法律规定，本州的公司法规的相关条款适用于在纽约州内从事商业活动的外国公司，外国公司的以下事项受纽约实体法律规定的约束：审查股东记录的权利、提交有投票权的信托记录、董事和高级职员的责任、外国公司未披露所需信息的责任等。[⑥] 但是，如果外国公司在本州内从事少于一半的商业活动或其股票在其本国证券交易所上市，那么这些条款就排除适用于这些外国公司。加利福尼亚州法规更为宽泛，但是它反映出试图相对平衡本地政策和成立地的政策。如果外国公司在本州内的财产要素、在职人员名单要素和销售要素的平均值在最近的整个收支年度内超过50%和一半的已发行投票证券由在本州内有住所的个人所持有，外国公司受加利福尼亚州规定的约束。以下事项适用于外国公司：董事的年度选举、无原因地撤换董事、通过法院程序来撤换董事、当少于法定人数时，由股东选举董事的空缺、董事的谨慎注意标准、非法分配的董事责任、

① Luther L. McDougal III, Robert L. Felix, Ralph U. Whitten, *American conflicts law* , *Transnational Publishers*, 2001.

② ILuAM ARTHUR HoLBY, “*Doing Business*”: *Defining State Control Over Foreign Corporations*, 32 *Vand. L. Rev.* 1105 1979.

③ *Elliott Goldstein and Robert W. Hamilton*, *The Revised Model Business Corporation Act*, *The Business Lawyer Vol.* 38, *No.* 3（*May* 1983）, pp. 1019—1029.

④ Jason S. Haller, *The Constitutionality of Outreach Statutes Under The Dormant Commerce Clause*, 37 *Seton Hall L. Rev.* 597 2006 – 2007.

⑤ Deborah A. DeMott, *Perspectives on Choice of Law for Corporate Internal Affairs*, *Law and Contemporary Problems Vol.* 48, *No.* 3, *Shareholder Litigation*（*Summer*, 1985）, pp. 161—198. Norwood P. Beveridge, *Jr. The Internal Affairs Doctrine*: *The Proper Law of a Corporation*, *The Business Lawyer Vol.* 44, *No.* 3（*May* 1989）, pp. 693 – 719.

⑥ William L. Cary, *Federalism and Corporate Law*: *Reflections upon Delaware* , *The Yale Law Journal Vol.* 83, *No.* 4（*Mar.* , 1974）, pp. 663—705.

董事、高级职员和其他人的赔偿、对以现金或财产进行公司分配的限制、接收非法分配的股东责任、每年股东会议的要求和不能定期召开的救济、在选举董事时，股东累积投票的权利、特别多数投票条件、资方出售的限制、对合并的限制、重整、持异议者的权利、记录和报告、通过律师的诉讼、审查权利等。① 从以上规定来看，这些超越法规并不是在任何条件下都适用。首先，他们仅限于特定的实体法问题，并不能用法院地法完全取代外国法律。其次，他们不适用于所有的外国公司，而只适用于与法院地州有实际联系的外国公司②。

2. 荷兰的虚假外国公司法案（Pro – Forma Foreign Companies Act）

面对人们依据宽松的外国法律成立公司来规避荷兰严格的公司法，为了反击对外国公司的滥用，荷兰立法者决定对滥用外国公司进行开战。1998 年 1 月 1 日，议会的两个议案被付诸实施。其中一个被称为公司冲突法案，该法案包括了更为广阔的适用范围，因为其中包含的冲突规则也适用于没有法人地位的主体。另外一个被称为虚假外国公司法案，该法案所要解决的是纯粹虚假外国特征的公司，其第 1—6 条给虚假外国公司的执行董事施加了重大责任。③ 然而，这套强制性规则单单适用于虚假外国公司（该公司除了其创设和成立之外与创设国没有任何其他实质联系）。这意味着，真实外国公司依旧不受这个立法的影响。但是所有外国公司——不管是虚假外国与否——却受 1998 年《公司法律冲突法案》第 5 条的约束。《公司法律冲突法案》第 6 条明示规定，该法律不应影响虚假外国公司法案条款的实施。④

虚假外国公司法案可谓对虚假外国公司的全方面规范。首先该法案将虚假外国公司定义为，按照不同于荷兰法律成立的具有法人地位的资本公司（资合公司），它完全或几乎完全在荷兰从事商业活动，而与公司成立国没有任何进一步的真实联系（见第 1 条）。接着，该法案规定了额外的“成立”和披露条件，旨在保护纯虚假外国公司的债权人（见第 2 条）。⑤ 同时规定，如果一公司是虚假外国公司，其必须注明是虚

---

① Nat Stern, *The Practicality of Outreach Statutes Enforcing Directorsk' Duty of Care*, 72 *Neb. L. Rev.* 905 1993.

② *The Honorable Jack B. Jacobs*, *The Reach of state Corporate Law Beyond State Borders*: *Reflections Upon Federalism*, 84 *N. Y. U. L. Rev.* 1149 2009.

③ Stephan Rammeloo, *Cross – Border Mobility of Corporations and the European Union*: *Two Future Landmark Cases*? 8 *Maastricht J. Eur. & Comp. L.* 117 2001.

④ Xandra E. Kramer, *Dutch Private International Law – Overview* 2002 – 2006, *IPRax*, *No.* 1, *pp.* 54 – 61, 2007.

⑤ Xandra E. Kramer, *Dutch Private International Law – Overview* 1998 – 2002, *IPRax*, pp. 537 – 546, 2002. 第 2 条规定，虚假外国公司的董事必须公开宣示公司所在商业登记处的登记和有效的在商业登记处的官方认可的章程复本。或被董事确认的章程复本。他们也必须公开宣示登记簿上的登记和首次登记的日期。他们必须进一步公示登记的姓名、个人数据和所有股票持有者的地址或夫妻共同财产的共同所有人，如果公司资本中的所有这些股票构成其中的一部分，不考虑由公司或其子公司所持有的股票，虚假外国公司的董事必须向商业登记处出示在其处必须合法登记内容的任何改变。按照该法案的规定，无论任何义务的履行都不能通过代理人完成。

假外国公司（见第3条）。[①] 另外，该法案还对虚假外国公司的资本要求、额外的会计和审计要求以及本地管理者和工作人员等做出了详细的规定，[②] 旨在对虚假外国公司实施与公司成立地法不同的本地法规范。

公司成立地国法律无限制的适用带来了如下不利后果：其一，根深于内部事务主义的意思自治，允许公司的发起人在一个公司法宽松的地域设立公司，规避了公司所从事经营活动地国的法律，尤其是对债权人和股东保护的规范，造成对公司成立地法的滥用；其二，内部事务主义允许公司的发起人依据更为宽松的公司法来设立公司，这导致一个公司与公司成立国除了在该地设立的事实之外再没有任何联系，其主要管理和活动中心在其他地方，产生大量的虚假外国公司。法律的滥用和对虚假外国公司（邮箱公司）的容忍被认为是该理论最大的缺点。为了保证本国区域内经营的公司在财务上的稳定性以及保护股东和债权人等相关方的利益免受欺诈，保持对内部事务主义的例外适用和遵循虚假外国公司理论应是有效的应对之策。本国公司法中需要优先强制保护的利益不因滥用公司成立地法而受损，也不因虚假外国公司的出现而造成本国的公共利益和公共政策得不到维护，基于这样的考虑，在设定内部事务主义例外适用的条件和标准时，在维护本地优先保护利益的前提下，应尽量具体化和客观化，这一方面保持了适用法律的张力，另一方面可以避免具体适用的随意性而导致危及内部事务主义的基础。也正是在此理念的指引下，有的国家采用了实体法来实现，如最具代表性的就是美国的加利福尼亚州和纽约州的超越法规和荷兰的虚假外国公司法案，

---

① 第3条第1款规定，所有文件，包括虚假外国公司是一方当事人或由它发布的打印文件和宣告，除了电传和广告之外，必须清晰地列出公司的全名、法律类型，公司本座和由它所有的企业设立地点，如果它必须按照适用的法律在登记处进行登记，那么登记的内容，登记确认的登记号和首次登记的日期，也必须注明这个公司是虚假外国公司。禁止在任何书面条件、文档或通知中作出相反事实的指示，说明该企业是荷兰法人。第2款规定，如果涉及公司资本，在任何情况下，必须证明发布的数量和已经支付的部分。第3款规定，如果公司在解散后继续存在，那么在其名字之后必须提到“清算”。

② Rammeloo, Stephan: *Corporations in Private International Law: A European Perspective Oxford*; New York: Oxford University Press, 2001. 资本要求规定在该法案第4条中。第4（1）条规定：“虚假外国公司已发行和已偿付的部分至少必须等同于在第178条所指出的最低资本数量。”第2款规定，股东的股票必须至少等同于在第一节第一段中所指出的最低资本。第3款规定，与在第2节第2段所指的通知相同，董事必须在该节所指的商业登记处存放登记会计证书或会计管理顾问的说明（即该公司符合第1、2段的条件）。第4款规定，董事应该共同和分别对公司的任何法律行为负责。额外的会计和审计要求包含在该法案第5条中。第5条第1款规定，除了第2款之外，民法典第10条也适用于虚假外国公司，公司董事应承担这种义务。第2款规定，每年在财政年度结束后的6个月内，除了这个日期可以在特殊情况下授权决定扩展6个月外，董事应该准备年度会计和年度报告。第4款规定，每年4月1日之前，董事会必须呈送有效在商业登记处的登记证明，这样的证明不会在呈送之日前超过四周予以发布。按照第6条的规定，董事会共同和分别对会计和审计中出现的任何误导信息负责。本地管理者和工作人员规定在该法案第7条中，第7条规定，为了适用第2条到第6条，负责公司所有企业的日常管理的人员应该视为公司董事。按照第9条和第10条的规定，不符合该法案也会导致刑法处罚。

也有的国家采用了冲突法的方法来实现，如《美国冲突法第二次重述》恰当地使用了“极少”和“另一州优先的利益”这样的词语来指向成立地法可以例外适用的情况。随之，《美国冲突第二次重述》所使用的“最密切联系”的考查就是在例外情况下对成立地法的干预。[①] 瑞士也制定了相应的单边冲突规范。[②] 总之，这是作为一种公共秩序条款发生作用。

总之，放任内部事务理论的恣意实施直接损害的是外国公司相关方的利益。如果在内部事务理论的规范体系内，相关方利益损害一直得不到有效保护，该理论最终也会被人们所摒弃。因此，只有在内部事务理论的规范体系内对其加以规范限制，才能最终在彰显自由和保护利益之间形成一种平衡，内部事务理论也才能在新的高度上继续存在。唯于此，各国根据各自的具体情况在立法和司法上，要么使用冲突法的方法，要么使用实体法的方法，无不对内部事务理论进行规范上的限制，该种限制是一种双赢的结局。

第四节　公司准据法的中国规定

《涉外民事关系法律适用法》第 14 条规定：“法人及其分支机构的民事权利能力、民事行为能力、组织机构、股东权利义务等事项，适用登记地法律。法人的主营业地与登记地不一致的，可以适用主营业地法律。法人的经常居所地，为其主营业地。”《涉外民事关系法律适用法》的本意应是采用内部事务主义，但是，文本的表达尚未准确地传递出这样的信息。在“法人的主营业地与登记地不一致的，可以适用主营业地法律”的立法构造之下，由于缺乏任何具体指引标准和对“主营业地”的准确界定，新法的规定始终处于内部事务主义与真实本座主义的摇摆不定之间，在适用法“回家化”的倾向下，司法实践中极有可能完全走向真实本座主义，完全失去了内部事务主义例外适用的规范功能。同时，规范范围的高度概括和相关事项的有限列举增

---

① 《美国冲突法第二次重述》第 302 条规定，与公司的权利和义务相关的其他问题：(1) 第 301 条规定以外的涉及公司权利和义务的问题，可适用据第 6 条原则所确定的与事件及当事人有最重要联系的州的本地法。(2) 公司设立地州的本地法，决定此类问题。但是在非常情况下，就该特定问题，另一州与事件及当事人有更重要的联系时除外。在此情况下，依该另一州的本地法。

② 1987 年的瑞士联邦《国际私法》在 154 条明确了公司内部事务主义的适用之后，在其第 159 条明确规定：“如果依外国法设立的公司的活动是在瑞士进行的或从瑞士开始进行的，以该公司名义进行活动的人的责任，适用瑞士法律。”该条规定被视为对公司内部事务主义的一项重要限制，为的是保护公司债权人的利益。但是，该条只是针对“活动的责任”产生对公司内部事务主义的例外适用。

加了识别的难度和适用法律的困难，十分不利于司法实践。[①]

一、公司准据法确定的规范立场

我国公司准据法确定在规范立场方面主要存在如下问题：第一，选取登记地作为适用法的连结点会形成一定的法律漏洞。公司登记有设立登记和营业登记之分，在公司存在跨国经营的情况下，设立登记地与营业登记地就存在不一致的情形，因此，对登记地会产生歧义，对其进行准确限定是必不可少的。《最高人民法院关于适用〈中华人民共和国涉外民事关系法律适用法〉若干问题的解释（一）》第16条对登记地作出限定，"登记地"指法人的设立登记地。依此解释，看似问题已经解决，但是，还是存在一定的缺陷。尽管现代国家立法逐渐趋向于采取强制登记原则，但是公司法人任意登记还是在一些国家客观存在，登记并非每个国家法人成立的要件，对于那些不需登记就可成立的法人，如果在我国法院涉诉，涉及公司法人内部事项等争议时，将会出现法律适用上的漏洞，即没有公司法人适用法的连结点。因此，似乎应该补充规定，如果公司没有或者还不曾在公共登记簿上登记，其应受其设立所依据的法律调整，这样更为合理。

第二，"法人的主营业地与登记地不一致的，可以适用主营业地法律"的规定在一定程度上彻底瓦解和否定了内部事务主义，并最终可能完全倒向真实本座主义的阵营。《涉外民事关系法律适用法》第14条第1款规定："法人及其分支机构的民事权利能力、民事行为能力、组织机构、股东权利义务等事项，适用登记地法律。"旨在采用内部事务主义，这本没有任何理论和逻辑上的问题，但是，当第2款规定"法人的主营业地与登记地不一致的，可以适用主营业地法律"时，在没有任何客观指导标准的情况下，"可以"措辞的使用，无疑以一个主观标准将适用法的决定置于一种游离的状态，规范功能摇摆不定。实质而言，当法人的主营业地与登记地一致时，内部事务主义与真实本座主义之间并没有区别，只有法人的主营业地与登记地不一致时，才出现内部事务主义与真实本座主义之间的差异和分野。当法人的主营业地与登记地不一致时，适用登记地法律，可归入内部事务主义的阵营，适用主营业地法律，可归入真实本座主义的阵营。而《涉外民事关系法律适用法》文本的表达导致在司法适用

---

① 在"宏智实业股份有限公司与陈孟榆、丁修智、武汉友谊特康食品有限公司股权转让纠纷再审民事判决书"［（2014）鄂民监三再字第9号］中，宏智公司是台湾地区注册的企业法人，就其董事长丁修智在涉案股权转让协议上签字行为的法律效力问题，是否应该适用《涉外民事关系法律适用法》第14条历经三审，可见适用之困难。

中完全依赖于主观标准，即法官的逐案判断，在涉外民商事关系的法律适用方面本来就存在“回家化”的倾向，再加上外国查明上的困难，可能出现的结果是，当遇到“法人的主营业地与登记地不一致的”情形时，无一例外地适用主营业地法律，最终彻底倒向真实本座主义的阵营。

上述立法缺陷所暴露的问题也得到了我国司法实践的印证。从“中国裁判文书网”上搜集到21例有关“法人的主营业地与登记地不一致的”有效“样本案件”，①其中有14例表明②，一旦确定“法人的主营业地与登记地不一致的”，法院在裁判思路上是无一例外地适用法人的主营业地法律。例如，在江苏省高级人民法院作出的江苏中金再生资源有限公司与保国武、徐丽雯等侵权责任纠纷二审民事裁定书［(2015)苏商外终字第00029号］中，一审法院认为：中国金属公司虽然注册在开曼群岛，但其主要营业地在香港，故涉及中国金属公司临时清盘人相应民事行为能力等事项的判断，应当适用香港法律。再如，在浙江省高级人民法院作出的绍兴县泰霖纺织品有限

---

① 上海市杨浦区人民法院作出的“马红其与李国柱股东资格确认纠纷一案一审民事判决书”［(2013)杨民二（商）初字第S883号］/上海市第二中级人民法院作出的二审民事判决书［(2014)沪二中民四（商）终字第S1474号］，义乌市人民法院作出的曹仁贵与金晓光、金宏飞等货运代理合同纠纷一审民事判决书［(2013)金义商外初字第7号］，湖北省高级人民法院作出的王秀群、天九公司诉农产品公司、白沙洲公司股权转让合同纠纷案一审民事判决书［(2011)鄂民四初字第00001号］/最高人民法院作出的二审民事判决书［(2014)民四终字第33号］，广西壮族自治区高级人民法院作出的潘秀飞、王丹、汇聚（中港）医学美容技术传播有限公司合伙协议纠纷二审民事判决书［(2013)桂民四终字第6号］，河北省高级人民法院作出的李艺秋困与上诉人李世国、李继红，被上诉人唐邦矿业投资有限公司股权转让合同纠纷二审民事判决书［(2011)冀民三终字第49号］，浙江省高级人民法院作出的绍兴县泰霖纺织品有限公司与DLS有限公司、陈祥达国际货物买卖合同纠纷二审民事判决书［(2015)浙商外终字第50号)］，江苏省高级人民法院作出的江苏中金再生资源有限公司与保国武、徐丽雯等侵权责任纠纷二审民事裁定书［(2015)苏商外终字第00029号］，深圳市福田区人民法院作出的深圳市东方美晨传媒有限公司与大中华网络电视台有限公司，钟艳玲广告合同纠纷一审民事判决书［(2015)深福法民二初字第1186号］，浙江省义乌市人民法院作出的郑甲、郑甲为与被告金甲、金乙、金丙、金丁委托合同纠与金甲、金乙等一审民事判决书［(2013)金辛廿三里民初字第9号］，江苏省高级人民法院作出的李国柱与姜文松、殳伟民等股权转让纠纷二审民事判决书(2014)苏商外终字第0010号/李国柱与姜文松、马红其股权转让纠纷二审民事判决书［(2014)苏商外终字第0011号］/李国柱与姜文松、蔡鸿铭等股权转让纠纷二审民事判决书［(2014)苏商外终字第0012号］，最高人民法院作出的“福建省人民政府驻天津办事处与天津中亚房地产开发有限公司一案审审民事裁定书”［(2013)民申字第1302号］，佛山市南海区人民法院作出的谭仲光与财汇发展有限公司，孙旭光房屋买卖合同纠纷一审民事判决书［(2014)佛南法民三初字第1344号］/庞小山与财汇发展有限公司、孙旭光房屋买卖合同纠纷一审民事判决书［(2015)佛南法民三初字第566号］/庞小山与财汇发展有限公司、孙旭光房屋买卖合同纠纷一审民事判决书［(2015)佛南法民三初字第571号］/邹海新、邹裕聪等与财汇发展有限公司、孙旭光房屋买卖合同纠纷一审民事判决书［(2015)佛南法民三初字第538号］/梁巧儿与财汇发展有限公司、孙旭光房屋买卖合同纠纷一审民事判决书［(2015)佛南法民三初字第702号］，四川省高级人民法院作出的刘祥富与谭正敏、成都泰和电气有限公司、香港泰和电气有限公司、香港泰和有限公司损害公司利益责任纠纷二审民事裁定书［(2013)川民终字第744号］。

② 前引前14例。

公司与DLS有限公司、陈祥达国际货物买卖合同纠纷二审民事判决书［（2015）浙商外终字第50号］中，再一次对适用法人主营业地法律给予肯定式的回答，法院裁判认为，关于本案是否可以适用《公司法》，根据《涉外民事关系法律适用法》第14条，DLS公司虽在中国香港特别行政区注册成立，但涉案14份合同的签订、履行均在中国内地进行，DLS公司、陈祥达在本案诉讼过程中也认为DLS公司主要经营活动在内地进行，一审庭审中三方当事人也均确认本案适用中华人民共和国法律，故内地作为DLS公司的主营业地，一审法院适用中华人民共和国法律并无不当。其余7例只是无法确定“法人的主营业地与登记地不一致”，否则，从裁判意图上看也会适用法人的主营业地法律。[①] 如在最高人民法院作出的福建省人民政府驻天津办事处与天津中亚房地产开发有限公司一案民事裁定书［（2013）民申字第1302号］中，该院审查认为：林枝春提交的证据材料不足以证明开宝公司的主营业地在中国内地，由于开宝公司系在中国香港特别行政区注册成立的公司，故一、二审裁定依据《涉外民事关系法律适用法》第14条第1款的规定确定本案应适用中国香港特别行政区的法律并无不当。

在未根本改变现有立法的前提下，纠正现有立法缺陷和不足的唯一办法就是为“可以适用主营业地法律”设定明确的指向标准，列举适用主营业地法律的主要事项，以此来抵消现有立法规定可能带来的随意性。在维护我国公司法中需要优先强制保护的利益、公共利益和公共政策的原则下，就虚假外国公司滥用法律损害我国的公共利益，严重损害我国公司法中优先强制保护的小股东和债权人等利益相关方的利益，明确适用主营业地法律，其他情况下，无须适用主营业地法律。

二、公司准据法确定的规范范围

我国公司准据法确定在规范范围方面主要存在如下问题：《涉外民事关系法律适用法》的规范事项限于民事权利能力、民事行为能力、组织机构和股东权利义务四项内容。在法律颁布之时，由于没有权威说明这四项内容的内在关联性和分类标准，结果这样的列举采用的完全是客观标准，不合理地限制了公司准据法的适用范围，在一定程度上限缩了内部事务主义的适用范围，同时增加了识别的难度和适用法律的困难。

---

① 前引后7例。在上述6例案件中，没有给出不予认定“主营业地”的理由和标准。四川省高级人民法院作出的刘祥富与谭正敏、成都泰和电气有限公司、香港泰和电气有限公司、香港泰和有限公司损害公司利益责任纠纷二审民事裁定书［（2013）川民终字第744号］中，虽给出了标准和理由，但是不予认定“主营业地”的标准出现了偏离，并且貌似严格，实为宽松。具体分析如下文。

从“中国裁判文书网”上收集到56例有关内部事务主义适用事项的有效“样本案件”，其中，有案例表明有些事项并不在第14条列举事项的范围内，需要确立主观标准来审定有关事项是否属于第14条调整。如在四川省高级人民法院作出的刘祥富与谭正敏、成都泰和电气有限公司、香港泰和电气有限公司、香港泰和有限公司损害公司利益责任纠纷二审民事裁定书［（2013）川民终字第744号］中得到充分的表达。

在刘祥富案中，原告刘祥富以被告谭正敏作为香港泰和公司的董事，违反对公司的忠实义务、侵害公司利益为由提起的诉讼，这里涉及依据什么法律认定香港泰和公司权益受到董事侵害时寻求司法救济的途径，即刘祥富作为该公司股东是否有权代为提起诉讼以及提起诉讼的前提条件是否具备，以及被告谭正敏作为香港泰和公司董事，其是否对该公司负有忠实义务，该义务有何具体内容，谭正敏是否实施了违反这一义务的行为。局限于《涉外民事关系法律适用法》第14条对于上述事项没有明确的规定，一审法院针对法律适用问题以确立主观标准的方式进行分析并论证了适用第14条的理论依据。该法院认为，法人的行为包括内部治理行为和对外交易行为。《最高人民法院关于贯彻执行〈中华人民共和国民法通则〉若干问题的意见（试行）》第184条规定，外国法人以其注册登记地国家的法律为其本国法，法人的民事行为能力依其本国法确定；外国法人在我国领域内进行的民事活动，必须符合我国的法律规定。《涉外民事关系法律适用法》第14条第1款进一步规定，法人及其分支机构的民事权利能力、民事行为能力、组织机构、股东权利义务等事项，适用登记地法律。由此可知，法人内部治理的行为，涉及法人自身的权利能力、行为能力，以及法人内部组织机构和股东权利义务的，都受法人本国法的约束；只有法人对外的民事活动，才会在受其本国法约束外，还要受到行为地国法律的调整。公司高管损害公司利益责任纠纷属于公司内部治理问题，则本案被告谭正敏作为香港泰和公司董事，其是否对该公司负有忠实义务，该义务有何具体内容，谭正敏是否实施了违反这一义务的行为，以及香港泰和公司针对谭正敏的行为如何获得救济等问题，都属于公司内部治理的范畴，因而应受到香港泰和公司登记地法律，即香港《公司条例》的约束。

另有案例表明，对于有些事项是否可纳入第14条列举事项的范围存在争议，在湖北省高级人民法院作出的宏智实业股份有限公司与陈孟榆、丁修智、武汉友谊特康食品有限公司股权转让纠纷再审民事判决书［（2014）鄂民监三再字第9号］中得到了最为集中的体现。该案历经三审，其中一个核心的争议点是，宏智公司（注该公司系在我国台湾地区注册的企业法人）董事长丁修智在涉案股权转让协议上签字行为的法律效力问题是否属于《涉外民事关系法律适用法》第14条适用范围内的事项，一审法院认为，关于丁修智作为宏智公司的董事长权利能力认定的法律适用问题。因宏智公司系在我国台湾地区注册的企业法人，应适用第 14 条第 1 款的规定；二审法院认为，一审判决的上述认定适用法律错误，因为，一审判决在此处是将丁修智的签字效力问题从股权协议效力问题中分割出来，归入丁修智作为宏智公司董事长的权利能力问题中，然后参照《涉外民事关系法律适用法》第 14 条第 1 款的规定单独适用了宏智公司登记地即我国台湾地区的“公司法”，但这种分割适用法律没有依据。宏智公司不服二审判决，向最高人民法院申请再审，再审法院认为，鉴于本案所涉《股权转让协议》的签订在中国大陆地区，应当适用签字行为地法判断丁修智是否能够代表宏智公司签订协议，而不应依据我国台湾地区“公司法”判断丁修智签字的效力。对于公司董事长的代表权问题，如果在第 14 条中作出明确的规定，也会避免三审中作出不同的裁判。

在珠海市中级人民法院作出的凌继跃与陈建民损害公司利益责任纠纷二审民事裁定书［（2016）粤 04 民终字第 1109 号］中，针对股东代位起诉股东损害公司权益的诉讼，究竟是否可归入第 14 条适用的范围，一审、二审法院做出了完全相反的裁判。一审法院认为本案是损害公司利益责任纠纷，涉案 MI 公司是在英属维尔京群岛注册成立的公司。根据《涉外民事关系法律适用法》第 44 条“侵权责任，适用侵权行为地法律”的规定确定适用法律。二审法院裁判认为，本案上诉人凌继跃以 MI 公司股东的名义提出股东代位权诉讼，故本案应当首先解决凌继跃是否具有起诉的资格问题。从凌继跃所提出的主张和诉讼请求来看，本案涉及公司内部治理及股东权利义务，并非民法意义上的侵权纠纷，根据《涉外民事关系法律适用法》第 14 条第 1 款的规定，“法人及其分支机构的民事权利能力、民事行为能力、组织机构、股东权利义务等事项，适用登记地法律”。因此，凌继跃作为股东是否享有代位权以及如何行使代位权均应当适用 MI 公司登记地法律予以确定。故原审法院适用《涉外民事关系法律适用法》第 44 条关于侵权责任适用法律的规定确定本案适用中国法律属适用法律不当，本院予以纠正。同理，原审法院依据《公司法》的相关规定判定上诉人凌继跃不具有本案的诉讼主体资格亦属适用法律不当，应在查明相关境外法律之后再作判断。

此外，在司法实践中出现了大量第 14 条未包括的事项，如涉及外国法人的分立、合并和破产（认定为属于外国法人的民事行为能力范畴）①，外国公司的司法管理人

① 最高人民法院作出的吴忠贤与青岛二和纤维有限公司借款合同纠纷民事裁定书［（2011）民四终字第 14 号］。

和清盘人的民事权利能力及民事行为能力等事项，当事人的诉讼代表权①，确认拥有外国公司的股权②，外国公司董事变更的合法性③，外国公司董事会决议效力④，外国公司人格否认⑤，外国公司解散后的债务处理⑥等。

可以考虑将公司内部治理及组织法的内容作为确立规范范围的主观标准，在现有列举事项基础上进一步扩展和具体化，将其他如法人的性质和成立、高级管理人员的权责以及法人的解散也纳入其中。具体可以包括如下事项：（1）公司的设立及其条件、法律性质、登记程序和设立中公司的法律关系。这尤其适用于最低资本数额、公司股份的认购、实物投资的合法性及其处理以及发起人的责任等。（2）公司股东出资、股东权侵权、公司股权确认、股东责任等。（3）公司的内部事务和管理。该事项原则上都是公司自治的内容，由公司章程来决定，这包括成员资格的取得和丧失，公司机关的产生方式、组成和职权；股东会（股东大会）、董事会决议效力；其成员的任命和免职，执行公司事务的规则，决议程序；公司与其股东或董事、监事与股东之间的关系；筹集资本和维持资本规则，改变章程包括增减注册资本，购买权的排除以及公司的解散、清算和终止等。⑦

三、公司准据法确定的规范例外

对于内部事务主义的例外适用，我国立法采用了冲突法的方法。正如上文分析，《涉外民事关系法律适用法》规定“法人的主营业地与登记地不一致的，可以适用主营业地法律”旨在实现内部事务主义的适用例外，以此维护我国公司法中需要优先强制保护的利益、公共利益和公共政策，但是，文本的表述和传递的内容是否实现了这样的意图，需要考察两个问题：其一，如何确定“法人的主营业地与登记地不一致”，这涉及如何解释和限定“法人的主营业地”；其二，“法人的主营业地与登记地不一致

---

① 最高人民法院作出的大拇指环保科技集团（福建）有限公司与中华环保科技集团有限公司股东出资纠纷二审案［（2014）民四终字第20号］。

② 最高人民法院作出的黄志高与江苏扬子江船厂有限公司、扬子江船业（控股）有限公司等股东资格确认纠纷申请再审民事裁定书［（2015）民申字第3369号］。

③ 最高人民法院作出的山风（巴巴多斯）有限公司［Mountain Breeze］与北京中天宏业房地产咨询有限责任公司股东知情权纠纷申请再审民事裁定书［（2014）民申字第2136号］。

④ 上海市第一中级人民法院作出的佳啤贸易（上海）有限公司与Cova国际企业有限公司股东知情权纠纷一案二审民事判决书［（2014）沪一中民四（商）终字第S2030号］。

⑤ 深圳市中级人民法院作出的王静波与恒益电子有限公司、国迪科技有限公司买卖合同纠纷二审民事判决书［（2015）深中法涉外终字第55号］。

⑥ 义乌市人民法院作出的曹仁贵与金晓光、金宏飞等货运代理合同纠纷一审民事判决书［（2013）金义商外初字第7号］。

⑦ 参见前引练长仁书，第1329—1339页。

的”，司法裁判中最终适用了什么法律。

第一，“法人的主营业地”的解释和限定。《涉外民事关系法律适用法》将法人的主营业地解释为法人的经常居所地，但是，何为法人的经常居所地，找遍我国现有的所有法规，都没有给出一个定义。由于立法上没有对法人的主营业地抑或法人的经常居所地赋以法律定义，也没有规定认定或证明的方法，直接的后果是在司法实践中没有统一的裁判尺度。在司法实践中，各个法院在认定“法人主营业地”方面标准不一，甚至出现了一定的随意性，这在一定程度上扩大了“法人的主营业地与登记地不一致的”范围。

从“中国裁判文书网”上收集到的有关“法人的主营业地与登记地不一致的”21 例有效“样本案件”中就充分地说明了这一点。其中具有代表性的有，在江苏省高级人民法院李国柱与姜文松、马红其股权转让纠纷二审民事判决书［（2014）苏商外终字第 0011 号］中，以公司章程约定成立目的是投资内地的医院，股东陈述公司日常经营管理均在内地，即认定主营业地在内地①；在义乌市人民法院作出的曹仁贵与金晓光、金宏飞等货运代理合同纠纷一审民事判决书［（2013）金义商外初字第 7 号］中，将在义乌以公司的名义对外营业，即认定公司主营业地在义乌②；在最高人民法院作出的王秀群、武汉天九工贸发展有限公司与中国农产品交易有限公司股权转让纠纷二审民事判决书［（2014）民四终字第 33 号］中，以公司在中国香港特别行政区进行商业登记，及认定主营业地位于香港特别行政区③；在浙江省高级人民法院作出的绍兴县泰霖纺织品有限公司与 DLS 有限公司、陈祥达国际货物买卖合同纠纷二审民事判决书［（2015）浙商外终字第 50 号］中，以涉案 14 份合同的签订、履行均在中国内地进行，DLS 公司、陈祥达在本案诉讼过程中也认为 DLS 公司主要经营活动在

① 判决分析认为：一、李国柱就涉案股权享有优先购买权。《涉外民事关系法律适用法》第 14 条规定：“法人及其分支机构的民事权利能力、民事行为能力、组织机构、股东权利义务等事项，适用登记地法律。法人的主营业地与登记地不一致的，可以适用主营业地法律。法人的经常居所地，为其主营业地。”李国柱对新世纪公司股权是否享有优先购买权，属于法人股东的权利义务事项，不属于当事人可以选择法律适用的情形。尽管新世纪公司在中国香港特别行政区登记，但该公司章程约定成立目的是投资宝应县中医院，该公司股东李国柱、马红其、殳伟民、蔡鸿铭亦陈述公司日常经营管理均在内地，主营业地在内地，因此可以适用中国内地法律确认李国柱是否享有优先购买权。

② 义乌市人民法院经审理认为，金鑫公司在依据香港法律成立后即在义乌以金鑫公司的名义对外营业，因此可以确认其主营业地在义乌。故本案对于金鑫公司在解散后其债务处理问题可适用中华人民共和国法律予以裁判。

③ 判决认为，关于农产品公司权利能力和行为能力的法律适用。农产品公司的注册登记地为百慕大，而 1995 年 8 月 3 日根据香港《公司条例》在中国香港进行商业登记，主营业地位于香港特别行政区，参照《涉外民事关系法律适用法》第 14 条之规定，农产品公司的权利能力和行为能力适用香港地区法律。农产品公司已依据香港《公司条例》在香港商业登记署办理了商业登记，依香港《公司条例》，农产品公司具有民事权利能力和民事行为能力。

内地进行，即认定内地作为DLS公司的主营业地①；在深圳市福田区人民法院作出的深圳市东方美晨传媒有限公司与大中华网络电视台有限公司，钟艳玲广告合同纠纷一审民事判决书［（2015）深福法民二初字第1186号］中，以双方合同上载明的被告营业地址位于深圳市，即认定被告的主营业地在中国②；在四川省高级人民法院作出的刘祥富与谭正敏、成都泰和电气有限公司、香港泰和电气有限公司、香港泰和有限公司损害公司利益责任纠纷二审民事裁定书［（2013）川民终字第744号］中，法院否定了当事人关于公司主营业地在成都的主张，以在内地从事生产经营活动进行登记作为认定公司主营业地的标准，看似严格，实为宽松，因为登记本为备案，至于登记后是否实际经营则并不关注③。

① 浙江省高级人民法院分析认为，关于本案是否可以适用《公司法》，根据《涉外民事关系法律适用法》第14条："法人及其分支机构的民事权利能力、民事行为能力、组织机构、股东权利义务等事项，适用登记地法律。法人的主营业地与登记地不一致的，可以适用主营业地法律……"DLS公司虽在中国香港特别行政区注册成立，但涉案14份合同的签订、履行均在中国内地进行，DLS公司、陈祥达在本案诉讼过程中也认为DLS公司主要经营活动在内地进行，一审庭审中三方当事人也均确认本案适用中华人民共和国法律，故内地作为DLS公司的主营业地，一审法院适用中华人民共和国法律并无不当。

② 深圳市福田区人民法院裁判认为，被告大中华公司的注册登记地在中国香港特别行政区，而双方合同上载明的被告营业地址位于深圳市，根据《涉外民事关系法律适用法》第14条的规定，法人及其分支机构的民事权利能力、民事行为能力、组织机构、股东权利义务等事项，适用登记地法律，法人的主营业地与登记地不一致的，可以适用主营业地法律。根据《公司法》第63条的规定，被告钟艳玲为被告大中华公司的法定代表人及唯一股东，款项亦是从被告钟艳玲的个人账户支付给原告的，被告钟艳玲未能提供证据证明其个人财产独立于公司的财产，故应当对被告大中华公司的上述债务承担连带清偿责任，原告的此项主张于法有据，本院予以支持。

③ 法院对于"法人主营业地"的认定做出了如下分析：关于在本案中能否确定香港泰和公司的主营业地位于大陆地区成都市的问题。刘祥富认为，香港泰和公司与印度项目方签订的供货合同内容、香港泰和公司在招商银行开设账户的申请表以及案外人东方电机厂报价单等证据显示，香港泰和公司的交易行为所在地、对外联系地址、银行账户等均位于四川成都，案外人东方电机厂也认为香港泰和公司的营业地在成都，因此，成都为香港泰和公司的主营业地。对此，本院认为，刘祥富提交的前述证据，能够反映香港泰和公司与印度项目方的合同签订地以及香港泰和公司在合同中预留的联系地址位于成都，香港泰和公司向第三人东方电机厂提供的联系电话亦属于成都地区，但上述内容仅能反映香港泰和公司订立的该合同与成都具有一定程度的联系，不足以证明其主要经营活动在成都地区开展，进而以此判定成都为其经常居所地。香港泰和公司在成都开设银行账户，亦不足以证明成都为其主要经营场所所在地。刘祥富主张成都为香港泰和公司唯一对外联系地点以及交易对象均认为该公司营业地在成都，未提供相应事实依据。此外，港、澳、台企业在大陆地区开展经营活动，我国有关法律、行政法规、规章有相应的管理规定。中华人民共和国国家工商局令第10号《关于外国（地区）企业在中国境内从事生产经营活动登记管理办法》第2条、第18条规定，港、澳、台企业在中国境内从事生产经营活动，应经登记主管机关核准登记注册，领取《营业执照》后，方可开展生产经营活动；未经审批机关批准和登记主管机关核准登记注册，不得在中国境内从事生产经营活动。本案中，刘祥富未举证证明香港泰和公司已取得有关部门批准同意能够在大陆地区开展经营活动，成都作为香港泰和公司的主营业地具有合法依据。因此，刘祥富认为成都为香港泰和公司主营业地，其事实和法律依据不足，其因此认为应适用大陆地区公司法确定权利义务的上诉主张，不能成立。至于我国其他法律中对于法人经常居住地和主营业地两个概念是否作出区分，不影响法律适用法在规范涉外民事关系法律适用中对此作出相应规定，刘祥富据此认为一审裁定对于法律适用法相关规定的理解有误的理由不能成立。

正因为我国目前法律上，包括相应的司法解释均未对法人主要营业地的认定标准作出明确的规定，司法实践中才出现了上述乱象。在司法解释中对“主要营业地”进行法律定义或者给出规定审查认定的方法或者证明的方法是解决司法乱象的唯一办法，也是为正确处理内部事务主义的例外适用提供前提条件。法人的主营业地是法人主要开展经营业务的地方，反映出法人在该地方营业的长期性、稳定性。通常有三种方法可用来考察和确定法人的主营业地：其一，“神经中枢”的方法，法人“神经中枢”所在地就是法人的主要营业地，具体是指法人的高级管理人员指导、控制和协调法人业务活动的地方，实际上通常是公司总部所在的地方，而该总部是法人的高级管理人员指导，控制和协调的实际中心，即法人“神经中枢”的地方。“神经中枢”不仅是指公司召开董事会会议的地方（如法人的董事，高级人员偶尔出席会议的地方）；其二，“业务活动”的方法，主要考察法人收入来源的地方；其三，折中的方法，综合上述两种方法来决定法人的主营业地。[①] 应由提出主张某地为法人“主营业地”的当事人承担证明责任。上述折中方法可以作为我国未来司法解释中确定法人“主营业地”的审查认定的标准和方法。

第二，“法人的主营业地与登记地不一致的”法律适用。正如上所析，当通过对“法人主营业地”的认定，在发生“法人的主营业地与登记地不一致的”情形时，依据立法本意不是必然适用“法人的主营业地法律”，也就是说，“主营业地法律的适用”要严格限制，仅是作为内部事务主义的例外适用，并受制于维护我国公司法中需要优先强制保护的利益、公共利益和公共政策，但是，由于立法没有进一步适用法律的明确指引和标准，法院在适用习惯和便利性的驱使下将立法初衷的不必然适用法人的主营业地法律直接转变成为必然适用法人的主营业地法律。这样的司法实践的后果很显然反映出学者和立法者缺乏足够的预判，这实质上彻底否定了内部事务主义，根本未达到例外适用的目的，发生了规范目的与效果之间的严重失衡。

在未根本改变现有立法的前提下，纠正现有立法缺陷和不足的唯一办法就是为“可以适用主营业地法律”设定明确的指向标准，列举适用主营业地法律的主要事项，以此来抵消现有立法规定可能带来的随意性。在维护我国公司法中需要优先强制保护的利益、公共利益和公共政策的原则下，就虚假外国公司滥用法律损害我国的公共利益，严重损害我国公司法中优先强制保护的小股东和债权人等利益相关方的利益，明确适用主营业地法律，其他情况下，无须适用主营业地法律。

---

① http：//www. robinskaplan. com/resources/articles/u – s – supreme – court – defines – principal – place – of – business – for – diversity – jurisdiction，最后访问日期 2017 年 5 月 29 日。

第五章　外国公司的认许制度

何为外国公司的认许在理解上是存在争议的，有人认为外国公司的认许就是确认外国公司的法律人格，就是承认外国公司在内国具有权利能力；有人主张外国公司的认许是准许外国公司在内国从事营业活动，是涉及外国公司“准入”的问题。这样的争议需要澄清，在此基础上，认许的条件、认许的效力、认许的撤回或撤销等问题也是外国公司认许所涉及的所有内容，以下我们详细予以分析。

第一节　外国公司认许的含义和内容

一、外国公司认许的含义

国际的商业交往，大多数是由法人所承担的。外国法人与内国法人之间利用通信方式做成商业贸易已经屡见不鲜，但是从事这种偶然性贸易活动的法人，实践中，很少先经复杂的认许程序，经内国认许后再定契约。未经内国认许成立的法人，严格来说，本无法人人格，因此，严格依据法律来说，这种贸易活动的法律保护是相当脆弱的。但是，从事国际贸易的法人如必须先申请认许后再进行商业交往，对国际贸易的发展会造成很大的不便，甚至是损失。因此，在现在国际社会上，对于一时性的贸易活动，一般都默示承认外国法人的主体地位，承认其具有法律人格，但是，如果外国法人要到内国展开经常性的商业活动，这就需要严格的认许程序。这样看来，其实“认许”可以分解为两个方面的内容，第一个层次就是对外国法人法律人格的确认，也可以称之为承认（recognition），适用于“一时性”贸易中，而且在实践中往往把决定法人的权利能力和对法人的承认当作一个问题来处理。第二个层次就是准许（qualification or admission），即准许外国公司在内国展开经常性的商业活动，这需要严格的认许条件和程序。

这样看来，所谓的外国法人的认许，第一个层次是指内国的主权机关对于成立于外国的法人，确认其于内国也有一般人格权的行为。一般国际私法上“承认”的意义，是指“内国同意外国法律制度对于特定事实状态的法律效果可以延伸到内国制度之内”。在全球化、国际化的趋势下，“法律无域外效力”已经不被人们所认可。所以承认可解释为内国对外国公司人格存在的“认知”，而不是“认可”。对于外国公司在外国依该国法律规定设立而具有一定法律上人格或其他地位后，内国就没有必要对此予以否认，也不应凭借任何法律手段抹灭这一外国法人存在的事实。因此，认许是针对已设立完成而仍存在的外国法人。如果在内国再设立同一名称的法人，其与该外国法人仍不具有同一性，与认许并无关联。第二个层次，这里的认许理应是营业的许可（admission），而不是外国法人承认（recognition）的制度，不应将二者混为一谈。我们认为，权利能力应属“承认”的问题，而所谓“认许”，应该在概括许可外国法人在内国经营业务，这就是英美有所谓“民事上的能力”与“机能上的能力”之分，后者属于外国法人“认许”的范围。

在全球化、国际化的趋势下，对于外国公司在其内国依该国法律设立而具有一定法律人格或其他地位后，内国对此一既存事实并无否认余地。外国公司的权利能力与享有何种权利能力是属于两回事。此外，一般认为，未经认许其成立的外国法人，以其名义与他人进行法律行为的，其行为人就该法律行为应与该外国法人负连带责任。然而，此规范不切实际，因该外国法人仅有民事诉讼上的当事人能力，得以被诉，但却不是权利义务主体，根本无法对之求偿。再者，现今国际上各种通信方式，如网络、电话、传真等，进行国际交易已经成为普遍现象，如不许其享有进行此种交易所取得的权利，并得就该权利在内国提起诉讼，甚至取得诉讼结果，那会阻碍国际贸易活动的展开。

因外国法人在内国经营业务，往往引进资金及技术，因而构成内国法人的竞争，内国基于财政、经济或其他目的考虑，会有条件地允许外国法人进入内国经营业务，并对于在内国经营业务的外国法人施以适当的管理，这就是所谓外国法人的“认许”（“admission”；“qualification”）。一般而言，内国允许符合内国法律规定条件的外国法人进入内国经营业务，与承认均同为国家主权作用。经营业务的定义，系指从事经常性及持续性之业务活动，虽然在概念上不易区别，但在很多状况下可能必须依赖实务进行解释。采取这样的制度，逻辑上外国法人须先经内国承认方能认许。此外，关于未经认许的外国法人从事营业行为的处罚，由于外国法人的认许，本质上为内国的行政管理与监督，应尽量避免干预当事人间的权利义务关系，以避免法律的制裁造成当事人间权利义务重大变动，极可能造成其中一方不当得利的后果。

二、外国公司认许的学说和理论基础

外国公司的认许（recognition），是承认依据外国法已成立的外国公司，在内国法律上也认为其为权利主体。

外国公司之所以须经认许，才能在内国享有人格，实际上来源于英美法系。这是因为英美判例及学者对公司的社团法人性质，向来主张拟制说（fiction theory），认为公司只能在其设立准据法国“存在”，在其他国家，不能有其“存在”。根据拟制说及法律无域外效力的理论，就主张在一国设立的公司，除非他国认许其存在，否则不能在他国存在。同时，法人拟制论也认为法人是凭借国家的公权力而存在，因此，只能在该国的领域内从事法律行为，一旦其超越边界，法人的人格就无所依附，所以在内国并无所谓的外国法人的存在，也不存在认许外国法人。只有对法人的本质采取实在说的大陆法系国家的学者，认为公司是实际上的存在，与自然人无区别，自然人因出生而享有权利能力，具有为权利主体的资格，其为权利主体不受国家领域的限制。唯有在法人实在说的理论下，法人认许的行为才具有意义。不过持自由论者认为法人一旦成立，其人格就已经确定存在，纵然法人在外国从事法律行为，也不改变其地位，以此推论，各国对于外国法人都有予以承认的义务。这样的结果是，经济强国的法人通行于各国，弱国的法人就没有成立的必要，成立后也难有进行经济活动的机会。所以各国虽然一方面多依法人实在说，认为外国法人在内国是事实上存在的社会实体；另一方面仍以政府的认许行为决定其权利能力是否具备。一国国民在其本国因出生而享有权利能力，在他国也当然享有权利能力，这是法国大革命以来，文明国家所承认的法律原则。也就是说，如果公司依据其设立准据法国家的法律成立，在其他国家，也应与其在设立准据法国一样，享有社团法人的权利能力及行为能力，而其享有社团法人的权利能力及行为能力，就是因为它实际上的存在，并不必须经过认许，其他国家也不能依据认许而差别对待其权利能力及行为能力。只是，大陆法系学者就抨击拟制说忽略了法人在社会生活上有其独立、实际存在的事实。我们认为，外国公司既在设立准据法国以外的国家当然存在，那么，外国公司的认许就是没有必要的，这确实是矛盾的。但是，时至今日，由于外国公司的认许问题与一国的经济及政治的考虑关系密切，因此，外国公司的认许已经很普遍，并为外国公司法制中非常重要的一部分。有的国家法律对法人的本质虽然也采取实在说，但是对外国公司依旧采取认许制度，其目的也是在于保护本国的权益以及便于对外国人投资的管制。

法人是法律制度的产物，与自然人不同。自然人，世界各国法律无一例外地承认其人格，享有权利能力，而不论其为内国人还是外国人。法人则不同，法人是一国法律制度的产物，而在主张法律原则上无域外效力的情况下，主张依据外国法律所成立的法人是否能与依内国法律产生的法人相提并论，具有法人人格，享有权利能力，这是存在理论上的缺陷的。因此，学说上有主张法人只能重新创设，不能由内国法律加以承认其既存人格。这种学说过分强调法律无域外效力的理论，而忽视了国际交往的便利，其有害于内国的利益。而与此学说相对应的是自由说，自由说认为法人既已由外国法律赋予人格，内国当然应予认许。自由说忽视了法律并不是当然的具有域外效力，藐视各国对法人管制的主权，在理论上也不是无懈可击。各国可以自由地订立对自己有利的标准，而对由外国法律所创设的法人，经由认许程序而承认其存在。

归纳而言，关于外国法人承认之学说，有所谓“限制说”（restrictive theory）与“自由说”（liberal theory）之区别。限制说认为法人人格是由其所属国家的法律所拟制，且法律无域外效力，法人于该国法域之外无法律人格，故内国只能重新创设，而不能承认或认许。自由说认为法人如自然人一样有独立法律人格，即由外国法律赋予其人格，内国当然应予以承认，而肯定承认的说法。如上所述，外国法人即依据外国法设立，已成为一法律上具有人格的实体，在无碍内国利益的范围内，原则上宜先承认其具有法人人格，而该法人人格是内国对外国法人存在的“认知”，不必再由内国加以创设或赋予效力，所以自由说可以采取。

外国公司的认许，对于外国公司在内国的存在有何效力？依拟制说，认为外国公司经认许，即在内国再设立（reincorporation）。既为设立，而内国公司也在内国设立，则经认许的外国公司与内国公司没有区别，亦即认许的效力具有创设的效力，故称为创设说。既然我们有内国公司与外国公司的称谓，两者之间，本来就有区别，所以创设说不足以采取。反之，采取实在说的学者则认为认许并非公司的设立，外国公司并不因认许而成为内国公司，所以不能认为认许为公司的再设立。外国公司的国籍也不因认许而变更，而取得内国国籍。外国公司依设立准据法而成立，其存在即由设立准据法国家创设，其经内国认许，则承认其在内国也是有效存在的。认许只是确认外国公司已经存在而已，这就是宣言说或宣告说。这样的学术观点得到了人们的支持。

外国的自然人，在其本国具有人格，那么，在任何国家都具有人格，外国法人也是同样的。但是，法人在其本国以外的第三国并非当然可以展开营业活动，并享有权利，负担义务，而应经内国法律承认，始得在内国为有效的活动。此种承认，称之为外国法人的“认许”。外国法人的认许，性质上并非依据内国法律创设新法人，而仅确认外国法人的人格，使其在内国得为有效的活动，享受权利，承担义务。所以，外国法人的认许是属于“宣告的承认”，并非“创设的承认”。因此，外国法人的认许，仅是承认外国法人的人格，如外国法人未经认许，也不能否认其事实上的存在。但是，一国是否有认许外国公司的义务？对于这样的问题，大多数国家倾向于“属地主义（territorialism）”，即除条约另有规定外，当地国对是否认许外国公司，仍有决定的自由权。

三、外国公司认许的辨析

从以上的论述中，我们可以看出外国公司的认许主要体现为如下一些内容：

（一）各国都有对外国公司认许的自由权

对外国公司是否认许是一国主权范围内的事项，一国可以自由地决定，对外国公司是否认许、认许的方式、认许的撤销等，它没有国际法上的义务，必须对外国公司进行认许，但是，正是在这样的状况下，各国对外国公司都采取了认许制度，说到底，是出于对本国经济的考虑。一方面，经济学告诉我们，各国只有采取自由的经济政策，才能在全球化的经济发展中谋求到本国经济的发展，因此，开放本国市场是必须的，这样就意味着，外国公司随着生产要素的国际大流动，应该可以获准进入本国，从纯粹经济学的考虑来看，应该是外国公司的自由流动；另一方面，在采取经济自由和贸易自由化的同时，各国也必须守护着自由经济所带来的对本国经济的一些负面冲击，这样就必须对要素的流动进行法律上的规制，来抵消负面影响，外国公司的认许制度就是在这样的前提下产生的。这种结果是外国公司认许的方式是多样化的，概括起来有：特别承认主义、相互承认主义、一般承认主义及分别承认主义。所谓特别承认主义，是认为外国法人想在内国取得人格，必须经内国政府特别承认其法人格；相互承认主义，是基于互惠原则，以该外国也承认本国法人人格为条件，才承认该外国法人的法人格；一般承认主义则对同种类的法人，不论国籍均一概予以承认；而分别承认主义，指内国对外国法人，视其种类而分别采用特别承认、相互承认或一般承认主义。

（二）外国公司的认许仅是承认外国公司在内国的法律人格并准许在内国从事营业活动

需要澄清的是，外国公司的认许并不是使外国公司具有内国公司的法律人格，更不是将外国公司法人转化为内国法人，而是承认外国公司在内国享有法律人格，并可以此为基础从事民商事法律活动。所以，对外国公司的认许，必须考察该外国公司在这个属国法律上是否具有公司法律人格；只有依所属国法律已具有公司法人资格，才可能得到认许。这里就需要请求外国公司认许的申请人提供有关的书面文件，然后由主管机关进行审核，确定是否对外国公司认许。认许后的外国公司就可以在内国具有权利能力，并在核准的范围内展开营业活动。但是，这里需要强调的是，外国公司的权利能力判断的依据依然是其所属国。

但是，对于外国公司的认许与经营能力的关系存在两种分歧的主张，一种是以日本和我国台湾地区立法为代表，主张对外国公司的认许只是公司法律人格的认可，并不意味着外国公司在内国从事营业活动，如日本《商法典》规定，外国公司欲在日本继续进行交易时，须在日本确定其代表人、设定其住所或其他场所为营业所，并须将营业所进行登记和公告。刘甲一教授认为中国台湾地区“公司法”对外国公司认许蕴含了营业能力，但此项能力只属行为民事能力（civil capability），并非实际上可以从事营业行为的“机能能力”（functional capability），认许并无确认其有“机能能力”的作用。另一种是以法国为代表的主张，认为对外国公司的认许将使外国公司享有与法国公司同等的待遇，除非有相反的法律文件。现在比较科学的观点应该是，更加强调认许的“经营”特性。

（三）外国公司认许的实质是出于经济利益的考虑

公司本身的创设性决定了公司的法律人格和行为活动的有效性只限于创设地国内，如 Bank of Augusta v. Earle（欧克斯大银行案）中美国联邦法院的观点便是这样：“公司不能超出于创造该公司国家领域之外而有其法律上之存在。公司只是因法律之造作（in the contemplation of law），并凭依法律，乃能存在。于该法律停止其作用而已无法律效力之处，公司则已无其存在。公司务必于其被创造之地继续存在，不能转移于他国。”但是，科学技术的发展，经济发展的全球依赖性和经济的自由化，促使各国为了发展经济，必须开放市场，参与到全球化的经济发展中，而认许外国公司就是在这样的背景下出于对经济利益的考虑所作出的法律上的调整，因此，对外国公司的认许不是一种当然，而是一种权衡。各国根据本国实际情况所采取的认许制度也各不相同，但为了促进全球的经济与贸易发展，在协调各国认许制度的矛盾中，1956 年《海牙认许协定》采用了一般认许（承认）主义，其对于外国法人在内国进行民商事活动时的认许标准较其他特殊认许制度是最低的，这既满足了该协定缔结时所需考虑的达成为谈判方均能接受的需求，也促进了国际民商事活动的交流。然而，认许后的外国公司也不是与国内公司就完全相同，它是存在差别待遇的，认许后的外国公司在经营等方面都会受到一些限制。

第二节　外国公司认许的条件和方式

对于外国公司认许的条件一般认为有程序方面的条件和实体方面的条件，以下我们具体论述。

一、外国公司认许的程序要件

一般性认许通常并无特别的认许程序，因为这样的方式只需被认许公司证明自己依属国法律已经有效成立就可以了。特别认许制度往往在内国法中有关于外国公司认许程序的详细规定。一般认为，外国公司欲在内国营业，应向主管机关申请。因此，外国公司申请认许的，应向主管机关申请认许；外国公司应在内国领域内指定其诉讼及非诉讼的代理人，并将其作为在那国领域内的公司负责人。申请认许就由代表公司的负责人申请。外国公司的业务，依据法律或基于法律授权所定的命令，须经内国许可的，需要领得许可文件后，才能申请认许。外国公司应专拨其在内国领域内营业所用的资金，并应受主管机关对其所营事业最低资本额规定的限制。进一步归纳在采取特殊认许制度的国家内所采取的程序主要包括：

（一）申请认许的人员。外国公司申请认许，应由该外国公司的董事或执行业务股东，或其在内国的代表人或经理人或各该人员的代理人进行。申请人须附送证明其国籍的证件及本公司的授权证书或委托证书。

（二）申请人应当提供相关材料。根据各国法律的规定，归纳起来主要包括如下材料：公司的名称、种类及其国籍；公司所经营的事业及在内国所经营的事业；资本总额；在内国营业所用资金的金额；本公司所在地及在内国设立分公司所在地；在本国设立登记及开始营业的年、月、日；董事及公司其他负责人的姓名、国籍、住所；在内国指定的诉讼及诉讼代理人姓名、国籍、住所及其所认股份及已缴的股款；无限公司、两合公司或其他公司之全体无限责任股东的姓名、国籍、住所、所认股份及已缴股款；公司章程及其在本国登记证件的副本或影印本，无章程或登记证件时，其本国主管机关证明其为公司的文件；在其本国依许可尚成立者，其本国主管机关许可文件的副本或影印本；依内国法规其营业须经许可的，其许可证件的副本或影印本；在内国营业的业务计划书；股东会或董事会，对于请求认许的议事笔录。

（三）向主管机关提出申请，主管机关依法定时限作出认许与否的决定。

二、外国公司认许的实质要件

外国公司的认许，是承认依外国法已成立的外国公司，在内国法律上也为权利主体，外国公司欲在内国营业或设立分公司的，应经认许。外国公司认许的实质要件又包括了积极要件和消极要件。

（一）积极要件

1. 外国公司须在其本国设立登记

外国公司向内国申请认许，一般都以先在其本国依其本国法律设立登记为要件，这是原则性的规定。但是，如果外国公司不是依据其本国法律设立登记而成立，而是经其本国法律的特许或其本国政府的核准而设立，就不需要设立登记的程序。在这种情况下，该外国公司只需在其本国有成立的事实即可，在申请认许时提出法人资格证明文件就可以了。

2. 外国公司须在其本国业已营业

外国公司除须在其本国设立登记外，还须在其本国已经营业，才可以向内国申请认许。这样的条件，是为了防止“为了逃避其本国法律，或利用第三国法律取得法人地位，向内国请求认许，企图享受第三国人民的权利”的弊端。同时，也可以防止外国的经济侵略。

（二）消极要件

一般认为，外国公司有下列行为的，一律不予认许：

1. 其目的或业务违反内国法律、公共秩序或善良风俗

外国公司的目的或业务违反内国法律、公共秩序或善良风俗的，一般不予认许。至于该外国公司的目的或业务在其本国是否违反其本国法律、公共秩序或善良风俗，则非所问。例如，有些国家容许武器自由买卖，则在该国成立的公司，若以贩卖武器为其所经营的事业，在该国应属合法。但是如果向内国申请认许，内国如果禁止武器的贩卖，则不予认许。

2. 公司的认许事项或文件有虚假伪造的

也就是说，外国公司申请认许的事项以及应具备的文件，如果有虚假和伪造的，由于其存在欺诈，有意蒙骗，将来恐怕也难以正常营业，所以不予认许。

三、对外国公司认许的方式

关于外国法人认许的方式，一般学者均将之归类为：特别承认主义、相互承认主义、一般承认主义及分别承认主义。所谓特别承认主义，是认为外国法人想在内国取得人格，必须经内国政府特别承认其法人人格；相互承认主义，是基于互惠原则，以该外国也承认本国法人人格为条件，才承认该外国法人的法人人格；一般承认主义则对同种类的法人，不论国籍均一概予以承认；而分别承认主义，指内国对外国法人，视其种类而分别采用特别承认、相互承认或一般承认主义。现在，社会极力倡导经济自由和贸易自由化，世界各国的依赖程度越来越高，在这样的历史背景下，采取一般认许制度似乎是大势所趋。在实践中，具体进行划分，外国法人认可的方式分为两种：

1. 国际立法认可，即相互认许程序，又称为条约认许程序，是指有关国家根据其缔结的双边或多边条约，分别在各自领域内认许对方国家法人的民商事主体资格，无须再经过特别认许手续。例如，法国曾于1957年制定一项法律，规定凡经比利时政

府许可而成立的法人，均可在法国行使权利。1956 年 6 月 1 日订于海牙的《关于承认外国公司、社团和财团法律人格的公约》和 1968 年 2 月 29 日订于布鲁塞尔的《关于相互承认公司和法人团体的公约》即属采取这种方式。

2. 国内立法认可，即一国通过国内立法确定一些具体的方式认可外国法人。国内立法认可又有如下 3 种方式：

（1）一般认可，亦称自由认许程序，即内国对于外国法人，不问其属于何国，一般都加以认可，无须特别认许或互惠条件，只需根据内国相关法律的规定办理必要的注册登记手续，即可获得认许。在实践中，由于一般认许程序要求相对宽松，有利于促进国际民商事的交流和繁荣，德国、比利时、瑞士、英美等国家以及某些国际条约均采取此种认许方式。如 1956 年订于海牙的《关于承认外国公司、社团和财团法律人格的公约》第 1 条规定："凡在任何缔约国根据该国法律规定进行登记注册，具有符合法定所在地的公司、社团及财团的标准从而在该国获得的法律人格，其他任何缔约国得予承认。"然而，发展中国家反对单独采此种原则而对其加以一定限制。例如，依我国台湾地区"公司法"第 371 条、第 373 条规定可知，外国公司只要已于本国设立登记营业，则除目的或业务，违反法律或公共秩序或善良风俗；或公司的认许事项或文件有虚伪陈述者外，都应给予认许。

（2）分别认可，主张对于外国法人依其种类不同，应该采取不同的认许方式，分别适用特别认许程序、相互认许程序或一般认许程序。实行此种认许方式的国家，一般对于外国公法人和外国私法人中的营利性法人，皆认为具有法人人格。而对于私法中的非营利法人，则需要得到特别认许。日本和德国采用的即此种标准，其国内的外国商业法人采用一般认许程序，对外国非商业性法人则采用特别认许程序，需以行政行为加以特别承认。

（3）特别认可，即内国对外国法人通过特别登记或批准程序加以认可。如日本《民法典》第 49 条规定，外国法人在日本设置事务所必须登记，在登记前他人可以否认该外国法人的存在。

外国法人一经内国认可，即表明该外国法人所具有的权利能力和行为能力在该内国得到确认，有资格并可以有效地在该内国从事民商事活动。至于外国法人在内国可以在多大的范围内从事民商事活动，或者说外国法人在内国可以从事哪些民商事活动，不能从事哪些民商事活动，应受制于内国法的规定。如依据我国《经济特区外资银行、中外合资银行管理条例》（已失效）第 6 条的规定，中国人民银行作为主管机关，有权根据外资银行和中外合资银行的申请，就该条所列的几项业务项目中，批准其经营部分或全部业务项目。一经中国人民银行批准，外资银行、中外合资银行，就必须在核准并经登记的经营范围内从事经营活动，只有这样，其行为才会得到我国法律的确认和保护。否则，该外国法人的行为归于无效，并应为此承担相应的民事责任。

事实上，各国往往不是采取单一的认许方式，许多国家根据缔结或参加的国际条约对缔约国的法人认许的同时，也相应制定国内法律法规。依外国法人种类不同采取不同的认许程序，或者因外国法人在内国从事活动类型的不同而采取相异的认许标准。例如，发达国家通常较为注重和扩大自己同其他国家之间的交往与合作，对外国法人采取较为宽松的认许方式；而发展中国家则更注重保护本国企业的利益以及国内经济秩序，采取较为严格的认许制度。

第三节　外国公司认许的效力

一般认为，外国公司经认许后，首先即取得法律人格，得在内国以自己的名义享受权利负担义务。而其法律上权利义务与内国同种类的公司相同；如果经认许的外国公司种类是内国没有的，只能类推适用种类相近的内国公司的规定。并且于设立分公司及办理分公司登记后，得在内国进行营业行为。另外，外国公司经认许后，要接受主管机关的管辖。但是，对于外国公司认许的效力还是存在争议的，外国公司认许究竟会产生什么样的效力呢？以下我们详细论述。

一、外国公司认许的效力之争

（一）外国公司认许效力的理论之争

关于外国公司认许的效力在理论上学者就存在不同的主张，一种主张认为，承认外国的公司，并不使它转变为本国的公司。承认的意义只是承认该公司在国内享有人格。也就是对外国公司的认许并不导致外国公司的重新创建，或者认许外国公司的法律人格并未使外国公司成为内国公司。沃尔夫持此种观点。这也是大多数国家所持有的观点。另一种主张认为，外国公司的认许导致外国公司的重新形成。例如，比利时检察长 Leclerge 曾于 19 世纪末对“认许”的效力作如下阐释：“在他国设立的法人为纯粹法人，为外国法律之创造物，在比利时无其存在。经比利时主管机关之行为，依与比利时法人相同条件成立，并经申请由比利时国王发给特许状，始取得比利时法人相同之权利。”依据这种主张，如果对外国公司的认许要求达到内国公司法对内国公司的条件，再经过特许的程序，这纯粹是形成了一个新的内国公司，而此时的公司已与依外国法设立的外国公司有了本质上的区别。这与其说是外国公司的认许，倒不如说是把外国公司转化成为内国公司，因为经过这样的程序，体现“外国”的要素已经消减到了最低点，除了出资人是外国人。

以上两种主张或是理论上的争议，无非是对外国公司的认许是承认该公司在承认国内享有人格还是重新创建一个内国公司，说到底还是“创设说”与“宣告说”之争。现在越来越多的倾向是主张对外国公司的认许是承认该公司在承认国内享有人格，并准许其在内国从事经营活动。

（二）外国公司认许效力的实践之争

外国公司认许的法律效力在各国的法律实践中也是有不同的看法。英美法系国家认为，依外国法适当成立的公司被英格兰承认，相应地，外国公司可在法院以公司的名义起诉、应诉。可见，英国法中诉讼上的权利能力是对外国公司认许的重要效果。英格兰法还认为，外国公司进行法律行为的能力受公司章程及有关行为地国的法律支配。因此，英格兰法对外国公司的能力有特别限制者不能赋予外国公司，如尽管外国公司章程规定有权取得并拥有土地，但在过去，外国公司不得违反《永久营业法》（已废止）而在英格兰拥有土地。反过来，如果行为地法允许公司享有的权利而为公司的章程所禁止，公司同样不能拥有这种权利。大陆法系国家通常赋予被认许的外国公司与内国公司以同等待遇，但是也受双重标准的限制，且内国法大多有对外国公司特别限制之规定。

二、外国公司认许的效力

现在一般认为，一国对外国公司的认许通常并不要求外国公司满足内国公司法人设立的条件，而是要求外国公司依其所属国法已成立和登记即可。这样认许并不会导致外国公司成立时所依据的法律发生转换，因为外国公司的法人资格仍是立足原来的相关外国法；同时，认许也不必然导致外国公司住所的改变，尽管在实践中可能发生外国公司经认许后，其管理中心或业务活动中心可能转移至内国，但并非一定会发生此种情形，何况对外国公司的认许更无外国公司需将住所迁移至内国之要求。基于此，无论是依住所地或是成立时所依据的法律为判定公司国籍的标准，认许均未必一定导致外国公司的重新形成。最为重要的是，从对外国公司认许制的本来意图看，也不是为了将外国公司转换为内国公司，而是为外国公司在内国从事民商事活动提供法律上的资格。事实上，实践中还有对外国公司的特殊类型——内国法中并无此类规制，如一些国家和地区的立法中有无限公司和两合公司之制，而另一些国家和地区则无此制，那么后者对前者的公司之认许便可能发生外国公司法中无限公司或两合公司的情形。倘若认许的效力是新创公司，势必导致与内国公司法相抵触。归纳来看，对外国公司认许主要体现如下的一些效力：

（一）外国公司经认许后，其法律上权利义务原则上与内国公司相同

外国公司经认许后，其法律上权利义务，除法律另有规定外，与内国公司相同。所谓与内国公司相同，是指与同种类的内国公司具有相同的权利义务。如果经认许的外国公司种类是内国所没有的，如股份两合公司，只有类推适用种类相近的内国公司的规定。

外国公司经认许后，其法律上权利义务，原则上即与内国公司相同。因此，内国法律对公司的限制都适用于外国公司。外国公司经内国认许后，是否即如内国公司取得法人资格？按外国公司的认许并无创设的效力，因此，外国公司如依其设立准据法不具有法人资格者，纵经内国认许，仍不具有法人资格。

（二）外国公司得办理分公司登记，而在内国领域内营业

外国公司非经认许，并办理分公司登记的，不得在内国领域内营业。换句话说，外国公司须经内国认许，并办理分公司登记，始得在我境内营业，而且经过了认许，并在内国领域内办理分公司登记为其在内国领域内营业的前提要件。这样，外国公司经内国认许后，可由其在内国领域内的公司负责人在内国设立分公司，并向主管机关申请登记。而这里的营业，是指公司所从事的经常性、反复性的商业活动。

外国公司在内国领域内营业时，一般是以在内国领域内指定的诉讼及非诉讼代理人为其在内国的公司负责人。代理人若有更换或离境，在更换或离境前，外国公司应另指定代理人，并将其姓名、国籍、住所或居所申请主管机关登记，否则，不得以之对抗第三人。

外国公司在内国的分公司，除依法指定的诉讼及非诉讼代理人外，通常另设有经理人。外国公司在内国营业，一般应专拨其内国营业所用的资金，并应受主管机关对其所营事业最低资本额规定的限制。这样立法旨在保障内国的公司债权人权益，以维护交易的安全。

第四节　外国公司认许之撤回与撤销或废止

对外国公司的认许采取一般认许的方式，一般并不存在对外国公司认许的撤回或撤销的专门法律程序，因为外国公司的认许所依据的标准是外国公司是否符合其属国法律中有关公司的条件，而内国不会以本国的标准作任何评判。但是严格的个别认许制则有公司认许的撤回与撤销。

一、外国公司认许的撤回

（一）撤回认许的概念

各国立法一般都规定，外国公司经认许后，无意在内国继续营业的，应向主管机关申请撤回认许。但不得免除申请撤回以前所负的责任或债务。可见，外国公司申请撤回认许是因无意在内国继续营业，这是出于外国公司的自己意思，而不是被迫。

按外国公司经认许在内国设立分公司营业的，如该外国公司依外国法律因合并消灭而其存续公司拟在内国继续营业时，依据公司合并的原理，需要由存续公司自行办理变更认许及在内国分公司名称变更登记，这样外国公司在内国的运营才能得以持续进行。

（二）撤回认许的效果

外国公司的认许经撤回后，就不得在内国继续营业，其所设置的分公司，应予撤销。但不能免除申请撤回以前所负的责任或债务，以维护交易的安全。同时，应就其在内国营业或分公司所生的债权债务清算了结，所有清算未了的债务，仍应由该外国公司清偿。

二、外国公司认许的撤销或废止

（一）撤销或废止认许的概念

外国公司因有法定事由存在，由内国主管机关撤销或废止其认许，致外国公司在内国不得继续营业。由此足见，撤销或废止认许是基于内国主管机关的行政处分，而不是出于外国公司的自愿，所以与撤回认许的情形不同。

（二）撤销或废止认许的事由

1. 一般，外国公司有下列情形之一的，主管机关应撤销或废止其认许：

（1）申请认许时所报事项或所缴文件，经查明有虚假伪造的

本不应认许，只因当时未能发现，致使其蒙混通过认许，如在认许后发现时，自应撤销或废止其认许，以进行补救。

（2）公司已解散的

这是指外国公司在其本国已经解散，则其在外国所设的分公司，自然没有单独存在的理由。此时，如该外国公司来自行申请撤回其认许，主管机关应废止其认许，以维护交易的安全。

（3）公司已受破产宣告的

破产是公司解散事由之一，公司因破产而人格消灭，如外国公司未申请撤回认

许，主管机关应废止其认许。

（4）未履行内国所规定的义务

经过认许的外国法人在认许国境内未在法定期限内提交年度报告、缴纳特种税罚款，或未将其更换办事机构、修改章程以及合并条款等文件提交主管部门，且未在规定期限内采取补救措施。

2. 外国公司应专拨其在内国营业所用的资金，并应受主管机关对其所营事业最低资本额规定的限制。如该资金经认许后，汇回本国的，中央主管机关得以撤销或废止对外国公司的认许。

3. 外国公司有下列情形之一的，主管机关得依职权或利害关系人的申请，废止其认许：

（1）外国公司经认许后，六个月内尚未办理分公司登记，开始营业的；

（2）开始营业后自行停止营业六个月以上的。

4. 外国公司在内国经营的业务，依法律或基于法律授权所定的命令，须经内国许可的，如该业务的许可经主管机关确认属于撤销或废止情节的，中央主管机关可以撤销或废止外国公司认许登记或部分登记事项。

5. 外国公司的经营有违反法令受勒令歇业处分确定的，主管机关可以废止其外国公司认许或部分登记事项。

（三）撤销或废止认许的效果

撤销或废止认许，不得影响债权人的权利及公司的义务。撤销或废止认许的外国公司，应就其在内国营业或分公司所生的债权债务清算了结。所有清算未了的债务，仍由该外国公司清偿。虽然多数国家规定了外国法人认许的撤销事由，但主管机关作出撤销认许的决定时一般采取谨慎态度。

第五节　外国公司在内国的法律地位

一般而言，外国公司依其本国法有效设立后，即应“承认”其法律上的权利能力，包括诉讼能力、缔约能力及为各种偶然性、一次性的交易行为。而外国公司未经认许而为大规模营业行为的或设立分公司的，应认其法律行为无效，此时对交易相对人所致的损害，应由该行为人与外国公司负连带损害赔偿责任，以维护“国内”交易安全。

一、经认许的外国公司在内国法律上的地位

外国法人经认许后，在内国即确定为一具有权利能力的外国公司，内国法律对其

主张属地管辖，所以当然应受内国法律的约束，与内国公司在公法上的地位完全一致。外国公司的认许及其认许后的特别权利能力范围，并非同一问题，仍须分别认定。

外国公司在内国从事私法交易，其权利能力与行为能力应依其属人法决定，并受到内国法律的约束，所以外国公司唯有在内国法律所许可的范围内，始得依其本国法从事法律行为，并享受权利、负担义务。在内国有行为能力的外国公司，在内国依法取得权利，也当然应受到那国法律的保护和限制。

公司的权利能力与行为能力，始于设立登记，终于解散清算，这是各国法律的一般规定。外国公司被解散后，也仅于清算的目的内有其权利能力和行为能力。由于各国清算法人的具体原因并不相同，所以外国公司究竟依据何国法律解散，需要进一步探讨。公司之所以被宣告解散，通常是因为其目的或行为违反法律、公共秩序或善良风俗，换句话说，有关公司解散的法律规定与法院地的强行规定或公序良俗紧密相关，所以解释上应依据内国法的规定予以解散（当然也可以撤销其认许），不过解散公司的命令也仅限于国内有效，在内国被解散的外国法人，在其本国仍可继续享有权利能力和行为能力。

二、未经认许的外国公司在内国法律上的地位

（一）一般原则

未经内国承认的外国公司，其人格就不为内国所承认，其在内国法律上而言，就是不具有人格的公司。不得在内国法院起诉或被诉，订立契约或为其他法律行为。但就外国公司而言，其基于经济利益或其他目的的追求，虽未经内国承认，事实上却往往已在内国作成法律行为，则该未经承认外国公司所为法律行为的效力如何？如果内国一概否认未经承认外国公司所为法律行为的效力，其结果极可能使内国人的利益受到损害，所以有些国家在实践上不得不采取变通措施，即视未经承认的外国公司为“事实法人”。正本清源应不分其国籍种类，一概承认其人格，允许其在内国具有起诉或被诉、订立契约或偶为法律行为的基本权利。这样，未经认许的外国公司，以其名义与他人进行法律行为的，其行为人就该法律行为应与该外国公司负连带责任。这样，未经认许的外国公司，在内国虽然不能设置分公司营业，但对以其名义所为的法律行为，仍应负责。这样，该外国公司仍不失为设有代表人或管理人的非法人团体，自有民事诉讼的当事人能力，从而，因前述法律行为而涉讼时，得为原告或被告。

（二）条约的互惠规定

未经认许的外国公司在内国的法律地位，虽然由各国自由决定，但是，当内国与

外国所缔结的条约或协定另有规定时，则应以条约内容为准。这里需要注意的是，外国公司的人格或权利能力的存在，虽为该法人在内国享有权利、承担义务的前提，但是不承认外国公司在内国所取得的权利，与对其依本国法所取得权利的保护，在内国司法机关寻求保护，并不完全相同。国际私法认为公司的权利能力，应依其属人法，从而法人如依其属人法有权利能力，有当事人能力，内国法院似乎不应予以否定。因此，笔者认为，内国法律上关于外国公司认许的规定，虽然可以作为限制其在内国进行营业活动或其他经常性活动的条件，但是，如果作为剥夺或否定外国法人依其他国家的法律已经取得权利的依据，这恐怕就扩大了认许制度的本意。总之，如何协调外国法人认许制度与保护外国法人的实体权利就是一个非常重要的问题了。

未经认许的外国公司到某国境内从事经营行为主要有两种方式，一种是经常性的经营行为，另一种是偶发性的商业活动。

1. 经常性的经营行为

外国法人经内国认许，才能在认许国内从事经常性营业行为。因此，未经认许的外国法人不享有营业权。未经认许的外国法人，虽然其依法人属人法仍为法人，但在内国境内的权利能力和行为能力均有所限制，不能与已经认许的外国法人一样从事某些法律行为。未经认许的外国法人的负责人在内国境内以该外国法人名义所为的行为因违反限制其能力的规定而无效。此种情况下，该负责人代表外国法人承担赔偿责任[①]。

实践中完全否定此类法人的主体地位不利于内国交易相对人的利益保护，如果产生纠纷会因该外国公司所为的法律行为理论上无效而无法保证其合法权益。因此，各国对未经认许的外国法人在内国从事商业活动的行为，一般不认为丧失作为法人的法律地位，只是由内国通过国内立法的形式对此类外国法人规定相应的惩罚措施。依日本《商法典》规定，外国法人在按照日本法律进行登记和公告之前，不得在日本从事交易活动，违反规定而进行交易者，负连带责任。[②] 美国各州对未经认许程序而在其境内从事经营活动的外国法人规定了不同制裁措施，有些州要求公司法人的股东、代表人或董事承担个人或合伙责任，有些州使该法人的合同绝对无效，有些州处以罚款并且该法人在州法院内不得执行。美国《标准公司法》规定："没有授权证书而在本国（州）从事业务活动的外国公司，应对本州负如下责任：为该公司在本州无授权证书而从事业务活动的年份或部分年份负责，应向本州交付一笔款项，数额相当于按本

① 李双元主编：《国际私法学》，北京大学出版社2000年版，第209页。

② 沈四宝：《西方国家公司法概论》（修订本），北京大学出版社1989年版，第200－203页。

法令本来应向该公司课征的所有手续费和特种税的款项，加上本法令因该公司没有交付该费用和特种税而课征的所有罚款。州首席检察官应提起诉讼索还依本条款规定在本州的所有款项。”即未经认许而在内国从事商业活动的外国法人须补交相关税费并缴纳相应的罚款。[①]

2. 偶发性的商业活动

在全球贸易的大背景下，外国公司未经认许到另一个国家和地区进行商业活动现象十分常见。我国台湾地区“公司法”第386条规定：“外国公司因无意在台湾境内经常营业，未经申请认许，偶派代表人在台湾境内为法律行为者，得为偶发的法律行为。”一般而言，未经认许的外国法人在内国仍享有一定的行为能力，但仅限于其偶发性的商业活动 。如果偶发性的商业活动也仍需认许的话，这在一定程度上会阻碍国际贸易的进行，不利于经济的发展。因此，各国对于未认许的外国公司的偶发性商业活动有着较为变通的规定。如英国《公司法》规定，在英国没有固定营业所但从事经营活动的外国公司法人，不受英国公司法的管辖。[②] 美国《标准公司法》亦对一般的商业交易无须营业许可。[③]

三、立法实践

美国《示范商业公司法》对于外境公司并不实行认许制度，非依其本州法律所组织设立的营利性公司组织即为外境公司，无须经过认许程序。但是，该外境公司在境内营业时，则必须取得州务卿颁发的授权证明书。

美国《特拉华州普通公司法》对于外境公司亦未采取认许制度，承认所有的外境公司都有权利能力，但该外境公司须经过一定的程序取得许可后才能营业。没有取得许可而营业的外境公司，其法律行为仍有效。但是经允许营业期间未缴清费用、税款、罚款前，不得在本州起诉。达到实质上的管理效果。

第六节　我国关于外国公司认许的规定

关于外国公司的认许，我们现行立法中都没有直接的规定，我们只能在相关的公司法和民法通则的规定中看出一些端倪。

---

① 美国《标准公司法》第124条第3款规定。

② 沈四宝：《西方国家公司法概论》（修订本），北京大学出版社1989年版，第199页。杨士富编著：《国际商法理论与实务》，北京大学出版社、中国农业大学出版社2009年版，第79页。

③ 杨士富编著：《国际商法理论与实务》，北京大学出版社、中国农业大学出版社2009年版，第79页。

一、我国公司法中有关外国公司认许问题的规定

现行的法律法规中能体现有关外国公司认许问题的规定有1980年《国务院关于管理外国企业常驻代表机构的暂行规定》（已失效）和2005年的《公司法》。在这些法规中仅仅规定了外国公司要在我国从事民商事活动应得到我国主管机关的认可，如1980年《国务院关于管理外国企业常驻代表机构的暂行规定》第2条规定，外国企业确有需要在中国设立常驻代表机构的，必须提出申请，经过批准，办理登记手续。未经批准登记的，不得开展常驻业务活动。随后，经国务院批准，国家工商行政管理局于1983年发布了《外国企业常驻代表机构登记管理办法》（已失效），具体规范外国企业及其他外国经济组织在我国设立常驻代表机构的登记管理事宜。该办法第9条规定，从登记机关核准登记之日起，外国企业常驻代表机构即告正式成立。其机构和代表的正当业务活动受中华人民共和国法律保护。未经批准、登记的，不得开展外国企业常驻代表机构的业务活动。从上述的规定中，我们不能看出其对外国公司认许有任何的规定，但是，从外国企业可以在中国设立常驻代表机构这一规定可以得出我国是认可该外国企业的有效性的，至于如何判断这样的有效性，则从现存条款中无法得到，至少我们能推导出的结论并不是否定外国公司企业的，因为只有在认可外国公司企业有效性的前提下，才能认可它在内国设立常驻代表机构。这里需要特别说明的是，外国企业常驻代表机构只是联络机构，不能从事经营活动，当然也不享受优惠政策，这需要与设立分支机构区别开来。

又如，我国2013年《公司法》确定外国公司可以在中国境内设立分支机构，从事生产经营活动，第196条规定："经批准设立的外国公司分支机构，在中国境内从事业务活动，必须遵守中国的法律，不得损害中国的社会公共利益，其合法权益受中国法律保护。"第191条规定："本法所称外国公司是指依照外国法律在中国境外设立的公司。"但该法第192条规定："外国公司在中国境内设立分支机构，必须向中国主管机关提出申请，并提交其公司章程、所属国的公司登记证书等有关文件，经批准后，向公司登记机关依法办理登记，领取营业执照。外国公司分支机构的审批办法由国务院另行规定。"第193条规定："外国公司在中国境内设立分支机构，必须在中国境内指定负责该分支机构的代表人或者代理人，并向该分支机构拨付与其所从事的经营活动相适应的资金。对外国公司分支机构的经营资金需要规定最低限额的，由国务院另行规定。"依据以上关于外国公司认许的内容，我们可以得出，外国公司认许有两个方面的内容，第一个层次就是对外国法人法律人格的确认，也可以称之为承认（recognition），这适用于"一时性"贸易中，而且在实践中往往把决定法人的权利能

力和对法人的承认当作一个问题来处理。第二个层次就是准许（qualification or admission），就是准许外国公司在内国展开经常性的商业活动，这需要严格的认许条件和程序。对照《公司法》的规定，我们可以看出，《公司法》的规定符合第二层次的内容，即准许外国公司通过设立分支机构的方式在我们境内从事经常性的营业活动，但是，从上述条款的规定中，我们无法找到承认（recognition）的内容，我们只能从第191条的规定中推导出这样的结论，即只要外国公司是依照外国法律在中国境外登记成立的公司，那么，就认许其法律人格，其经批准就可以在内国从事经常性的经营活动。

二、我国国际私法中有关外国公司认许的规定

（一）外国法人在我国的认许方式

根据我国有关外资法律规定，凡外国法人来我国设立独资企业、合资企业、外资银行、合资银行、合作开发自然资源、承包工程等，都要个别提出申请，经主管机关审核批准、向工商行政管理部门登记。因此，我国对外国法人的认可倾向于特别认可主义。外国法人取得认可后，以两种形式存在：其一，继续以外国法人的身份在我国从事经营活动，如外国银行的分行、外国企业代表机构、外国合同。其二，经过我国行政主管部门认可，办理工商登记，成为中国法人。如外国独资企业，总行设在经济特区的外资银行、合资企业。

（二）外国法人在我国的认许范围

根据我国有关法律、法规、条例规定，允许以下几类外国法人，向我国有关主管机关申请认可，取得民事主体法律地位。

1. 外国银行。根据国务院公布的《经济特区外资银行、中外合资银行管理条例》（已失效），以及中国人民银行公布的《关于侨资外资金融机构在中国设立常驻代表机构的管理办法》的规定，外国银行经过中国人民银行核准，利用下面四种形式进入我国：一是总行设在外国或我国港澳地区，依照当地法律注册的外国资本的银行在我国经济特区设立分行；二是外国资本的银行和金融机构在我国常设代表机构；三是依照我国法律注册，并将其总行设在我国经济特区的外国资本的银行；四是外资银行、金融机构和我国银行、金融机构合资经营银行。其中一、二两种形式仍以外国银行的身份从事民事活动，三、四两种形式法律明文规定成为中国法人。

2. 来我国合作开发自然资源和承包工程的外国合同者，包括公司和公司集团。我国《对外合作开采海洋石油资源条例》第15条规定：“外国合同者为执行石油合同从事开发、生产作业，应当在中华人民共和国境内设立分支机构或代表机构，并依法履

行登记手续”。同时，外国公司来我国承包工程，也要根据我国工商行政管理局发布的《关于来我国合作开发和承包工程的外国公司注册登记问题的通知》及《通知说明》的要求，进行营业登记，才能在我国营业。

3. 外国企业在中国设立独资企业和中外合资或合作企业。外国法人根据《外资企业法》《中外合资经营企业法》《中外合作经营企业法》的规定，成为中国法人。外国企业（包括公司和其他经济组织）依国务院《关于管理外国企业常驻代表机构的暂行规定》，申请在我国设立常驻代表机构。

（三）外国法人经我国认许后的效力

从以上的论述中，我们可以知道，对外国公司的认许包括两个方面的内容，其一是承认外国公司的法律人格，就是承认外国公司的权利能力，而这在各国的国际私法中都统一由法人的属人法来解决；其二是准许该外国公司在内国从事经常性的营业活动。在我国1988年《最高人民法院关于贯彻执行〈中华人民共和国民法通则〉若干问题的意见（试行）》有如下规定：外国法人以其注册登记地国家的法律为其本国法，法人的民事行为能力依其本国法确定。外国法人在我国领域内进行的民事活动，必须符合我国的法律规定。我国有些法律还直接规定了外国法人可以享有的具体权利。从这些规定中，我们可以得出，我国在对外国公司认许的第一个层次中，采取了“成立地国理论”，只要依据外国公司的属人法具有权利能力，我们也予以承认。另外，按照中国签订的国际条约的规定和国际惯例，外国的国家或行政机构可以成为法人在我国从事民事活动，并承认其外国公法人资格。

这样看来，关于外国公司的认许，我国没有在一个立法中直接作出规定，我们只能在不同立法规定中，找出其中的一些答案，这样的立法规定过于分割，应该在一个统一的立法中予以明确。

从上文论述中我们不难发现，我国在实行改革开放政策以后，初步建立了外国法人制度。但是，至今仍未建立一套完整的对外国法人认许的制度。首先，我国对于除依中国法律规定设立为独资企业、合资企业或合作企业，给予中国法人地位外，对于在中国设立银行分行、企业的分支机构以及来中国承包工程或合作开采自然资源的外国法人，却没有明确其法律地位。其次，对于外国法人认许的条件、认许程序、认许撤回和撤销条件及程序、外国法人的解散清算办法，也没有专门法规定，只是散见于有关的法律、法规或条例中，由于尚未形成外国法人认许的基本法或单行法，各有关法律、法规的规定甚至互相抵触。同时，我国新颁布的《民法总则》对于外国法人的权利和义务也没有明确规定，使外国法人制度的建立缺乏明确具体的基本法依据。在当前全球经济贸易的大背景下，进一步完善我国的外国法人制度迫在眉睫。相关法律的编纂要体现《宪法》第18条第1款关于“中华人民共和国允许外国的企业和其他经济组织或者个人依照中华人民共和国法律的规定在中国投资，同中国的企业或其他经济组织进行各种形式的经济合作”的精神，突破外国法人来我国投资，必导致其成立中国法人的唯一形式，从民事基本法的高度，确立我国外国法人制度的基本原则。新颁布的《民法总则》对外国法人认许及权利义务等并未作出原则性规定。我们期待今后在公司法、投资法、商业法的立法中，要对各类外国法人的认许条件、认许程序、权利义务、撤销办法等作出部门法的规定，以期统一完善我国的外国法人制度。①

① 参阅陈奋飞：《论我国外国法人的认许制度》，载《福建论坛》1992年第3期。

第六章 外国公司的分支机构

经济全球化是当今世界经济发展的重要趋势之一，公司海外投资的迅猛发展是经济全球化的主要表现，以公司为主要载体的大规模资金、技术、人才、管理方式的空前流动与迅速融合，加速了科学技术，特别是信息技术的国际传播，对世界各国的经济增长及其结构调整产生了至为深远的影响。而公司海外投资的突出表现形式是公司的跨国经营，而要进行跨国经营，可以实现的途径主要有两种：其一就是在东道国创办独资企业、合作企业和合营企业；其二就是在东道国设立分支机构。对于第一种途径，一般都是依据东道国所制定的“三资企业”法进行设置，这不是我们要讨论的内容；对于第二种途径，相对于东道国而言，就是如何确定外国公司在内国的法律地位，这里涉及的问题也有两个：其一，东道国是否承认外国公司的法律人格和相应的主体资格；其二，东道国是否允许外国公司在其领域内开展营业，开展营业活动需要办理何种程序以及对此营业采取何种监督管理措施。这在国际上，第一个问题就是对外国公司的“承认”，这在国际上通行的做法是依据公司成立地的法律来进行认定；第二个问题就是对外国公司的“准入”，各国都基于发展本国经济的需要，在内国法中对此作出规定，我国《公司法》以专章对外国公司的分支机构的有关法律问题做了规定，作为外国公司在中国进行营业性活动的具体规则，实质是国际私法上的外国公司的“认许”。分支机构又可分为为所属公司提供辅助性服务的代表机构和从事生产经营的分公司性质的机构。我国《公司法》中专章规定的外国公司分支机构仅指由外国公司在中国境内设立的从事生产经营的具有分公司性质的机构。

第一节 外国公司分支机构的概述

东道国政府承认外国公司依据外国法获得的法律人格，并允许其在本国领域内从事生产经营活动，在国际私法上称为外国公司的认许，具体而言，正如上文提到的，如果外国公司不到本国境内进行生产经营活动，而仅与本国发生一时性的活动，诸如贸易、通信等契约关系，除另有约定外，本国法律原则上承认该外国公司的法律人格。因此，作为依外国法律在东道国境外登记成立的外国公司，有关其成立的有效性问题、能力、法律地位和公司的内部事务等，均依据“成立地国理论”，适用其成立地国法律。但是，如果一个外国公司要在东道国境内从事生产经营活动，那东道国就必须确定其国籍及适用何国的法律，并决定是否准许其对其从事生产经营活动，这是东道国自由决定的事项，也是对外国公司的认许。所以外国公司并不因确认而取得东道国国籍。但被确认后在东道国境内即有一定的法律地位，可以从事营业活动。各国或地区的公司法中一般都有关于外国公司认许的规定，我国《公司法》也对外国公司及其分支机构做了专章规定。

一、外国公司分支机构的概念

外国公司的分支机构，是指外国公司依东道国法律在东道国境内设立的从事生产经营活动的场所或者办事机构，外国公司分支机构，从资金输出的方向看，指一国公司在另一国设立的分支机构；从资金输入的方向看，指由非本国公司在本国设立的分支机构。分支机构所在国称东道国，即资金输入国；设立公司所在地国称外国，为资金输出国。

从广义上讲，外国公司分支机构应包括两种：一是以营利为目的并直接从事生产经营的，即分公司；二是不直接从事生产经营活动，而只负责派出公司与东道国间的联络和其他服务性工作的，即代表处。公司法律、法规对两者的法律地位、存在形式、监管方式等的规定和要求均不相同。我国 2013 年《公司法》中规定的分支机构指前者，即必须在其本国之外的国家设立的、以营利为目的并从事生产经营活动的分公司。外国公司进入我国营业，一般可以采取在我国设立分支机构、独资子公司、中外合资经营或合作经营等形式。因此，外国公司在东道国直接设立分支机构，是外国公司进入东道国进行营业活动的主要方式，也是外国公司本身业务活动的一种延伸。外国公司的分支机构与外国公司在东道国的独资子公司也不同，二者虽然皆从事营业行为，但法律地位和法律责任却大相径庭。外国公司在东道国境内的独资子公司是具有东道国国籍的法人，外国公司的分支机构既不具有东道国国籍，亦无法人资格。

另外，外国公司的分支机构既不同于外国公司在我国的常驻代表机构，也不同于外国公司在我国单独投资设立的外商独资企业。外国公司常驻代表机构是指外国公司派驻我国境内的办事机构，虽然它也是非独立核算的非法人组织，但它仅仅代表其所属公司，在中国境内从事一定业务范围的联络、咨询、服务等工作，不直接从事经营活动。对此，我国国务院 1983 年批准颁布的《外国企业常驻代表机构登记管理办法》中就明确规定，除政府间另有协议的，外国企业常驻代表机构应当“从事非直接经营活动”。

外商独资企业是指依中国有关法律在中国境内设立的全部资本由外国投资者投资的企业。根据我国有关法律规定，外商独资企业是依照中国法律在中国境内设立的，由董事会来管理企业，具有中国国籍，属于中国企业，它具有独立的法律地位，能够以自己的名义对外进行活动，其中绝大部分为有限责任公司形式，具有中国法人资格，实行独立核算，能够以自己的财产独立承担法律责任。而外国公司分支机构本身是外国公司的组成部分，具有外国国籍，属于外国企业，不少国家或地区的公司法中将这种外国公司的分支机构直接称为外国公司，其不具有独立的法律地位，不具有独立的公司法人的内部组织机构。

二、外国公司分支机构法律地位的历史变迁

（一）从初入中国市场之初的特权地位到当今积极追求国民待遇

近代，外国公司初入中国从事营业活动时，大多是以其条约特权的享受为基础的。外国公司享有各类不平等条约赋予的治外法权，并依此在企业经营和税收方面享受极大的优惠政策。《马关条约》规定，外国工厂所用机器的进口和产品的内销，都享受与进口洋货同样的待遇。以英美烟草公司为例，1902 年该外国公司在中国设厂以后，要求产品出口厂税和内地通过税，应比照中国手工土烟纳税，1905 年清政府被迫同意了这一要求。同时，它绕过《马关条约》对外资在华设厂的规定，通过和清政府统认局所订立的特认捐数合同，享受税收方面的极大优惠待遇[①]。1916 年中国政府制定《卷烟税法》，但英美烟草公司又以治外法权为借口，拒不执行此法律中对其的限制规定。北洋政府也对英美烟草公司应该交纳的地方税予以减免，这些种种优惠待遇直接导致了英美全国商业联合会在 1925 年向政府提出抗议[②]。在中国城市公用事业方面，外资也多数享有特权，而中国民营资本由于不具有外资的特权大多被排除在城市公用事业之外。例如，天津比商电灯电车公司经袁世凯政府的批准而享有独家垄断天津电灯电车事业 50 年的特权。此外，外国公司在与中国企业发生商务纠纷时，也常在外国领事裁判制度下受到优越待遇。

因此，有学者指出此阶段的外商在华投资“在很多方面享有超国民待遇，如享有广泛的免税权、经营管理铁路的专利权、一定范围内开采矿产的垄断权和优先权等等，这些都是华商所不能享有的。其中在免税方面，船厂修船所需船料、修筑铁路所需材料、行车及养路所用物料、与借款有关的股票、息票和进出款项等均在免税之

---

① 吴申远主编：《中国近代经济史》，上海人民出版社 2003 年版，第 349 页。

② 吴申远主编：《中国近代经济史》，上海人民出版社 2003 年版，第 349 页。

列。1881年中德《德商船厂修船免税新章》列举的免税物品达76项之多，尤恐未尽，还加上一句‘一切未能预言实用修船各物’”①。

而随着中国国际地位和综合国力的不断提升，现阶段，外国公司及其分支机构只能在一些普通的商业、工业行业等方面获得生产经营的资格，且不同类别的外国公司的分支机构由不同机构和部门审批。目前，外国公司在我国境内设立分支机构的，主要有外国银行分行、外国保险公司分公司和外国石油公司分公司等。这些分支机构设立审批的具体审批机关分别为：外国银行在中国境内设立分行，外国保险公司在中国境内设立分公司，由中国人民银行审批；外国石油公司在中国境内设立分公司，由中国石油天然气总公司或中国海洋石油总公司提出意见，报对外经济贸易管理机关审批。与此同时，我国法律也无明确规定外国公司与我国公司享有同等权利和待遇。为进入中国市场，顺利开展各项营业活动，当前外国公司及其分支机构正在国际和国内两个方面积极地追求在我国的国民待遇。

（二）从行业、产业的自由进入存在一定限制的营业准入

在近代，外国公司及其分支机构进入中国不存在任何限制，甚至在一些涉及国民经济命脉、社会公共安全等领域的，如矿产、海运、水运等公共事业领域均可进入。且诸多外国公司在行业处于垄断地位，如在金融方面占据垄断地位。比如，在金融方面，英国汇丰银行凭借其对清政府贷款而获得的种种优惠条件，利润一再增长，实力大为增强，到20世纪初期已经获得在中国外汇市场上的垄断地位。② 英美烟草公司在1902年进入中国之后，也逐渐实现了对中国卷烟销售和生产的垄断③。在石油化工行业方面，美国洛克菲勒财团的美孚石油公司在1890年就在中国设立办事处，1901年开始在上海建立油栈，1904年正式营业，很快，它的分支机构和代理店就遍布中国的广大城乡，煤油已占中国进口总量的一半以上。“现代工矿业和运输业中约占71.6%；在钢铁、石油工业中占95%；采煤、电力工业中占75%；纺织工业中占60%；食品中占50%。此外，中国铁路的88%、外洋运输的83.8%，国内航运的63.1%为外资所控制。在航空事业中，几乎100%为其控制。”④ 旧中国主要的国民经济命脉产业，几乎都为外国投资，包括外国公司分支机构在内所操纵，垄断。

而当今，外国公司只能在日常民用家电行业、贸易往来的物流行业及勘探开发的工程行业等一些普通的商业、工业行业获得生产经营的资格。在涉及我国国家安全、

---

① 吴承明：《帝国主义在旧中国的投资》，人民出版社1956年版，第102页。
② 吴申元主编：《中国近代经济史》，上海人民出版社2003年版，第342页。
③ 吴申元主编：《中国近代经济史》，上海人民出版社2003年版，第349页。
④ 吴承明：《帝国主义在旧中国的投资》，人民出版社1956年版，第98、105、107、161页。

社会重大公共利益等方面完全禁止外国公司及其分支机构的进入，当前我国在保险业、海运业、军事工业、医药工业方面还不允许外国公司的进入。上文所述的外国公司及其分支机构所追求的国民待遇一般来说也只是存在于市场准入后的运营阶段。根据国际惯例，外国公司的市场准入不适用国民待遇原则。

（三）由不平等条约保护到互惠对等原则的适用

近代，由于受外国军事、政治的胁迫，我国签订了一系列不平等的双边条约。近代外国公司及其分支机构在中国的法律地位，也是由其所确立，当时国内立法对外国公司及其分支机构鲜有规定。这一方面是由于当时我国立法技术视野的欠缺，另一方面也是政府软弱无能的表现。1895 年的中日《马关条约》首开对于外国资本在中国投资设厂的规定，外国公司及其分支机构在中国的经营、生产活动获得法律的认可。此后一系列的商约、修约规定了外国公司在采矿权、筑路权以及经营活动地点范围等方面的事项。但在国内法上，一直未有相应的法律规范。1903 年清政府颁布的《钦定大清商律》中的《公司律》始稍微有关于外国资本的涉及，其第 35 条、第 37 条含有规定外商向华资企业附股的内容："附股洋商应遵守中国法律及公司条例。"1906 年颁布的《公司注册试办章程》规定了在中国的公司无论华洋各商都必须呈报公司名号、贸易种类、公司章程的功能，向设在商部的注册局申请注册，领取营业执照方准营业。这些规定，尚不说并没有获得有效的实行，在法理上也很为粗糙、零散，并无条理。实际上直到 1929 年，国民政府的立法院颁布的《公司法》及 1931 年《公司法施行法》才正式确立了外国公司的特权。它规定外国公司可以在中国境内自由营业或设立分公司，在法律上享有与中国公司同等的权利，甚至可以在中国取得不动产的所有权。①

而当今外国公司及其分支机构是由国际双边、多边条约和国内法共同调整的。在国际上，我国与世界多个国家签订了互相鼓励促进投资的协定，在协定中约定了外国公司分支机构的生产经营和征税等活动。与此同时，我国也积极参与国际多边条约，如《多边投资担保机构公约》《解决国家与他国国民间投资争端公约》等。此外，我国国内法中的《公司法》《外国企业常驻代表机构登记管理条例》等法律也设立了关于外国公司及其分支机构的相关规定。并且，我国正在世贸组织的框架上进一步完善国内法，力争促进统一投资法的制定，其中外国公司及其分支机构将是其中的重要内容②。

---

① 李矗、李贵连主编：《中外法学之最》，法律出版社 2002 年版，第 141 页。

② 参见王新峰：《外国公司分支机构法律地位的法理分析》，南京师范大学 2005 年硕士学位论文。

三、当今外国公司分支机构的法律地位

外国公司分支机构的法律地位指其作为营业主体的法律性质。这种法律地位是东道国政府对外国公司确认的结果，只有取得了一定的法律地位，才能开展相应的营业活动并受东道国的法律保护。外国公司具有独立的法人地位，而外国公司分支机构本身不具有独立的法律地位。各国或地区的公司法一般均规定，外国公司的分支机构从属于外国公司，是外国公司的组成部分，外国公司需为其分支机构的债务承担责任。在我国，外国公司与其在中国境内设立的分支机构的关系，相当于总公司与分公司。我国《公司法》第195条规定："外国公司在中国境内设立的分支机构不具有中国法人资格。外国公司对其分支机构在中国境内进行经营活动承担民事责任。"

具体而言，外国公司分支机构的法律地位表现为如下方面：

（一）外国公司的分支机构以外国公司的存在为前提

设立分支机构的外国公司已经依外国法律登记成立。值得指出的是，有的国家不区分外国公司和外国公司的分支机构，而是将外国公司与外国公司分支机构等同看待。如日本《商法典》第三编第六章"外国公司"中规定"外国公司在日本进行继续性交易时，须确定代表人，并于其住所或者其他场所设置营业所"，并规定该外国公司须就其营业所的设立进行登记。

实际上，在涉及外国公司的场合，通常均与该外国公司在东道国进行一定的营业行为有关，并且通常涉及该外国公司分支机构作为外国公司在东道国的法律地位。所以，就一国的公司法而言，有关外国公司的规定，通常也就是关于外国公司分支机构的规定，在此意义上，外国公司与外国公司分支机构也就有了同一的法律意义。

但是，在我国公司法上，对外国公司与外国公司分支机构有着明确的区分。而且，依我国《公司法》规定，外国公司要想在中国境内设立分支机构，其本身必须是公司法人，如果未取得所在国公司法人资格，则无权到中国境内设立分支机构。对此，各国或地区的法律要求有所不同。如我国台湾地区"公司法"即不要求外国公司必须是法人，而只要求外国公司须先在其本国设立登记并开始营业。

（二）外国公司分支机构不具有法人资格，更不具有东道国国籍

这包括两个方面的内容：（1）外国公司分支机构不具有东道国法人资格。这些分支机构是外国公司的附属单位，与所属的外国公司是分公司与总公司的关系。外国公司分支机构是其所属的外国公司的一个组成部分，是在东道国设立的派出机构，它不属于也不同于外国公司依东道国法律在我国境内单独登记注册的子公司法人。①分支机构没有独立的财产，经营资金均由总公司拨付。②外国公司分支机构没有自己独立

的公司名称和公司章程，其名称须标明其所属公司的名称，只能以其所属的外国公司的名义进行业务活动，不能使用与其所属公司名称相区别的其他名称。我国《公司法》明确规定，外国公司的分支机构应当在其名称中标明该外国公司的国籍及责任形式。并应当在本机构中置备该外国公司的章程。③分支机构没有完整的公司组织机构，不具有独立的公司法人的内部组织机构，一般不设股东会、董事会及监事会等整套管理机构，而只由该外国公司指定代表人或代理人负责该分支机构。④不实行独立核算，其利润与成本纳入总公司的统一核算中。⑤不能独立承担民事责任。外国公司分支机构对其经营活动不独立承担民事责任，其业务活动结果由所属外国公司承受，即分支机构的所属公司以自己的全部财产对其分支机构的活动所产生的债务承担责任。也正因如此，各国或地区的公司法一般要求外国公司的分支机构在其名称中标明其所属外国公司的责任形式。我国《公司法》第195条第2款规定："外国公司对其分支机构在中国境内进行经营活动承担民事责任。"通常是分支机构先行承担责任，在分支机构不足以承担全部责任时，由外国公司承担补充责任。(2) 外国公司分支机构不具有东道国国籍。分支机构是其所属外国公司的组成部分，没有独立主体地位，其国籍亦须服从所属外国公司国籍。

(三) 外国公司分支机构须经东道国政府确认，依照东道国法律在东道国境内登记

外国公司提出的设立分支机构的申请，必须得到东道国政府的许可或者批准，而不同国家或地区对外国公司设立分支机构的许可态度不尽相同。有的国家或地区对外国公司到本国设立分支机构实行准则主义，即依东道国法律直接办理登记便可开展业务活动，无须经过政府主管机关的特别许可。如比利时《统一商事公司法》第196条规定，在国外办理了注册的外国公司可以在比利时从事经营活动，无须经过许可；美国《特拉华州普通公司法》第317条第2款则规定，一个外国（州）公司只需向特拉华州的州务卿递交50美元的申请费并在州务卿办公室备案，就可在该州从事商业性经营活动。有的国家对外国公司分支机构的设立实行核准主义或许商主义，要求外国公司应首先向东道国政府主管机关申请办理审批或许可手续，经批准后方可办理设立分支机构的登记注册手续，大多数发展中国家一般采取这种做法。

我国对外国公司分支机构的设立采取的是比较严格的核准主义原则，即外国公司在我国境内设立分支机构，必须经中国有关主管机关的审核，依法获得批准后才能履行注册登记手续。外国公司分支机构的具体审批办法由国务院进行规定。依我国有关规定，外国公司在我国设立分支机构的主管机关一般为国务院对外经济贸易管理机关和省级人民政府的对外经济贸易管理机关，但涉及特定经营行业的尚须经有关部门批准，如金融业须经中国人民银行批准，建筑业须经国家建设部门批准等。主管机关受

理外国公司申请后，应对其设立分支机构的有关事项、文件从速逐一进行审核。对内容真实、符合法律规定的申请予以批准；否则，不予批准。外国公司分支机构登记的效力主要表现在两个方面：(1) 规范性效力。外国公司分支机构必须经过登记，才能在核准的范围内，在我国境内从事相应的生产经营活动，其合法权益才能得到中国法律的保护，否则，将承担相应的法律责任。(2) 公示性效力。外国公司分支机构经登记后，才能就其登记的事项主张与第三人对抗，请求对方承担相应的民事责任。对没有登记或登记不实的事项，不得主张与第三人相对抗。

按国际惯例，一国公司要在他国设立分支机构一般要经过当地国家的认许，否则即侵犯了该国的主权。我国《公司法》从维护国家主权，促进对外开放的目的出发，对外国公司在中国境内设立分支机构的程序做了规定。我国《公司法》第 192 条第 1 款规定："外国公司在中国境内设立分支机构，必须向中国主管机关提出申请，并提交其公司章程、所属国的公司登记证书等有关文件，经批准后，向公司登记机关依法办理登记，领取营业执照。"我国《公司法》第 192 条第 2 款规定："外国公司分支机构的审批办法由国务院另行规定。"

外国公司分支机构的审批办法由国务院另行规定。按本条规定，外国公司在中国设立分支机构，首先，必须向中国主管机关提出申请，并提交其公司章程、所属国公司登记证书等文件。其次，当其申请被中国主管机构批准后，到中国的公司登记机关（工商行政管理局）办理设立登记，领取营业执照后，始可以在中国境内开展营业活动。

该条第 2 款授权国务院另行规定外国公司分支机构的审批办法，以规范外国公司设置分支机构的审批活动，切实加强对外国公司分支机构的管理。

根据我国有关法律的规定，对于符合下列条件的，审批机关应当在接到申请之日起一定期限内作出予以批准设立分支机构的决定：①申请文件符合审批机关报送文件的要求；②已经明确指定分支机构的代表人或代理人；③分支机构最低经营资金不少于法律规定的数额；④分支机构的生产经营符合我国国家产业政策的要求；⑤分支机构的生产经营符合我国有关法律、法规的规定。

对于有下列情况之一的，审批机关应当在接到申请之日起一定期限内作出不予批准的决定：①目的或业务违背中国法律、法规和社会公共利益，损害中国国家主权和国家安全的；②其生产经营活动可能造成环境污染或破坏资源的；③设立分支机构的地区限制外国人居住或营业范围限制外国人经营的；④申请批准应报明的事项中有虚伪情形的；⑤按照平等互惠原则，外国公司所属国家对我国公司不予认可的。

不同行业具体审批机关也不同。目前，外国公司在我国境内设立分支机构的，主要有外国银行分行、外国保险公司分公司和外国石油公司分公司等。这些分支机构设立审批的具体审批机关分别为：外国银行在中国境内设立分行，外国保险公司在中国境内设立分公司，由中国人民银行审批；外国石油公司在中国境内设立分公司，由中国石油天然气总公司或中国海洋石油总公司提出意见，报对外经济贸易管理机关审批。

这些分支机构在申请办理审批时，应当向审批机关提交下列文件和证件：由外国公司董事长或总经理签署的设立申请书；外国公司的合法开业证明；外国公司的章程；分支机构负责人委派书；分支机构营运资金的拨付证明或验资报告；审批机关要求提交的其他文件。

外国公司在中国境内设立分支机构的申请被中国主管机关批准后，应当在一定期限内带审批机关的批准文件向中国公司登记机关依法办理登记手续。外国公司分支机构的登记程序，原则上与东道国公司设立分支机构的登记相同。外国公司分支机构成立后，应当进行公告。

工商行政管理机关在规定期限内对有关文件进行审查后，如认为外国公司分支机构符合法律、法规规定条件的，给予注册登记，发给营业执照；否则，作出驳回申请的决定。外国公司分支机构的登记事项主要包括名称、所属公司的国籍、营业场所、负责人、经营范围等。

营业执照签发之日，为外国公司分支机构成立之日。外国公司分支机构自此取得在中国境内从事生产经营活动的资格，可在中国有关金融机构开户、刻制公章，在核准的经营范围内从事经营活动。外国公司分支机构应依法自开业之日起一定期限内向税务机关办理税务登记。外国公司分支机构要求变更名称、经营范围、代表人、经营期限、注册地址的，应当向原审批机关提出申请，获得批准后，向登记机关办理变更登记手续。

（四）外国公司分支机构可以从事生产经营活动

分支机构虽不是独立权利主体，但可以以其所属外国公司的名义在东道国法律规定范围内从事生产经营活动，既受东道国法律约束又受东道国法律的保护。应当指出，“从事生产经营活动”对外国公司分支机构而言既是权利也是义务，即其在东道国境内必须开展一定的营业，否则其法律地位将被取消，也就是说，外国公司分支机构在东道国境内的业务活动必须以营利为目的，并在东道国境内营业，即其必须运用自己的资金、设备、人力等，以营利为目的进行生产经营活动。之所以如此，是由其所属外国公司作为公司本身所决定的。如果外国公司无意在东道国开展经营活动，即其所从事的只是一种非营利性活动，则不属于公司法所指的外国公司的分支机构。

至于是否须在东道国建立营业地，各国或地区的立法有不同的要求。比如，英国公司法虽然采用设立准据法主义，认为外国公司就是指根据英国以外的国家的法律成立的公司，但其以是否在英国建立营业地又分为海外公司（oversea company）和一般外国公司（foreign company），在英国境内建立营业地的外国公司称为海外公司，不在英国境内设立营业地，但在英国从事业务活动的外国公司称为一般外国公司，公司法对此两类公司分别作出不同的规定。前者受英国法律管辖，而后者除法律有特别规定外，不受英国法律的管辖。

（五）外国公司分支机构的法律适用

外国公司分支机构具有外国国籍，而其营业行为地却在东道国，因此，其法律适用应视具体情况而定。我国现有的外国公司的法律适用规定主要有《宪法》第 18 条第 2 款："在中国境内的外国企业和其他外国经济组织以及中外合资经营的企业，都必须遵守中华人民共和国的法律。它们的合法的权利受中华人民共和国法律的保护。"及《民法总则》第 12 条："中华人民共和国领域内的民事活动，适用中华人民共和国法律。法律另有规定的，依照其规定。"此外，还可依冲突法的相关规则或依有关国际公约以及中国与其所属国的双边条约而定。

四、外国公司分支机构与外商投资企业、代理商的联系与区别

（一）外国公司分支机构与外商投资企业的联系与区别

外国公司来我国从事商业活动，除合同外主要还有两种方式，一种是直接投资设立外商投资企业，包括中外合资企业、中外合作企业和外商独资企业以及外商投资的中外股份公司；另一种是以外国公司的名义设立分支机构。但两者之间有区别：1. 国籍不同。外商投资企业具有中国国籍，而外国公司分支机构与外国公司具有相同的国籍，其设立地在中国境外，具有外国国籍。2. 设立时所依据的法律不同。外商投资企业设立时依据中国的外商投资企业及其他中国的法律法规，符合我国《公司法》的规定；而外国公司的分支机构仅适用《公司法》第十一章的内容，其他方面的制度遵守其本国的公司法。3. 是否拥有独立的法律人格不同。外商投资企业中中外合资经营企业采用有限责任公司的形式，其他类型的外商投资企业也大多采用公司的形式设立，他们具有独立的法人人格，拥有独立的财产，能够独立行使权利和承担责任；而外国公司分支机构不具有独立的法人人格，由外国公司对其经营活动承担责任。

（二）外国公司分支机构与代理商的联系与区别

商事代理指代理商以自己的名义或以委托人的名义为委托人出售、购买或者提供服务，并从中获取佣金的经营活动。外国公司分支机构与代理商都是以外国公司的名

义在东道国从事经营活动，但两者显著的区别在于代理商具有独立性，其自身也在从事经营活动；而外国公司分支机构不具有独立的法律人格，只是外国公司的组成部分，是外国公司在东道国从事经营活动。代理商的独立性主要体现在以下几个方面：1. 具有独立的经济利益。通过收取佣金获得经营收入，在没有特别约定的情况下可以同时为几个委托人代理。2. 代理商有自己独立的商号、独立的营业地、独立的财务；3. 代理商如果是个人的话，其对外国公司是签订代理协议，而不是劳动合同，不具有对外国公司的依赖性。另外，分支机构的人员与外国公司签订的是劳动合同，具有雇佣关系，其分支机构的代理人或者代表人由外国公司指定，受外国公司的管理和控制。

五、对外国公司分支机构中外国公司组织形式的限制

我国 2013 年《公司法》第 191 条规定："本法所称外国公司是指依照外国法律在中国境外设立的公司。"但是，各国或地区法律所允许设立的公司类型不尽相同。我国公司法只确认了有限责任公司和股份有限公司两种类型。如果依外国法律在我国境外所设立的公司属于无限责任公司、两合公司等我国公司法尚未确认的公司类型时，如何对待这些外国公司在我国设立分支机构的问题？此外，2013 年《公司法》第 194 条规定："外国公司的分支机构应当在其名称中标明该外国公司的国籍及责任形式。外国公司的分支机构应当在本机构中置备该外国公司章程。"这一规定的目的，和公司法要求我国公司必须在其名称中标明有限责任公司或股份有限公司字样是相同的。对此，我们认为，无论该外国公司是否与我国《公司法》规范的公司形式相一致，只要其具有外国公司资格，就可允许其在我国设立分支机构。而且，法律规定的外国公司分支机构中所须标明的外国公司责任形式，也应由该公司设立地所在国公司法律规定。主要原因在于：

1. 从外国公司的法律特征来看，外国公司的类型、设立的条件和程序、组织机构等均由外国法律确定，这就使得某一外国公司，其类型并不仅限于有限责任公司和股份有限公司，还可能会有无限责任公司、两合公司等其他组织形式，设立的程序也并非统一需要政府审批，设立的具体条件也很可能与我国法律的规定不一致。因此，外国公司的组织形式，应按当事人的能力依其本国法的原则，不乏为我国法律虽未确认但外国法律上允许的无限公司、两合公司、保证责任有限公司等形式。并且，在我国境内设立分支机构的外国公司属于哪种责任形式，该分支机构的名称就应标明哪种责任形式。

2. 从我国《公司法》第 194 条的规定来看，我国公司立法并未禁止与我国法律规

范的公司形式不一致的外国公司在我国境内设立分支机构。

3. 我国已经加入WTO这一世界性贸易组织。作为该组织的成员，我国今后与其他成员国之间的经贸往来必须在WTO协议这一框架内展开，都必须遵守国民待遇和最惠国待遇这两项基本原则。伴随着这一变化，我国与成员国之间的贸易额将会大幅度提高，成员国之间相互到对方投资的情形也会随之增加。在这一新形势下，扩大外国公司分支机构中“外国公司”的形式就更具现实意义。

值得注意的是，我国《公司法》对这类外国公司的分支机构在如何适用法律的问题上未作规定。对此，各国或地区的公司法大多规定，这类外国公司在东道国的经营活动可以比照东道国国内同类企业形式适用相关法律。比如，无限公司与合伙企业相类似，就可比照适用关于合伙企业的规定。我们认为，我国《公司法》也应考虑对此作出规定。①

六、外国公司分支机构的诉讼主体资格

对于外国公司分支机构在民事诉讼、刑事诉讼及行政诉讼等诉讼活动中，是以其分支机构本身作为独立的诉讼当事人，还是应由其所属外国公司作为诉讼当事人的问题，实践中有截然相反的主张。我们认为，外国公司分支机构在总公司授权范围内开展业务时，与其他自然人、法人和其他组织以纠纷引起民事诉讼的，可以分支机构本身作为诉讼主体。理由主要如下：（1）虽然外国分支机构在法律地位上不同于公司的子公司，没有独立法人资格，但应注意的是，我国公司法的规定只是明确了外国公司的分支机构不具有中国法人资格，外国公司对其在中国境内设立的分支机构在中国境内进行的经营活动承担法律责任，而对于外国公司分支机构在其合法成立、具有一定的财产以及组织机构后，因其自身的经营活动产生的法律责任能否因由其自身具有的财产来进行承担的问题并未予以禁止。（2）从外国公司分支机构的法律意义来看，外国公司的分支机构只有其从事经营活动的过程中，能够根据法律的规定，首先以其具有的一定的财产来承担法律责任后，再由设立该分支机构的外国公司对该分支机构不能承担的法律责任部分承担相应的法律责任，才能体现出该外国公司的分支机构为一个法律上的经济实体的实际意义。（3）从我国目前的法律规定来看，我国《民事诉讼法》明确规定“公民、人和其他组织可以作为民事诉讼的当事人”，而这里的其他组织是指合法立、有一定的组织机构和财产，但又不具备法人资格的组织。此外，《最高人民法院关于适用〈中华人民共和国担保法〉若干问题的解释》《中国人民建设银

① 赵旭东主编：《公司法学》，高等教育出版社2003年版。

行关于对设银行分支机构承担民事责任问题的复函》以及《中国人民银行关于对商业行分支机构民事责任问题的复函》等法律文件中均有类似的规定。参照我国对国内公司的分支机构的规定可以看出，外国公司的分支机构虽不具备法人资格，但属于“其他组织”，符合《民事诉讼法》及相关法律对于诉讼主体资格的规定，可以作为民事诉讼的当事人参加诉讼。

综上所述，我们认为，我国的制定法以及司法实践只有赋予外国公司分支机构以诉讼主体地位，使其负有以自有财产承担法律责任的义务，才能使外国公司的分支机构的法律地位得到实质的体现。

第二节　外国公司分支机构的设立与营业准入

外国公司分支机构的设立目的就是进入东道国开展经营活动，而要在东道国开展经营活动就面临营业准入的问题。

一、外国公司分支机构设立的营业准入

随着经济全球化的发展，世界各国经贸往来日益密切。各国公司，尤其是跨国公司在经贸往来中有着举足轻重的地位。外国公司的对外经济交往主要有两种方式：一是简单的国际商贸交易，货物进出口买卖；二是国际直接投资，即直接到外国境内投资设厂，开办经济实体，在当地从事商业活动。在经济全球化的大背景下，国际直接投资成为各国企业青睐的投资方式，也成为推动当代国际经济发展的主要动力。外国直接投资，在东道国有两种可供选择的经营方式。一是在东道国设立新的企业，如中外合资经营企业、中外合作经营企业、外商独资企业，以东道国企业的身份从事商业活动，这些企业根据东道国法律，可以具有企业法人身份或不具有法人资格；二是设立不具有法人人格的分支机构，直接以外国公司的身份进行直接或间接的生产、经营活动。外国公司的分支机构相较于具有东道国国籍的外资企业而言拥有更便利的设立和运营条件，且对于一些特殊业务的外国企业，如外国银行、外国律师事务所、外国会计师事务所而言，设立分支机构是最好或是唯一的方式[①]。外国公司进入东道国从事经营活动，必然与营业地的经济、社会产生联系，对当地造成影响，各国对进入本国的外国公司及其分支机构都做出了一定的营业准入规定，通过外国公司及其分支机构设立准入许可、登记制度、信息披露等相关制度，监督其在东道国内的经营活动，

---

① 参见王新峰：《外国公司分支机构法律地位的法理分析》，南京师范大学2005年硕士学位论文。

明晰责任主体，保护东道国公民的合法权益不受侵害。

营业准入制度中的准入许可、登记审核制度、信息披露制度就是对外国公司分支机构进入东道国之前的审核，以最大程度保护东道国国民的利益，使得东道国国民或企业对外国分支机构有充分的知悉。法律一般会要求外国公司明确其在东道国的经营地、代表人或代理人、责任的承担方甚至有些国家还有对营业资本的最低限制，这些都是为了保护本地与其发生交易的第三人利益或者社会公共利益。对外国分支机构设立营业准入制度，也保障了外国分支机构与东道国公司承担相同的权利和义务，避免外国分支机构享有过多特权而对东道国公司的利益造成损害，也不利于公平竞争。①。

二、各国对外国分支机构营业准入的不同规定

各国和地区出于对本国公民和公司利益保护，根据本国情况对外国分支机构的营业准入采用不同的原则。我国台湾地区与美国采用的是许可主义。我国台湾地区现行“公司法”第371条规定，外国公司非在其本国设立登记营业者，不得申请认许。非经认许，并办理分公司登记者，不得在地区内营业。美国《标准公司法》规定：“外国（外州）公司在未获得州务卿颁发的授权许可之前，不得在州内从事营业活动。”英国和日本采取的是准则主义。英国《公司法》规定，除金融机构等特殊行业以及产业政策限制的行业外，只要依照法律向东道国登记机关提供符合条件的文件、办理登记手续、披露指定的文件，便可以开展经营活动，无须经过政府主管机关的特别许可。日本采取的是入境交易准则主义，根据日本《公司法》第818条，在进行外国公司登记之前，外国公司不得在日本持续地进行交易。违反前款规定进行交易的人，对交易相对人，与外国公司连带承担因该交易产生债务的清偿责任。相较于许可主义，准则主义对于外国分支机构的营业准入更为宽松自由，出于对利害关系人的保护，英国与日本均设立信息披露制度。英国《公司法》（2006）第1051条规定了海外公司信息披露方式，依据该规定，交易信息披露：政府大臣可以制定规定要求在大不列颠及北爱尔兰联合王国从事经营活动的海外公司：（a）在明确指定的场所公开指定的信息，（b）在明确指定的文件或往来信件中作出指定的陈述，（c）应那些与该海外公司交易的利害关系人的请求提供具体的信息。日本《公司法》第819条也明确规定，进行外国公司登记的外国公司（限于日本的同种公司或最类似的公司为股份有限公司的公司），依法务省令的规定，须在经过该公司股东大会同意财务会计文件以后，立

---

① 张敏：《外国公司分支机构研究——以外国公司营业准入为视角》，中国政法大学2008年硕士学位论文。

即在日本公告类似资产负债表的资料。

各国对外国公司分支机构营业准入的着眼点各不相同，如美国各州通过对外国（外州）公司的“经营活动”进行界定，对外国（外州）公司在州内的活动进行质与量上的实质认定；英国原来实行的是“经营场所”标准，但是随着英国《公司法》对“欧盟第十一条指令”的吸收，对外国公司进行规制的着眼点转变到了外国公司从事的商业活动对于其经营目的是实质性的还是辅助性的、是否存在长期性等方面，也根据活动的性质和内容来进行认定。①

三、我国关于外国公司分支机构设立的营业准入规定

自我国加入 WTO 后，越来越多的外国分支机构来我国投资发展。据统计，我国已成为世界上仅次于美国的第二大外资国。我国稳定的社会局面、优惠的法律政策，都成为吸引外资进入我国的积极因素。外国公司分支机构进入我国开展经营为我国带来了先进的技术和管理经验，在增加国家税收的同时，也为我国经济注入了活力。国内企业与外国公司及其分支机构在互相竞争中，也极大地促进了行业产业的创新发展，有利于我国经济与国际接轨。当前我国对于外国公司及其分支机构在进入某些行业存在一定的营业准入限制，具体而言：

（一）法律的规定

1.《公司法》

《公司法》第十一章“外国公司的分支机构”部分对于外国公司的设立有明确的规定，《公司法》第 192 条第 1 款规定：“外国公司在中国境内设立分支机构，必须向中国主管机关提出申请，并提交其公司章程、所属国的公司登记证书等有关文件，经批准后，向公司登记机关依法办理登记，领取营业执照。”第 193 条明确外国公司在境内设立分支机构时，须在中国境内指定负责该分支机构的代表人或代理人，并向分支机构拨付与其从事经营活动相适应的资金。第 194 条明确外国公司的分支机构应在其名称中标明外国公司的国籍和责任形式，并在机构中制备该外国章程。

2.《企业所得税法》

外国公司在我国境内从事生产经营活动，获得审批以后，除了要进行工商登记，还需要进行依照我国税法进行税务登记。我国《企业所得税法》不以国籍为划分标准，仅将企业区分为居民企业和非居民企业两种，外国公司在我国从事经营活动设立

---

① 张敏：《外国公司分支机构研究——以外国公司营业准入为视角》，中国政法大学 2008 年硕士学位论文。

的机构、场所无论是居民企业还是非居民企业均需要缴纳25%的企业所得税。

（二）行政规章法规的规定

1.《外国（地区）企业在中国境内从事生产经营活动登记管理办法》

该办法规定了外国企业（包括港、澳、台企业）在我国境内从事经营活动应当遵守的营业登记办法，具体包括：应当办理营业登记的经营活动类型、营业登记、变更登记、注销登记的程序和内容，外国企业在中国境内开办的机构、场所的年检程序和内容等。实践中，我国各地工商行政管理部门依据本办法分营业类型为外国企业办理登记，并且向外国企业颁发营业执照。

2.《企业法人登记管理条例》

《外国（地区）企业在中国境内从事生产经营活动登记管理办法》第16条规定：对外国企业违反本办法的行为，由登记主管机关参照《中华人民共和国企业法人登记管理条例》及其施行细则的处罚条款进行查处。

3.《税务登记管理办法》

入境经营的外国企业在领取营业执照之日起30日内办理税务登记，领取税务登记证，具体登记办法遵守本办法的规定。

4.《对外合作开采海洋石油资源条例》

该条例对于外国企业如何参与合作开采我国境内的海洋石油资源进行了全面规定，该法第15条第1款规定："外国合同者为执行石油合同从事开发、生产作业，应当在我国境内设立分支机构或者代表机构，并依法履行登记手续。"其中"开发作业"是指从国务院指定的部门批准油（气）田的总体开发方案之日起，为实现石油生产所进行的设计、建造、安装、钻井工程及其相应的研究工作，并包括商业性生产开始之前的活动。"生产作业"是指一个油（气）田从开始商业性生产之日起，为生产石油所进行的全部作业以及与其有关的活动，诸如采出、注入、增产、处理、贮运和提取等作业。我国的代表机构是从事非直接经营活动的机构，故外国合同者在从事开发作业时设立的应当是代表机构，在从事生产作业时设立的应当是分支机构。

5.《外资银行管理条例》及其实施细则

关于外资银行的法规明确了在中国拟设立分行的外国银行应当满足的条件、设立审批、登记程序和业务范围等内容。拟在我国设立分行的外国银行需要经过银行业监督管理部门的筹建审批和开业审批，并须领取金融许可证。监管部门对外国银行的经营状况、安全防范措施等要进行审慎的审批。

第三节 外国公司分支机构的设立

外国公司分支机构的设立，是外国公司依东道国法律规定的条件和程序，在东道国境内为其分支机构取得生产经营资格的法律行为。

外国公司在东道国设立分支机构，一般须办理申请许可手续。各东道国政府依本国国情，参照国际惯例，一般都制定了有关外国公司在本国设立分支机构的法律。不同国家的经济实力、投资政策以及法律传统不同，对外国公司分支机构设立的法定条件和程序也不相同。发达国家和地区对外国公司到本国（地区）设立分支机构多实行准则主义，只要符合法定条件，经东道国政府的核准登记，即可开始营业，这被称为“概括确认原则”。发展中国家和地区从保护民族工业、国内市场的立场出发，一般要求外国公司在本国设立分支机构时须先向政府主管机关办理审批或许可手续，经批准后才能办理分支机构的设立登记注册手续，这种个别专门审批的办法被称为“个别确认原则”或“特别确认原则”。从各国或地区的公司立法情况来看，大多数国家或地区对外国公司分支机构的设立均给予了一定的限制。如美国《标准公司法》第 106 条规定，外国（州）公司从州务卿处获取授权证书之前，无权在该州从事业务活动。奥地利《股份有限公司法》也规定，外国的股份有限公司如要在奥地利从事业务活动，应取得奥地利政府的批准。日本、韩国则规定，外国公司欲在该国经营，必须设立分支机构，确定外国公司在该国的代理人，并且必须进行注册登记。我国公司立法及相关法律对外国公司分支机构的设立也做出了明确的规定。外国公司必须按照中国法律规定的条件和程序在中国境内设立分支机构，才能取得合法的营业资格。我国和多数发展中国家一样，对外国公司分支机构的设立采取审批的办法。

一、外国公司分支机构设立的条件①

各国或地区的法律一般要求提出申请设立分支机构的外国公司须具备一定的条件，如必须是具有法人资格的外国公司，或必须是已经在东道国营业的公司，有的甚至要求该外国公司已经在东道国境内设立了代表机构等。设立条件分为积极条件与消极条件两种：积极条件指必须具备的情形，若不具备则不得设立；消极条件指不得具备的情形，若具备则不得设立。中国的法律法规也是从正反两方面规定外国公司在中国境内设立分支机构的条件。将设立条件分为积极条件、消极条件两种是多数国家监

① 以下内容重点参阅了钟明霞：《公司法律制度新论》，中山大学出版社 2003 年版，第 313 页以下。

管外国公司分支机构的通行做法，对东道国政府有利。外国公司分支机构的设立条件实际上是东道国政府对外资的国内市场准入条件。积极条件的规定使得一般合格的外国公司获得准入本国市场的权利，但在一般合格的公司中，有一些不符合东道国的某些具体利益。比如，东道国为保护本国实力尚不强大的“幼稚民族工业领域”，就会限制或禁止外国公司在此行业内设立分支机构，而该外国公司在其他领域或其他国家的同一行业中设立分支机构可能就会被允许。所以，只有同时规定外国公司分支机构设立的积极条件和消极条件，才能保证东道国最大限度地参与国际经济循环，又使本国市场和经济秩序免受重大冲击。根据我国《公司法》及相关法律的规定，外国公司在中国设立分支机构必须符合以下基本条件规定：

（一）外国公司分支机构设立的积极条件

1. 外国公司分支机构设立的主体条件

依据我国《公司法》的规定，在我国境内设立分支机构的外国公司必须是其已依某国法律登记成立并合法存续。也就是说，我国境内的外国公司分支机构的设立以该外国公司在中国境外的合法存在为必要条件。同时，该外国公司在其本国的营业活动必须在继续之中，这是为了防止有些外国公司为规避本国法律而企图利用中国的优惠外资政策，或在某国根本只是一个“空壳”而将经营风险完全转嫁于中国市场的现象发生。所以，外国公司在中国申请设立分支机构时不仅要提交合法开业证书，还须提交资信证明和在本国营业的业务计划书。

外国公司的组织类型比我国《公司法》上规定的要多，除有限责任公司和股份有限责任公司外，还有无限公司、两合公司和股份两合公司，其中有些公司甚至不是“社团法人”。这样的公司能否在中国设立分支机构？学理上认为是可以的。外国公司原本非中国法人，其设在中国的分支机构非中国法人，所以不能依中国法的标准去判断，而应视其在本国法上是否被承认为合法成立的公司。只要该外国公司在其本国是合法成立并存续的，即可能成为在中国境内设立分支机构的适格主体。

我国对在中国境内设立分行的外国银行做了特别规定。根据国务院 2001 年 12 月颁布的《外资金融机构管理条例》（已失效）第 7 条，设立外国银行分行，申请人应当具备下列条件：①申请人在中国境内已经设立代表机构 2 年以上；②申请人提出设立申请前 1 年年末总资产不少于 200 亿美元，并且资本充足率不低于 8%；③申请人所在国家或者地区有完善的金融监督管理制度，并且申请人受到所在国家或者地区有关主管当局的有效监管；④申请人所在国家或者地区有关主管当局同意其申请；⑤中国人民银行规定的其他审慎性条件。

可见，对在中国境内设立分行的外国银行的要求比设立分支机构的一般外国公司要求高。因为金融领域关乎国计民生，对一国经济发展影响甚巨，是其他许多行业所不能比拟的。我国很长一段时期严禁外资进入金融领域，也是担心它对国内经济不利。随着经济实力的增长和控制市场能力的加强，为适应国际金融、投资发展趋势和进一步对外开放的要求，我国有目的、有步骤地放松金融外资的准入条件，直至允许其在中国境内设立分行。但这并不意味着全部放开，上述条件规定，只允许信用良好、实力较强、行为规范且为中国政府所了解并相信的外国银行设立分行。根据中国目前的有关规定，中国香港特别行政区、澳门特别行政区和台湾地区的金融机构在内地设立和营业的金融业务机构，比照适用《外资金融机构管理条例》。

2. 外国公司分支机构设立的章程条件

章程是公司基本的自治准则，是公司设立时必不可少的文件。分支机构无法人资格，自然没有自己的章程。但分支机构是所属外国公司的组成部分，其行为须遵从所属外国公司的章程。换言之，其所属外国公司的章程就是分支机构自己的行为规范，不得违背。很多国家和地区均要求外国公司在本国或本地区设立分支机构时必须提交公司章程，以了解公司的基本情况，判断是否准许其在本国或本地区设立分支机构。允许设立的，还要以公司章程作为一个衡量标准来考察外国公司的分支机构是否越权或违法，从而更有利于对外国公司分支机构的监管约束。同时，外国公司的章程还起到公示的作用，使可能与其分支机构发生交易关系的相对人了解公司的基本情况，从而判断是否与其分支机构进行交易或如何交易。因此，外国公司不仅在设立分支机构时应提交公司章程，分支机构设立完成后，还须公开其公司章程，以备公众查阅，这对外国公司分支机构和东道国内欲与之交易的相对人双方均有利。因此，外国公司分支机构虽无独立章程，其设立时仍不能免除提交所属公司章程的义务。但是，外国公司不是中国法人，其章程不必经中国政府主管机关的批准，章程的记载事项和内容极可能有不符合中国法律之处，对此应如何处理？《公司法》对此没有规定。应该认为，外国公司章程不符合中国法律的内容和记载，若与其在中国的分支机构的设立、营业等无关的，一般不必干涉；若与分支机构的设立、营业等有关的事项不符合中国法律，则应告知该外国公司，并要求其在中国设立的分支机构不得依此办理，而应遵守中国法律、法规，这是不容置疑的。

3. 外国公司分支机构设立的名称和住所条件

关于名称条件，《公司法》第 194 条规定，外国公司分支机构的名称应标明该外国公司的国籍和责任形式。为了使外国公司分支机构与我国的经济组织相区别，法律要求外国公司分支机构在其名称中标明该外国公司的国籍是十分必要的。规定其名称中标明所属公司的责任形式的目的，同《公司法》要求我国公司应在名称中标明责任形式是相同的。至于设立分支机构的外国公司的责任形式，则不限于我国《公司法》上规定的有限责任和股份有限责任两种，而依该外国公司本国法确定。只是若该外国公司是无限责任公司时，其分支机构应在营业场所和登记机关备置股东名册，以备审查和公众参阅。

在中国境内设立的外国公司分支机构的名称除标明其国籍和所属公司的组织类型外，还应符合中国法律、法规对其的特殊规定。外国公司分支机构的名称应否符合中国法律、法规对中国公司的规定，却是一个值得研究的问题。一方面，《公司法》规定外国公司分支机构不得违反中国法律、法规，不得有损中国国家和社会公共利益。据此理解，外国公司分支机构的名称应服从中国法律、法规对中国公司名称的要求。如公司名称不得含有国际组织名称或不得对公众造成欺骗或误解行为，等等。另一方面，外国公司分支机构的名称依法必须标明其所属公司的名称，若该名称有违反中国法律、法规之处，如含有国际组织名称，但在其本国确已经合法登记的，我国《公司法》不可能要求该外国公司更换名称，那么中国境内的分支机构能否使用这样的名称？实践中，或许可以采取将外国公司名称音译而不意译的做法，使该名称中不合中国法的含义为几个毫无关联的汉字遮盖，但毕竟是权宜之计。在许多场合，尤其是正式场合，外国公司分支机构的名称是中外文并用的，这个问题还有待立法或司法解释进一步明确。关于住所条件，外国公司分支机构必须在中国设立从事生产经营活动的机构和场所，这是为了分支机构营业上的需要，也是由其法律地位所决定的。

4. 外国公司分支机构设立的代表人或代理人条件

外国公司分支机构非公司法人，自无健全的公司组织机构。但其毕竟要从事营业，所以应有相应的管理体制，该体制的核心是其所属公司派驻的代表或代理人。中国《公司法》要求外国公司必须在中国境内指定负责其分支机构的代表人或代理人。一方面，保证外国公司分支机构内部有正常的管理、运作秩序，对外有适格的联络、交易代表，否则，该分支机构无法从事经营活动，从而违反了中国法律要求的外国公司分支机构的设立目的。另一方面，要求外国公司指定负责分支机构的代表人或代理人，是为了方便诉讼和非诉讼法律事务的顺利进行。外国公司分支机构若无负责人，法院和其他机关只能直接面向其远在外国的总公司，费时费力。同时，对于交易相对人而言，更是困难重重，特别是一旦发生纠纷，普通的债权人几乎束手无策。为了监督、约束外国公司的分支机构，法律明文要求其有负责的代表或代理人。

外国公司分支机构代表或代理人的任职资格，一般应由其所属公司依其本国法自行确定；其在任期内的义务和责任亦主要由该分支机构所属公司的本国法及公司章程规定。特殊情况下，可能适用其总公司所在国法与中国的有关条约、协议规定（如涉及重大财产犯罪时，可能适用引渡条约等）。但外国公司分支机构的代表或代理人在任期内有违反中国法律、法规的情况，则须承担中国法上的责任。如代表该分支机构向主管机关作虚假陈述，再如操纵该分支机构为越权经营时，一方面由分支机构及其所属公司承担责任，另一方面分支机构代表或代理人亦须承担相应的民事、行政甚至刑事责任。《公司法》对外国公司分支机构代表人和代理人各自的职权范围未作区分，当准用民法上代表人和代理人的有关规定。

5. 外国公司分支机构设立的财产条件

外国公司在中国境内设立的分支机构必须从事生产经营活动，这是由分支机构的法律性质所决定的。从事生产经营活动则须有相应的财产，外国公司分支机构的财产数额，应与其从事的生产经营活动相适应，这既是保证其顺利营业的需要，也是保护与之发生交易关系的债权人利益的需要。因此，许多国家的公司法对外国公司在本国境内的分支机构的财产数额都做了最低限额的规定。我国《公司法》要求外国公司分支机构营运资金的最低限额应符合国务院的规定。例如，根据国务院 2001 年发布的《外资金融机构管理条例》，外国银行在中国设立分行的，应由其总行无偿拨付不少于 1 亿元人民币等值的自由兑换货币作为营运资金，即按中国汇率计算的不少于 1 亿元人民币的外国货币，且该种货币必须可以在国际外汇市场上自由兑换，如美元、欧元、英镑等。非自由兑换的货币不允许作为分支机构的营运资金拨付。当然，在特定领域，如果国务院没有规定最低限额，设立分支机构的外国公司可自行确定拨付数额，只要与分支机构的营业活动相适应即可。

分支机构的营运资金应由其所属外国公司无偿拨付。分支机构是其所属外国公司的组成单元，其营业活动是总公司营业活动的一部分，营业收益纳入总公司总体核算之中，因而没有独立利益，也没有独立财产来源，营运资金只能依靠所属外国公司拨付。外国公司设立分支机构，本质上是一种投资方式，为分支机构投入营业活动相适应的资金自然是题中应有之义，也是设立分支机构的外国公司的主要义务之一。外国公司向分支机构拨付必要的营运资金也是保护债权人特别是东道国内债权人的需要。外国公司分支机构在东道国从事营业活动，必然会产生交易上的债权人，若分支机构无相应的财产，则债权人的债权只能以外国公司的财产为担保，发生纠纷即须跨国诉讼或仲裁，这于债权人而言成本太高。如果分支机构是债权人，则在东道国内即可诉讼或仲裁，两相比较，东道国内与外国公司分支机构发生交易关系的相对人处于十分不利的地位。同时，外国公司分支机构拥有一定财产，当负有债务时，债权人可要求首先以分支机构的营运资金来承担责任，不足部分再由分支机构所属外国公司负责清偿，当然亦可直接请求分支机构所属外国公司负责清偿。可见，外国公司分支机构必须拥有必要的财产作为自己债务的担保，与东道国内的交易相对人才处于实质上的平等地位，外国公司分支机构在东道国内的营业活动才能正常开展，其所属外国公司的投资目的才能顺利实现。否则，分支机构在东道国内不易找到交易伙伴，其生产经营必然受到极大的影响。

（二）外国公司分支机构设立的消极条件

有下列情形之一的外国公司，不允许其在中国境内设立分支机构：

1. 申请文件中有虚假陈述或其他违法行为的

虚假陈述指有意隐瞒真实情况或虚构、伪造事实情况的行为。此种行为构成欺诈，欲以不良手段达到目的，显属违法，同时也说明，外国公司分支机构的行为本质上有缺陷或瑕疵，即不符合积极条件之处，企图通过虚假陈述瞒天过海，当然不能被批准。即使当时蒙混过关，以后查清验实的，主管机关有权撤销批准。然而，对有虚假陈述情形的外国公司亦不宜一概而论。若其虚假陈述行为出于故意，则不予批准；若其虚假陈述行为出于疏漏或其他过失，是否也当然禁止？应该认为，对后一种情况可不必过于苛刻，实践中不妨中止审批，由外国公司自行补正，补正后的文件符合法律法规要求的，可重新启动审批程序。无其他不准设立之原因的，可以批准其分支机构的设立。补正后的文件仍有虚假陈述或其他不合法律法规要求之处，则坚持不予批准。

2. 外国公司所属国家对我国公司、企业在该国设立分支机构不予认可或有其他歧视待遇的

在这种情况下，对外国公司在中国设立分支机构的申请不予批准是国际法上平等互惠原则的体现。

值得研究的是这种消极条件是否绝对，即是否只要某国对我国公司在其境内设立分支机构不予批准或歧视待遇，我国则绝对不批准该国公司在我国设立分支机构？我国台湾地区将此条件称为“得不予认许之条件”，质言之，此消极条件并非绝对。即使有上述情形，若基于某些经济政策理由，东道国政府仍可允许该国公司在东道国境内设立分支机构。这种主张不无道理。另外，若外国公司所属国与东道国经济交往的其他领域中有歧视性做法的，东道国政府是否可以此为由拒绝允许该国公司在本国境内设立分支机构？这些问题还有待于我国法律法规作出明确规定，以适应加入 WTO 和经济全球化、一体化的发展趋势。

3. 目的或业务违背中国法律、法规和社会公共利益，损害中国国家主权和国家安全的

外国公司既要在中国境内设立分支机构，自应遵守中国法律、法规，维护中国的社会公共利益，而不能利用分支机构的权利损害东道国主权和国家安全。这是国家主

权原则的必然要求。所谓“目的和业务”，指外国公司分支机构在中国境内开展营业活动的种类和方式。这种“目的和业务”只要有违中国法律、法规和社会公共利益，即予以禁止，而无论该“目的和业务”在外国公司所属国内是否合法。比如，从营业范围看，有些国家允许武器自由买卖，在该国成立的公司，可以以武器销售为营业范围。换言之，以贩卖武器为目的的公司在这些国家可以合法成立。但我国法律禁止武器自由买卖，若有上述外国公司要在中国境内设立销售武器为营业种类的分支机构，则绝对不被允许。再从营业方式看，有些国家，如荷兰，允许以性服务为招徕顾客的手段，在该国合法成立的公司自可采取此种营业方式而不必担心违法。但这种公司欲在中国设立分支机构，则不得在中国境内使用这种招徕手段，因为这种手段违反中国法律、法规，亦与中国的公序良俗不合。

4. 设立分支机构的地区限制外国人居住或营业范围限制外国人经营的

限制外国人居住的地区，多与国防、国家安全有关，有些也可能与保护自然环境和资源有关。前者如海军基地、空军基地、卫星发射场、重要的军事区域等，均不允许外国人擅自进入或居住；后者如重点自然保护区等，同样不允许外国人擅自进入和居住。此处限制外国人经营的营业范围与前两条有所不同。第 1 条中的营业范围是不合法的，包括中国民事主体在内的任何人均不得从事；第 2 条中污染环境和破坏资源的生产经营活动本质上讲是违背社会公共利益的，但鉴于国内某些地区的实际情况，允许中国的民事主体在严格限制的条件下进行。此处限制外国人经营的营业范围只是针对外国人的，中国人可以从事，这些营业范围主要是需特别保护以免受外资控制和威胁的领域。这些领域或是关系到国计民生，或是国内企业实力不够强大，尚不足与外资竞争，或是有其他不利于我国整体经济利益的原因，所以需要对外资进行限制。由此国家也力图将外资引导到能促进国内经济建设、提高科学技术水平的领域中去。在只限制外国人经营的营业范围中，也有少数仍出于保护国家主权和安全及民族利益的考虑，如新闻出版、广播、电视、电影等。

5. 生产经营活动可能造成环境污染或破坏中国资源的

保护环境、保护资源是当今世界的一大主题。我国是人口大国，经济实力欠发达，保护环境、保护资源的任务更为重要也更为艰巨。目前，国际上有一种趋势，就是发达国家为保护本国环境和资源，凭借经济实力和先进技术，将可能污染环境和破坏资源的生产经营活动移至发展中国家，利用发展中国家急功近利发展经济的心态，对其进行隐蔽的侵略和掠夺，这一点尤其要引起我国的警觉。为保护中国的环境和资源免受污染和破坏，有必要牺牲局部经济利益，禁止外国公司在中国从事可能造成环境污染和破坏资源的生产经营活动。

二、外国公司分支机构设立的程序

外国公司依我国《公司法》的规定可以在中国境内设立分支机构，从事生产经营活动。各国或地区均基于本国或本地区对外经济政策的基本立场，在维护国家主权和经济利益的前提下，从利用外国投资、发展本国经济这一目标出发，制定本国的外国投资或跨国经济的基本政策及相应的外国投资法，对外国投资进行保护、监管和引导。在有关法律中，既包含有关外国投资或外国跨国经营的实体法规范，也包括关于对外国投资进行审查许可的程序性规范。

我国《公司法》对外国公司分支机构的设立实行许可主义，或称“核准制”，要求外国公司应先行向我国政府主管机关办理前置审批或许可，经批准后再办理分支机构的设立登记。依我国《公司法》第192条的规定，外国公司在中国境内设立分支机构，必须向中国主管机关提出申请，并提交其公司章程、所属国的公司登记证书等有关文件，经批准后，向公司登记机关依法办理登记，领取营业执照。外国公司在我国设立分支机构的具体程序可以概括如下：

（一）外国公司进行设立准备

外国公司到我国开办分支机构首先要进行可行性论证。要了解中国的经营环境、法律政策环境，进行技术、财务、人事等方面的分析，选择经营项目和经营场所，做好必要的进入准备工作。

（二）外国公司提出设立申请

我国《公司法》第192条规定，在我国境内设立外国公司分支机构的，应当向主管机关提出申请。

1. 外国公司分支机构设立的申请人

依我国《公司法》的规定，外国公司在中国境内设立分支机构，必须向中国主管机关提出申请。申请人应当是准备在中国境内设立分支机构的外国公司，即分支机构的设立主体。所以并非任何一家外国公司均可在中国境内设立分支机构，而必须符合设立主体应具备的条件。外国公司提出办理分支机构的申请，通常由其代表董事或执行业务的股东负责经办，也可以向中国委派代表或委托在中国的代理人具体经办。申请人提出申请时，应提交由该外国公司法定代表人签署的申请书，并附送其国籍的证件及外国公司的授权书或委托书。申请活动中的责任和风险概由外国公司承担，另有协议的除外。

2. 外国公司在中国境内设立分支机构应提交的文件

外国公司申请在我国境内设立分支机构的，必须向有关主管机关提交申请文件。

根据《公司法》第192条的规定，申请设立分支机构的外国公司应提交：(1) 设立外国公司分支机构的申请书。申请书应该具备以下一些内容：①外国公司的概况，包括公司名称、国籍、法定地址、法定代表人及公司其他负责人的姓名（董事及公司其他负责人的姓名）和住所、公司成立日期、经营范围、资产总额、注册资本等；②拟在中国设立的分支机构的基本情况，包括分支机构的名称、法定地址、投资总额（如发行股份，其股份总额、股份种类、每股金额及已缴金额、外国公司向分支机构拨付资金的数额）、经营范围（公司所从事的营业及准备在中国从事的营业）、经营期限、中国境内分支机构负责人及其他诉讼代理人和非诉讼代理人的姓名、国籍、住所；设立分支机构的外国公司若非有限公司或股份有限公司，应载明全体无限责任股东的姓名或名称、国籍、住所、所认股份及已缴股款等；③保证该公司必须遵守中国法律的规定。申请书应由该外国公司法定代表人签署。(2) 申请设立分支机构的外国公司的章程。(3) 申请设立分支机构的外国公司所属国出具的公司登记证书或合法开业证书（副本或影印本）。外国公司在中国境内设立分支机构，在向中国政府主管机关提出申请时，还应提交相关文件。根据有关规定，除公司章程的副本或影印本、所属国的公司登记证书外，一般还应提交下列文件：由该外国公司所在国出具的合法开业证书的副本或影印本、由同该外国公司有业务往来的金融机构出具的资信证明书、该外国公司法定代表人的资格证明书、该外国公司委任分支机构代表人或代理人的授权书、分支机构负责人的简历和身份证明、股东会或董事会对于请求批准的议事记录、该外国公司最近几年经注册会计师审计后验证的财务会计报告、该外国公司在中国营业的计划书等。上述文件如是以外文表示的，均应附上中文译本，并经公证机关予以公证。

（三）审批外国公司分支机构设立的主管机关

由于外国公司准备在中国境内设立的分支机构所从事的营业性质不尽相同，我国受理申请的主管机关也不尽相同。例如，从事贸易、制造业、货运代理分支机构的设立申请，由商务部受理；从事银行业、保险业等金融行业的分支机构设立申请，由中国人民银行受理；从事海运或海运代理的分支机构设立申请，由交通部受理，等等。这里所说的“中国主管机关”主要是指我国政府中的外资企业的管理机关。如果是经营特种行业的业务，主管机关则是指特种行业的管理机关，如外国金融企业来我国开办分支机构，则须向中国人民银行提出申请。外国公司的分支机构由中国政府主管机关审批。目前，外国企业在中国境内设立分支机构的，主要有外国银行分行、外国保险公司分公司和外国石油公司分公司等情况。外国公司分支机构设立审批的具体办法是：外国银行在中国境内设立分行，由中国人民银行审批；外国保险公司在中国境内设立分公司，由中国人民银行审批；外国石油公司在中国境内设立分公司，由中国石油天然气总公司或中国海洋石油总公司提出意见，报商务部审批。从事其他经营活动的，应按其生产经营活动所属的行业，分别由相应的主管部门审批。例如，承包房屋、土木工程建造、装饰或线路、管道、设备安装工程的，由建设部审批，承包或接受委托经营管理外商投资企业的，由外商投资企业的合同、章程审批机关审批，等等。

申请文件中如有不符合报送文件的形式要求之处，外国公司应在规定期限内补交或补正重报，不补正重报的，视为放弃申请；补正重报后，符合法定要求的，应予以批准。若申请文件有不符合法定的设立积极条件或有消极条件规定情形的，可以补正的，应按规定补正重报，不补正的，视为放弃申请；不能补正或补正后仍不合法定要求的，不予批准。

（四）对外国公司分支机构的设立审批

美国采用的是许可主义，外国（外州）公司进入其境内从事经营活动需要经过州务卿和政府主管机关的许可；英国和日本采取的是准则主义，比许可主义更宽松自由，出于对本国利害关系人的保护，它们制定了信息披露制度。英国对设立分公司的外国公司规定了强制信息披露制度和交易信息披露制度，日本则强调公告类似资产负债表的资料。日本的利害关系人在法定情形下还可以申请法院就外国公司在日本的财产发出清算命令。此外，各国对于有违法行为的外国公司都制定了严格的罚则。

1. 我国对外国公司分支机构设立的审批原则

外国公司提出的设立分支机构的申请，必须得到东道国政府的许可或者批准，而不同国家或地区对外国公司设立分支机构的许可态度不尽相同。有的国家或地区对外国公司到本国设立分支机构实行准则主义，即依东道国法律直接办理登记便可开展业务活动，无须经过政府主管机关的特别许可。如比利时《统一商事公司法》第196条规定，在国外办理了注册的外国公司可以在比利时从事经营活动，无须经过许可；美国《特拉华州普通公司法》第317条第2款则规定，一个外国（州）公司只需向特拉华州的州务卿递交50美元的申请费并在州务卿办公室备案，就可在该州从事商业性经营活动。有的国家对外国公司分支机构的设立实行核准主义或许可主义，要求外国公司应首先向东道国政府主管机关申请办理审批或许可手续，经批准后方可办理设立分支机构的登记注册手续，大多数发展中国家一般采取这种做法。

为了对在我国境内外国公司设立的分支机构进行必要的监督和管理，我国对外国公司分支机构的设立采取的是比较严格的核准主义原则，即外国公司在我国境内设立分支机构，必须经中国有关主管机关的审核，依法获得批准后才能履行注册登记手续。外国公司分支机构的具体审批办法由国务院进行规定。依我国有关规定，外国公司在我国设立分支机构的主管机关一般为国务院对外经济贸易管理机关和省级人民政府的对外经济贸易管理机关，但涉及特定经营行业的尚须经有关部门批准，如金融业需经中国人民银行批准，建筑业须经国家建设部门批准等。主管机关受理外国公司申请后，应对其设立分支机构的有关事项、文件从速逐一进行审核。对内容真实、符合法律规定的申请予以批准；否则，不予批准。此外，我国《公司法》第212条规定，擅自在我国境内设立分支机构的，由公司登记机关责令改正或者关闭，可以并处五万元以上二十万元以下的罚款。

2. 我国对外国公司分支机构设立的主要审批事项

根据我国有关法律的规定，对于符合下列条件的，审批机关应当在接到申请之日起一定期限内作出予以批准设立分支机构的决定：①申请文件符合审批机关报送文件的要求；②已经明确指定分支机构的代表人或代理人；③分支机构最低经营资金不少于法律规定的数额；④分支机构的生产经营符合我国国家产业政策的要求；⑤分支机构的生产经营符合我国有关法律、法规的对于有下列情况之一的，审批机关应当在接到申请之日起一定期限内作出不予批准的决定：①目的或业务违背中国法律、法规和社会公共利益，损害中国国家主权和国家安全的；②其生产经营活动可能造成环境污染或破坏资源的；③设立分支机构的地区限制外国人居住或营业范围限制外国人经营的；④申请批准应报明的事项中有虚伪情形的；⑤按照平等互惠原则，外国公司所属国家对我国公司不予认可的。

这些分支机构在申请办理审批时，应当向审批机关提交下列文件和证件：由外国公司董事长或总经理签署的设立申请书；外国公司的合法开业证明；外国公司的章程；分支机构负责人委派书；分支机构营运资金的拨付证明或验资报告；审批机关要求提交的其他文件。

（五）对外国公司分支机构设立办理注册登记

外国公司在中国境内设立分支机构，除应依中国法律、法规报经有关主管机关批准外，还应于规定期限内依法向公司登记机关办理登记，领取《营业执照》后，其分支机构方可开始营业。外国公司分支机构的登记程序没有特别规定的，准用中国公司设立分支机构的登记程序。外国公司分支机构的登记主管机关是国家各级工商行政管理局。

设立分支机构的外国公司应在审批机关批准之日起30日内，由外国公司向中国境内委派的或在中国境内指定的负责该分支机构的代表人或代理人向登记机关申请登记。申请登记时，应提交下列文件：①外国公司董事长或总经理签署的登记申请书；②审批机关批准设立外国公司分支机构的文件、函或证书；③该分支机构在中国境内的营业场所使用证明；④外国公司向分支机构拨付资金的验资报告；⑤向审批机关申请批准时提交的全套文件。

中国的工商行政管理机关收到外国公司提交的分支机构设立登记申请的全部文件后，发给受理登记通知书。自受理登记通知书发出之日起 30 日内，登记机关作出核准登记或者不予登记的决定。登记机关受理外国公司分支机构设立登记的申请后，应依法严格审查。经审查，登记机关认为不符合中国法律、法规规定的，则不予登记。不予登记的决定作出之日起15 日内通知申请人，并发给驳回通知书。经审查，登记机关认为符合中国法律、法规规定的，即给该外国公司分支机构办理核准登记手续，颁发《营业执照》。《营业执照》签发之日为该分支机构正式成立之日，其可据此开始营业。对核准登记注册的外国公司分支机构，登记主管机关还应发布公告，向社会公布。

第四节　外国公司分支机构的权利和义务

外国公司分支机构作为外国公司在东道国的一个派出机构，在取得东道国的工商登记后，既享有在东道国境内从事生产经营活动的权利，又要承担东道国法律规定的相应义务。各国或地区的公司法一般都对外国公司分支机构的权利义务予以专门规定。我国《公司法》第 196 条对外国公司分支机构的权利义务做了概括性规定："经批准设立的外国公司分支机构，在中国境内从事业务活动，必须遵守中国的法律，不得损害中国的社会公共利益，其合法权益受中国法律保护。"

一、外国公司分支机构的权利

外国公司在中国境内设立的分支机构受中国法律管辖，其合法权益受中国法律保护。除法律特别规定予以限制的外，外国公司分支机构的权利与中国同类分公司所享有的权利基本相同。根据我国法律的相关规定，外国公司分支机构的权利可概括为以下两方面：

（一）依法从事生产经营活动

外国公司分支机构取得中国工商行政管理机关颁发的营业执照，即获得在中国境内从事生产经营活动的法定资格。一般而言，各国或地区的法律多允许外国公司在本国境内开展业务活动，并使其具有与本国公司基本相同的权利，如依法取得财产的所有权、订立合同、享受东道国有关鼓励外商投资的优惠政策等。当然，各国或地区的法律对外国公司分支机构从事业务活动的范围也会有所限制，主要体现在禁止或者限制外国公司分支机构从事军工、航空、通信、能源等与国计民生关系重大的特殊行业。如法国禁止外国公司进行军火、酒精或医药方面的贸易（欧共体国家的公司除外）；意大利禁止外国公司从事银行业、保险业、海运业等方面的交易活动，同时，所有外国投资活动均要受到意大利《外汇管理条例》的限制。

我国目前是发展中国家，考虑到国家的经济安全，也防止外资的盲目流入对国家产业结构组成及地区分布带来不利影响，一些特定的行业包括国防工业及其他一些重要行业是禁止外国公司进入的。

（二）合法权益受中国法律保护

外国公司分支机构遵守中国法律，在中国境内依法进行生产经营活动，其合法权益当然受中国法律保护。中国有关管理机关应依法履行自己的职责，切实保障外国公司分支机构的合法权益。任何侵犯外国公司分支机构合法权益的行为都将受到法律的追究。外国公司在其分支机构的合法经营活动受到不法侵害时，有权在中国提起诉讼，寻求司法保护，以维护其合法权益。

二、外国公司分支机构的义务

外国公司在中国境内设立的分支机构在依法享有权利的同时，也应承担相应的义务。除我国法律予以特别规定外，外国公司分支机构的义务与我国同类公司所负有的义务基本相同。依我国《公司法》及其他相关法律的规定，外国公司分支机构在我国从事营业活动应承担的主要义务可概括为以下两个方面：

（一）遵守中国法律，不损害中国的社会公共利益

外国公司在中国境内设立分支机构开展业务活动，本质上是外国投资者对中国的投资。依属地管辖原则，外国公司分支机构在中国境内的营业活动，应受中国法律管辖，这是我国主权原则的体现。同时，外国公司分支机构在中国境内营业，不得损害中国的社会公共利益。比如，外国公司分支机构所从事的营业项目，必须符合中国的产业政策，在国家允许的范围内进行，不得进入中国禁止外资进入的特定行业。外国公司分支机构不得在中国境内非法开展业务，不得拒绝履行其应当履行的义务，不得扰乱中国正常的经济秩序，否则，将受到中国法律的制裁，并不因其为外国公司的分支机构而特殊。比如，外国公司分支机构同样也要接受工商、税务部门以及外汇、海关等部门的管理和监督。

依我国有关法律的规定，外国公司分支机构及其负责人有下列行为之一的，处以一定数额的罚款，情节严重构成犯罪的，依法追究刑事责任：

（1）未经批准，擅自设立分公司的；

（2）向审批机关或登记机关提交材料时，有虚报、隐瞒或欺诈行为的；

（3）违反税收管理法律、法规的；

(4) 超出经营范围进行活动的；

(5) 无正当理由在登记后6个月内未开业或开业后6个月未营业的。

(二) 标明国籍及责任形式，并置备章程

外国公司分支机构只是外国公司的一个组成部分，其本身并不具有独立的法律地位，它只能以所属外国公司的名义对外进行活动，其在中国境内的经营活动所产生的法律后果也由其所属外国公司承担。我国《公司法》中明确要求外国公司的分支机构应当在其名称中标明该外国公司的国籍及责任形式并在本机构中置备章程，以方便与其发生法律关系的当事人了解其具体情况，降低交易风险，保护债权人的利益，维护社会经济秩序。

第五节　对外国公司分支机构的监督与管理[①]

依据我国《公司法》第195条规定，外国公司在中国境内设立的分支机构不具有中国法人资格。外国公司对其分支机构在中国境内进行经营活动承担民事责任。以及第196条规定，经批准设立的外国公司分支机构，在中国境内从事业务活动，必须遵守中国的法律，不得损害中国的社会公共利益，其合法权益受中国法律保护。从上述两个条款的规定我们可以看出，外国公司分支机构在中国境内从事营业活动，对中国境内的交易相对人利益和社会经济秩序都会产生影响。我国为维护主权和国内交易秩序，保护外国公司分支机构在中国境内开展生产经营活动中的一切合法权益不受侵犯，必须对其营业活动进行监管，确保社会经济秩序的正常进行。以下我们从三个方面来看对外国公司分支机构的监管。

一、认许时，对外国公司分支机构的监管

认许外国公司设立分支机构时，需要对外国公司进行事前审查，主要是针对外国公司分支机构设立的活动进行监管。此时外国公司分支机构尚在设立之中，一般只同政府主管机关（审批机关）、登记机关和验资机构发生法律关系，所以从认许方面对外国公司分支机构的监管主要由政府主管机关、登记机关和验资机构等实施。

(一) 政府主管机关对外国公司分支机构的监管

外国公司欲在东道国设立分支机构获准认许前，政府主管机关作为外国公司分支机构设立的审批机关，是事前监管的首要部门，其是否监管以及监管质量的高低直接

---

① 以下内容重点参阅了钟明霞：《公司法律制度新论》，中山大学出版社2003年版，第324页以下。

体现着国家外资的市场准入条件，也直接关系到外国公司的投资目的能否实现。中国是发展中国家，资金缺乏，技术落后，引进外资和先进技术极为重要，但外资进入必须符合国家的产业政策和国家安全。政府主管机关对外国公司分支机构的事前监管，概括起来，就是依法审查外国公司的分支机构设立是否符合中国法律法规规定的条件及有无法律法规禁止、限制设立的情形，并相应作出批准设立或不批准设立的决定。政府主管机关从事监管的具体内容，就是上述的外国公司分支机构的设立条件，此处不再赘述。

通过政府主管机关的事前监管，可以有效地排除不符合中国法律规定或有违中国整体经济利益的外资进入中国市场，同时将符合中国经济发展要求的外资吸纳进来，既保障国内经济秩序的稳定、协调，又可以促进国内经济建设。可见，政府主管机关的事前监管是极为重要的宏观调控手段。

（二）登记机关对外国公司分支机构的监管

很多国家，尤其是发达国家不要求政府主管机关对外国公司分支机构的设立进行事前监管，对外国公司分支机构的设立实行“准则主义”，没有前置许可程序。但是，即使是这些国家的公司法也几乎无一例外地规定设立外国公司分支机构必须完成登记程序，否则不得成立。可以说，登记机关是所有国家法定的对设立外国公司分支机构进行事前监管的机关，尽管各国的登记机关不尽相同。之所以如此，原因在于登记机关是一国经济生活中的主要执法机关（可能是行政机关，如我国的工商行的管理局；也可能是司法机关，如有些国家的法院为登记机关），实施对进入市场的主体的控制是各国登记机关的重要职责。登记实质上是代表国家发出的允许主体进入市场从事营业的决定性宣告，对社会公众而言，具有绝对的公信力。因为所有国家都需要保护本国经济利益，不可能对进入市场的主体特别是进入本国国内市场的外资不作任何限制，区别仅在于限制条件的宽严而不在于这种条件的有无。

登记机关对外国公司分支机构事前监管一般均围绕法定登记事项，对申请人提交的文件予以审查，相应作出核准登记与驳回申请的决定。应该指出，在我国，政府主管机关与登记机关对外国公司分支机构的事前监管并不矛盾，而是相互协调、相互制约的。两个机关的监管内容、侧重点有所不同，审查后的决定，其效力也不同：经政府机关批准的，只获得申请登记的资格，经登记机关核准登记的，才获得营业的资格。两个机关的监管目的是相同的，均为保障我国整体经济协调、健康发展。所以，到目前为止，还不能以登记机关的监管取代政府主管机关的监管。随着市场体制的完善，国家宏观调控水平的提高，包括政府主管机关对外国公司分支机构的事前监管在内的直接干预将会越来越少。

（三）验资机构对外国公司分支机构的监管

验资机构指法定的专门从事资本、资金验证的机构或组织，主要是会计师事务所和审计事务所。外国公司在中国境内设立分支机构，验资证明是必须向登记机关提交的法定文件之一。验资机构不是国家的行政管理机关，只能对外国公司实行监督而不能进行管理。验资机构对外国公司分支机构进行事前监督的主要内容是审查、验证外国公司是否为设立分支机构拨付了经营资金，以及所拨付资金是否符合法定最低限额要求。验资机构的监督可以有效地保证外国公司分支机构符合设立条件中的资金条件，是登记机关进行事前监管的主要依据之一，具有十分重要的作用。

二、对外国公司分支机构营业方面的监管

登记机关是对外国公司分支机构成立后的营业活动进行日常监管的主要机关，这是由其行政执法机关的地位和职责决定的。根据有关规定，登记机关对外国公司分支机构事后监管的主要内容是：

1. 监督外国公司分支机构是否按核准的经营范围从事生产经营活动

核准的经营范围是外国公司分支机构营业活动的权利边界，法定登记是公信力的体现，也反映着国家产业政策和宏观调控的要求，外国公司分支机构不得以任何形式越权超出范围经营。

2. 监督外国公司分支机构依法办理变更登记和注销登记

外国公司分支机构为营业需要发生某些变动是正常的，只要不违法，亦是允许的，但必须办理变更登记，这同样是由法定登记的性质和效力决定的。外国公司分支机构有事项变更却未办变更登记的，不得以未经登记而变更的事项对抗第三人。外国公司分支机构终止或解散时，清算完毕后应办理注销登记。

3. 监督外国公司分支机构办理年度检验

年度检验是登记机关对外国公司分支机构每年一次的例行检查和审验，由此了解其经营状况，判断其是否有继续营业的资格，有无需要纠正的事项。年度检验是对外国公司分支机构进行监管的重要制度，可以使行政执法机关及时发现隐患，预防更大问题的发生。

4. 监督外国公司分支机构遵守中国的法律法规

这些法律法规包括如《广告法》《合同法》《消费者权益保护法》等。对于有违法行为的外国公司分支机构，可依法予以行政处罚，直至吊销营业执照。外国公司分支机构对行政处罚不服的，可申请行政复议或提起行政诉讼。事后监管指对已成立的外国公司分支机构的活动进行监督管理。已成立的外国公司分支机构从事一定的生产经营活

动，许多国家机关将与之发生管理与被管理的法律关系。随着外国公司分支机构的成立，其活动范围扩大，涉及面更广，对它进行监管的机关和监管内容也相应增加。

另外，政府主管机关也会事后监督外国公司分支机构在原审批要求的范围内活动，持续地满足法定的设立积极条件且没有消极条件的发生，并对之进行必要的管理。管理手段包括通知纠正、责令整改直至在一定情况下撤销原批准决定。撤销原批准决定的主要原因有：①外国公司分支机构严重违反法律，违背社会公共利益，已不具备原审批时的条件；②外国公司在设立分支机构的申请文件中有虚假陈述。查明后，原审批机关可撤销批准；③由于国家产业政策调整或其他宏观经济形势发生重大变化；④其他需要撤销原批准的情形。此外，当原审批事项发生变化时，外国公司分支机构须报审批机关重新审查、批准，这也是政府主管机关对外国公司分支机构事后监管的重要内容。如外国公司分支机构要扩大或改变经营范围、变更分支机构生产经营场所等均须报原审批机关重新审批，不予批准的则不得变更。否则，登记机关不予登记。有些政府主管机关对外国公司分支机构还要进行特别的事后监管。如中国人民银行对外国银行分行成立后的经营活动即须进行特别监管。这种监管主要针对外国银行分行的资产结构、资本保全、利率、经营规模、存款贷款等方面。另外，外国银行分行更换负责人甚至更换其他高层管理人员亦须由中国人民银行批准。

三、对外国公司分支机构财产方面的监管

外国公司应专拨其在我国境内营业所用的资金，并应受主管机关对其营业所要求最低资本额的限制。外国公司经认许后，主管机关于必要时，可以查阅其有关营业的簿册文件。具体而言：

（1）外国公司分支机构应建立会计账簿，依法纳税，接受税务机关的监督和管理。

（2）外国公司分支机构的外汇使用、进出口业务应按中国有关外汇管理和海关、商检管理的规定办理，服从这些部门的监督和管评。

（3）外国公司分支机构在营业活动中的资金运营，应接受中国人民银行的监管。

第六节　外国公司分支机构的解散和清算

由于特定事由的出现，已成立的外国公司分支机构停止原经批准的营业活动，这就会导致外国公司分支机构的解散。外国公司分支机构解散后，应依法进行清算。清算完结后，外国公司分支机构彻底终止。所以，解散是进入清算阶段的标志，解散并不意味着外国公司分支机构的彻底终止，而只是其终止的原因。

一、外国公司分支机构的解散

外国公司分支机构的解散原因可分为两类：一是外国公司及其分支机构因自身事由解散，称为自行解散；二是因东道国政府依法撤销原批准决定或责令外国公司分支机构关闭而解散，称为强制解散或撤销。西方国家公司法对外国公司撤离的规定，一般分两种情况：第一种情况是由于被强制吊销营业执照而被迫撤离；第二种情况是主动撤离。对于外国公司被迫撤离，东道国政府（法院）强令外国公司撤离该国，一般都是由于外国公司严重违反东道国的公司法令或其他法律。如日本《公司法》第484条规定，法院在下列情形下，根据法务大臣、股东、债权人及其他利害关系人的请求，可以命令关闭外国公司的营业所：1. 设置营业所以违法为目的进行营业者；2. 无正当理由，在进行法定登记1年以后，没有开始营业或停止营业1年以上者，无正当理由停止付款者；3. 外国公司的代表人及其他在营业所执行业务的人，有超越法令所定的公司权限或滥用职权的行为，虽经法务大臣以书面警告，仍不改正，或者继续违反刑法法令或者重新犯罪者。美国各州公司法规定，凡在本州从事业务活动的外州（国）公司，在下列情况下，州务卿有权撤销其所颁发的营业执照，命令外国公司撤离：1. 公司未能在本法令规定的期限内提交年度报告或未支付本法令规定的到期应付的任何费用、特种税或罚款；2. 公司没有在本州任命和保持一位由本法令规定的注册代理人；3. 公司更换注册办事处或注册代理人后，没有按本法令规定将更换声明书呈递州务卿办公室；4. 公司在本法令规定的期限内没有把章程的修改条款或合并条款呈递州务卿办公室；5. 该公司曾就本法令所规定提交的任何申请书、报告、宣誓书或其他文件的任何本质事项作出虚伪的陈述。对于外国公司主动要求撤离，这种情况一般发生在外国公司已经完成了在东道国从事营业活动的预定目标，需要转移营业地而采取的一种正常方式。在美国，凡外国公司要撤离该州，必须首先向州务卿递交含有下述内容的撤离申请书：1. 公司名称及公司据以设立的法律所属的州或国家；2. 公司当时不在本州从事业务活动的事实；3. 公司放弃了在本州从事业务活动的权利；4. 公司撤销其在本州的注册代理人接受诉讼文书的权利；5. 州务卿可将送给他的对公司的诉讼文书的副本寄往公司的另外通讯地址的通知；6. 在提出上述申请时，公司授权发行的股份总数，并详细列明股份类别，股份的票面值，无票面值的股份；7. 在提出上述申请时已发行股份的总额，并详细列明股份类别、股份的票面值、无票面值的股份；8. 在提出上述申请时以美元表示的、公司设定股本的数额的声明。州务卿经审核，认为上述申请书属实，就可以直接向该公司颁发撤销营业执照的通知。在州务卿正式颁发上述通知后，公司应立即撤离该州。其他西方国家公司法也都有类似的法律规定。

（一）外国公司分支机构的自行解散

外国公司分支机构的自行解散，包括以下几种情况：

1. 外国公司分支机构经营期限届满。这是比较常见的解散情形。经营期限届满，往往意味着外国公司设立分支机构的投资目标已告实现，不必维持分支机构的存在，因而主动将其解散。当然，经营期限届满，外国公司仍有意让分支机构继续营业，可在期限届满的一定时间内，经原审批机构批准，申请办理延期登记。不申请延期的，视为外国公司分支机构自行解散。

2. 外国公司分支机构的经营目的在经营期限届满前已实现或已不能实现。外国公司分支机构的经营目的提前实现，自然无意在中国境内继续经营；若经营目的无法实现，外国公司分支机构也无必要继续营业。在这两种情况下，外国公司均可自由地将其分支机构解散。解散时应向原审批机关申请撤销原审批决定并缴回原批准文件。

3. 设立分支机构的外国公司宣告破产。分支机构原非法人，其所属公司宣告破产，分支机构自无存在余地，理应解散，随其所属公司进入破产程序。

4. 设立分支机构的外国公司因其所属国的行政命令或法院判决而解散，此种情形当然导致分支机构的解散。这种解散原因与外国公司破产导致分支机构解散相似，均因所属公司自身解散而使其所属的分支机构随之不再存续。

5. 设立分支机构的外国公司由于股东决议或自行发生合并、分立、不可抗拒等重大事项时而将分支机构解散。

6. 外国公司分支机构不能清偿债务或其他原因不能继续营业的，其所属外国公司可将其解散。

（二）外国公司分支机构的撤销

外国公司分支机构的撤销，一般是由该分支机构的违法行为引起的。外国公司分支机构在东道国境内从事营业，应遵守所在国的法律，不得违背其公序良俗，否则，东道国政府有权将其解散。很多国家的公司法都有如此规定。

1. 外国公司分支机构的撤销的情形

我国《公司法》明确要求，外国公司分支机构必须遵守中国法律，不得损害中国社会公共利益，若有违反，有关机关可勒令其停止营业。外国公司分支机构有下列情形时，我国有关机关可将其强制解散：

（1）外国公司分支机构从事非法经营，严重违反中国法律法规、社会公共利益，有关机关可依法责令其关闭，人民法院可依法宣告其解散。

（2）外国公司分支机构申请批准时所报事项或提交的文件有虚伪情形，经查明证实的，原审批机关可撤销原批准决定。依批准决定设立的外国公司分支机构因此丧失了存在的法律根据，自然应被解散。

（3）外国公司分支机构的主管机关基于中国社会公共利益的考虑，可发布行政命令撤销外国公司分支机构。如国家宏观经济形势出现重大变化时，原审批机关批准设立外国公司分支机构的基础事实已不存在，外国公司分支机构的营业活动可能与整体经济利益产生冲突，则主管机关可撤销原批准决定，强制解散外国公司分支机构。

（4）外国公司分支机构成立后无正当理由超过6个月未营业的，或开业后自行连续停业6个月以上的，登记机关可吊销其营业执照。

应当指出，有权强制解散外国公司分支机构的机关不仅是原审批机关、登记机关，还包括其他有管辖权的机关，如税务、环境等机关，均可在外国公司分支机构有相关严重违法情形时责令其关闭。另外，外国公司分支机构被有权机关强制撤销时，其正当权益仍受法律保护。有关机关未依法从事具体行政行为时，外国公司分支机构可提起行政诉讼以主张权利。

2. 外国公司分支机构被撤销后的责任承担

外国公司分支机构被撤销后，应依法进入清算程序，清理债权债务。在公司法实践中，对外国公司分支机构被撤销后的责任承担问题，有不同的看法。一种观点认为应一律直接由设立该分支机构的外国公司承担；另一种观点认为，应先以该分支机构的财产负责清偿，分支机构没有偿付能力的，再由该外国公司承担。我国《公司法》第196条第2款虽然规定了“外国公司对其分支机构在中国境内进行经营活动承担民事责任”，但对承担责任的方式或程序没有具体规定。我们认为应该采取第二种观点。理由如下：（1）我国现行《公司法》第197条规定：“外国公司撤销其在中国境内的分支机构时，必须依法清偿债务……未清偿债务之前，不得将其分支机构的财产移至中国境外。”依该规定，不仅不能得出必须由该外国公司直接承担分支机构责任的结论，相反，“不得将其分支机构的财产移至中国境外”的规定恰恰为先以该分支机构的财产承担责任提供了可能。（2）先以分支机构的财产承担责任，正是外国公司分支机构的法律地位及其存在的法律意义的具体表现。

二、外国公司分支机构的清算

外国公司分支机构的清算，是指外国公司分支机构解散后，为终结其现存的各种法律关系和了结公司债务而对公司的资产、债权进行清理、处分的行为。我国《公司法》第197条规定，外国公司撤销其在我国境内的分支机构时，必须依法清偿债务，依照《公司法》规定的公司清算程序进行清算。外国公司分支机构虽然不是中国法人，但解散后亦必须依法进行清算。清算期间内，外国公司分支机构尚未彻底终止，仍可从事一定的营业行为，但此种营业行为只限于以清算为目的的范围之内，不得从事与清算无关的营业活动。

（一）外国公司分支机构的清算程序

清算是保障债权人利益和维护交易安全、保证市场运转的重要法律制度，是公司法律的基本规范之一。外国公司分支机构的清算必须依《公司法》的要求进行，其清算程序依外国公司分支机构的性质，准用《公司法》中有关公司清算的程序。其程序主要包括：

1. 成立清算组

在外国公司分支机构主动撤销的情形下，依据《公司法》第 197 条和第 183 条的规定，外国公司分支机构解散后 15 日内应当成立清算组，外国公司分支机构的负责人必须依法作为清算人加入清算组。逾期不成立清算组的，人民法院可依利害关系人的申请指定有关人员成立清算组进行清算。如果是由于外国公司分支机构违反法律规定被依法责令关闭的，则由有关主管机关组织外国公司、有关机关及有关专业人员进行清算组进行清算。①

2. 向债权人公告

外国公司分支机构的清算组应在成立后 10 日内通知债权人，并于 60 日内在报纸上公告。债权人应当自接到通知书之日起 30 日内，未接到通知书的自公告之日起 45 日内，向清算组申报其债权。未在法定期间申报的债权，不列入清算范围。其债权人只能就分配后的剩余财产请求清偿。但外国公司分支机构明知而未通知的债权人，其债权仍应在清算范围内清算。债权人申报债权时，应对债权予以说明并提供证明，清算组应予以登记。

3. 制订清算方案，清理财产，清偿债务

清算组应当清理、收取在外的债权，还应清点、评估、保管分支机构的现有财产。我国《公司法》规定，外国公司分支机构未清偿债务之前，不得将其分支机构的财产移至中国境外，以免其未缴税费和未偿债务等难以追索。清算组应同时清点债务，编制资产负债表和财产清单，然后根据债权人的债权份额和分支机构现有资产制定清算方案，报有关主管机关确认。主管机关确认后，清算组依次分别支付清算费用、职工工资、劳动保险费用、欠缴税款，分支机构资产仍有剩余的按债权数额清偿。若分支机构资产不足以清偿债务的，由其所属外国公司承担连带责任，即外国公司分支机构的债权人之债权未受清偿者，可直接要求分支机构所属外国公司清偿。

---

① 赵旭东主编：《公司法学》，高等教育出版社 2015 年版，第 396 页。

外国公司对其在中国境内分支机构的债务清偿依该外国公司自己的责任形式而有所不同。该外国公司若是有限责任公司或股份有限责任公司，应以其全部资产对其在中国境内所设立分支机构不能清偿的债务承担清偿责任，若该外国公司的全部资产不足以清偿的，则中国债权人可依法请求该外国公司破产，并参加其破产清算；若该外国公司为无限公司或两合公司或股份两合公司的，当公司财产不足以清偿其分支机构所不能清偿的债务时，公司的无限责任股东应承担无限连带责任。

4. 撤销登记

清算结束后，由清算组制作清算报告报主管机关确认，经主管机关批准确认的，应发给其申请撤销登记的批准文件。清算组在主管机关批准后的30日内，向原登记机关申请撤销登记。

登记机关在核准外国公司分支机构的撤销登记时，应收缴其《营业执照》正副本及印章，撤销其注册号，并通知银行、税务、海关等部门，最后发布公告。外国公司分支机构未依法办理撤销登记的，登记机关可参照《公司登记管理条例》及其施行细则的处罚条款进行查处。

（二）清算过程中外国公司分支机构的法律地位

外国公司分支机构在撤销以后至清算结束这段时间，在清算范围内仍视为未撤销，其民事主体资格视为存续，但其权利能力受到限制，即仅限于以清算为目的的范围之内，不得从事与清算无关的经营活动。

为保护债权人的利益，我国《公司法》第197条规定："外国公司……未清偿债务之前，不得将其分支机构的财产移至中国境外。"也就是说，对于外国公司分支机构的所有清算未了的债务，仍由其所属外国公司予以清偿。这是由外国公司分支机构的法律地位决定的。

三、外国公司分支机构的注销

外国公司分支机构清算结束后，清算组应当制作清算报告，报有关主管机关确认，并报送原公司登记机关，由公司登记机关发布公告、缴销营业执照。

未办理注销登记的，由公司登记机关吊销其营业执照并予以公告。

外国公司的分支机构在办理注销手续及公告之后，方可将其剩余财产转移出境。

第七节　欧洲共同体第十一号指令关于分公司设立的公开要件

"Eleventh Council Directive of 21 December 1989（89/666/EEC）on Company Law Concerning Disclosure Requirements in Respect or Branches opened in a Member State by Certain Types Or Companies Governed by the Law of Another Member State"，欧洲共同体公司法第十一号指令，系基于 EEC 条约第 54 条第 3 项（g）款的规定，规范有关分公司设立的公开要求，由理事会于 1989 年 12 月 21 日颁布之 89/666/EEC 指令。另外第九号指令建议草案，即系有关母子公司之间的关系规范，即"Proposed Ninth Directive' Relationships Between Parent Companies and Their Subsidiaries"。执委会于"1985 White Paper（白皮书）"中宣告，于 1990 年年底提出该草案。

一、概述

（一）第十一号指令立法目的及规范要旨

为加速有关《罗马条约》第 58 条范围内公司设立的自由，第五号指令有关股份有限公司组织、第四号指令年度会计、第七号指令合并财务报表及第八号指令稽核人员，已就其公开的部分加以规定，进行协调。而上述的指令所适用的公司种类并不包括分公司，而设立分公司与子公司均为现存公司可以在其他成员国境内行使的设立权利之一，所以由于缺乏此类的协调，使得在其他成员国境内设立子公司与分公司，对股东及第三人保护造成不一致，因此有必要单独就分公司进行协调。[①]

为保护以分公司为媒介与总公司进行交易的第三人，分公司所在地的成员国有需要将有关分公司及总公司的相关登记事项公开。此外，分公司在其所在地的成员国内造成的经济、社会等各方面的影响并不亚于子公司，因此，就分公司的公开，也有公益的考虑。

同时，为确保第十一号指令目标得以实现，以及避免因总公司的国籍不同所造成的歧视，就总公司位于非成员国的国家境内而其法定形式与第一号指令中所规定的公司形式可以比较适用时，由该总公司在成员国境内设立的分公司，也应适用此指令。但是，该分公司与总公司位于成员国境内的分公司所适用的条款有些差异，因为第一号指令并不适用于成员国的公司。但是本指令不影响其他相关条款如雇佣法、税法或

---

① Eleventh Council Directive（89/666/EEC）前言。

与统计有关的条款所规定的公开要件①。

（二）第九号指令建议草案立法目的及规范要旨

本指令草案，是为了保障少数股东、债权人及受雇人，提高公司透明度所作努力的一部分。本指令源自德国的“康采恩法”（Konzernrecht），同样在处理公司、企业的结合、连属，以及成为集团所引发的一些问题。

为使母子公司之间的法律关系得以正式化、形式化，也为赋予子公司的少数股东及债权人较多方面的法律权利可以对母公司主张，本指令草案已经撼动了大部分成员国公司法的“基石”（cornerstone），即有限责任的概念②。事实上，本指令草案就母公司的责任，给予极明显的加重。

本指令草案包含三个主要部分：一为有关股份持有的公开事宜（disclosure of shareholdings）；二为有关垂直集团（vertical groups），即母子公司关系（parent/subsidiary relationship）；三为有关平行集团（horizontal groups），即虽非母子公司，但有一体经营的协议（agreement on unified management）。至于母子公司的定义，则应依第七号指令中的法律或实质控制（legal or de facto control）来加以决定。

因为欧洲共同体各会员国在1992年年底完成欧洲共同体的内部单一市场，所以跨国企业在欧洲单一市场设立营运单位，在公司组织的法律形态上究竟以分公司或子公司为佳？则应参酌相关指令作慎重的抉择。

（三）分公司与子公司的差异

一般公司于扩展其营业范围时，尤其对于跨国企业的情况，大多利用在他国设立分公司或子公司的方式进行，以下就两者的性质、设立方式、税务及其责任四方面说明分公司与予公司的差异：

1. 性质

子公司是一个独立的法人组织，其本身具有法人人格，虽其股权事实上由母公司控制，但法律上两者是个别的法律主体；而分公司仅为总公司的延长，并非独立存在的法人组织，其本身为总公司内部的一部分，应受总公司的指挥支配，故不具有独立的法人人格。

2. 设立方式

由于子公司被视为一独立的法人，故其须依照地主国的相关法律，在地主国登记成立；而分公司仅为总公司的一部分，因此设立程序上较子公司为简便，一般仅须通

---

① Eleventh Council Directive（89/666/EEC）前言。

② Baker & Mckenzie, Single European Market Reporter, pp. 3 – 13.

过登记程序及经地主国依据当地法认许即可。

3. 税务

（1）由于子公司在东道国内为一独立的法人，故其亏损与母公司的管理费用无法合并计算，仍应依该成员国的税法计算；而分公司为总公司的一部分，故其所得与损失一般均与总公司合并计算征税，而也由总公司负担其管理费用。

（2）子公司除在成员国内须缴纳所得税外，子公司汇出股利时，一般也对受领股利的母公司扣缴一定比例的所得税；而分公司的之所得是总公司所得的一部分，故原则上并没有这种盈余分配的征税问题。

4. 责任

子公司以自己的名义与第三人进行交易，应以自己的资产作担保（也只有子公司才拥有自己的资产），因此原则上子公司就其债权债务应自行负责；而分公司是以总公司的名义与第三人缔结契约，其并未拥有自己的资产，因此其债权债务均须以总公司的资产作为担保，故分公司不须也无法自行负责。

二、设立分公司的公开要件

因为对设立分公司的程序在共同体成员国之间缺乏协调，特别是关于公开的问题，往往当公司在其他成员国设立分公司时，造成对股东或第三人保护的不一致，影响设立权利的运作①。还有，分公司的设立也会影响成员国的经济与社会，所以，分公司所在地的成员国公开关于分公司及总公司的登记事项，将有助于公司营运的健全，保护股东及第三人的权益②。另外，指令对信息披露义务的规定区分了欧盟成员国的公司和非欧盟成员国的公司。在非欧盟成员国，利害关系人向外国公司主张公平正义的难度比在欧盟成员国大，可能存在法系的差异、缺乏相关承认判决的双边条约或者判决无法有效地执行等，因此非欧盟成员国的公司承担的信息披露义务更重。

为了确保第十一号指令的目的能被完全地实现，以及避免因总公司所在地国的不同而为差别待遇，本指令必须也能适用于非成员国法律规范的总公司在共同体内设立分公司的程序。但是，本指令不影响到关于雇佣法、税法或基于统计的目的而要求分

---

① Cf. Bull. EC Suppl. 5188, p. 6.

② 因此，原则上，我国企业到国外设立营运单位时，应考虑其营运政策、发展目标及当地的法律规定，以便作正确的抉择，如在英国，设立分公司非常简单，不过，国外总公司应于年度结束后13个月内将财务报表提送注册署，且该报表应遵照英国会计处理准则来制作。而在荷兰设立分公司，仅需依分公司资本额向商会办理商业登记即可营业。另在卢森堡成立分公司亦很简单，不过须事先在该国公布其公司章程。

公司公开条款的实施①。

（一）其他会员国总公司设立分公司的公开要件

受其他成员国法律的规范并且适用68/151/EEC指令的总公司，依据该指令第3条的规定，应依分公司所在地的成员国法公开关于其在境内设立分公司的文件及事项。其必须公布的内容，依据第十一号指令第2条的规定，应包含下列文件及事项：

1. 分公司所在地；

2. 分公司所经营的事业；

3. 依68/151/EEC指令第3条总公司登记执照所载事项及登记先后顺序；

4. 总公司的名称、种类及分公司的名称（如有异于总公司时）；

5. 事务所的设立、废止，及有权代表总公司与第三人为交易及进行诉讼程序者的资料：（1）依68/151/EEC指令第2条第1项（d）款规定，总公司依法设立的机关或任何此种机关的成员；（2）总公司就分公司所营事业的永久代表及其权限；

6. 依据68/151/EEC指令第2条第1项（h）、（j）、（k）款规定，根据总公司公开公司的解散、清算人的指派和关于清算人与其权限的资料，及清算的终结：破产程序、调解、和解或由总公司进行的任何类似程序；

7. 依据第3条制作的会计表册；

8. 分公司的解散。

此外，设立分公司所在地的成员国也得规定公开下列事项：

1. 适用本指令第2条第1项（e）款及（f）款者的签名；

2. 依68/151/EEC指令第2条第1项（a）、（b）、（c）款规定，设立文件及其附件、章程及此等文件的修正文；

3. 适用本指令第2条第1项（c）款关于总公司注册登记中证明公司存在的证书；

4. 公开关于位于其他成员国的总公司资产担保的有效性。

依照共同体的规则所编制、稽核的会计表册，应平等保护股东及第三人。还有，相关会计表册也应依第一号指令的规定公布在总公司的登记事项上②。此外，为分公司债权人的特别利益，本指令规定原则上应附加公布年度会计及年度报告在分公司的

---

① Eleventh Council Directive Of 21 December 1989（89/666/EEC） On Company Law Concerning Disclosure Requirements in Respect Orbranches Opened in A Member State by Certain Types Of Companies, OJ No L 395, 30. 12. 1989, pp. 36 – 39.

② 第四号指令（78/660/EEC）第47条规定，以及第七号指令（83/349/EEC）第38条规定。

登记事项上①。

根据78/660/EEC、83/349/EEC、84/253/EEC等指令的规定，本指令第2条第1项（g）款须公开的会计表册，应限于依规范总公司的会员国法所编制、稽核与公开的总公司的会计表册②。其目的在于确保分公司所在地的成员国不得就会计表册的公开加诸任何更多的要件，保护设立权利的正常运作。然而设立分公司所在地的成员国得规定适用第2条第2项（b）款及第3条的文件，必须以共同体中他种官方语文刊行，且此等文件的译本须经公证③。

如果总公司于一成员国境内设立数个分公司时，适用第2条第2项（b）款及第3条文件的公开得载于总公司选择的分公司的登记簿上④。此外，各会员国应规定分公司所使用的书信及订单形式，除包括68/151/EEC指令第4条所规定者外，尚须表明存有该分公司档案的登记簿及其登记号码。⑤

（二）非成员国的总公司设立分公司的公开要件

不受成员国法律规范的总公司，于某成员国境内设立分公司的，如其总公司的组织形态与适用第一号指令（68/151/EEC）的公司形态可比较适用的，则依该指令第3条的规定，在分公司所在地的会员国公开其相关文件及事项的规定⑥。

而依本指令第8条的规定，其应公开的事项，至少应包括：

1. 分公司所在地；
2. 分公司所经营主事业；
3. 规范总公司的所在地国法；
4. 总公司依法注册登记及登记先后顺序；
5. 设立文件及其附件、章程（如与设立文件分开）及此等文件的修正文；
6. 总公司的种类、主营业所及所营事业，和每年度至少的实收资本额等（若未经载明于前款之文件中时）；
7. 总公司的名称及分公司的名称（如有异于总公司时）；

---

① 此点与子公司不同，因成员国毋庸适用第四号指令所规定子公司的年度会计的内容、稽核与公开等。经第七号指令第43条修正的第四号指令第57条参照。

② 78/660/EEC号指令，系有关公司的年度会计，83/349/EEC号指令则为有关公司的合并报表的规定。OJNoL222，14.8.1978，pp.11－31；OJ No L193，18.7.1983，pp.1－17；OJ No L 126，12.5.1984，pp.20－26. 本规定的目的在于确保分公司所在地会员国不得就会计表册的公开加诸任何更多主要件，以保护总公司与分公司的权利。

③ 89/666/EEC指令第4条规定。

④ 89/666/EEC指令第5条规定。

⑤ 89/666/EEC指令第6条规定。

⑥ 89/666/EEC指令第8条规定。

8. 经授权代表总公司与第三人进行交易及司法程序的人员的任命、终止职务及其特别规定：（1）依法设立的公司机关或其机关的构成人员；（2）代表总公司进行分公司业务的永久代表之人；该经授权足以代表公司的人，其权限范围应予标明，并应载明是否具单独处理的权限（单独代表）须透过合意始可为授权行为（共同代表）；

9. 公司的解散、清算人的任用和关于清算人与其权限的事项，以及清算的终结；破产程序、调解、和解或由总公司进行的任何类似程序；

10. 依第 7 条制作的会计表册；

11. 分公司的关闭（停业）。

第 8 条规定的强制公开义务应适用于依据总公司所在地的国内法加以编制、稽核及公开之会计表册。若该规定与 78/660/EEC 指令及 83/349/EEC 指令不符或不相当，会员国得要求编制及公开有关该分公司业务的会计表册。其并应适用本指令第 4 条、第 5 条有关会计表册的规定。此与本指令第 3 条的规定有所差异（第 9 条）。

会员国应规定分公司所使用的书信及订单格式，应载明存有该分公司档案的登记簿及其登记号码。当总公司所依据的国内法要求其须注册登记时，则该总公司的登记簿及其登记号码也应一并载明（第 10 条）。

（三）其他设立公开相关事项

1. 分公司对总公司年度报告的规定

本指令第 11 条规定，于 78/660/EEC 指令第 46 条第 2 项增列（e）款："有分公司的设立[①]。"

2. 过渡及最终条款

（1）成员国应规定，当公司未依第 1 条、第 2 条、第 3 条、第 7 条、第 8 条及第 9 条的规定公开，以及于其书信及订单中省略依第 6 条及第 9 条的规定强制应予公开的，应予以适当的刑罚。本条即为罚则的规定（第 12 条）；

（2）各成员国应自行规定由何人履行本指令所规定的公开义务（第 13 条）；

（3）本指令第 3 条、第 9 条的规定不适用于 89/117/EEC 指令所规范的信用机构及金融机构所设立的分公司。对于仍在协调当中的保险公司所设立的分公司，也相同（第 14 条）；

（4）应删除第四号指令（78/660/EEC）第 54 条及第七号指令（83/349/EEC）

---

① 第四号指令（78/660/EEC）第 46 条系规定公司年度报告应包括的事项；而增列（e）款的规定目的，乃在于强调分公司的相关事项应包括在总公司的年度报告之内。

第48条的规定（第15条）[①]；

（5）成员国应至迟于1992年1月1日前制定符合本指令的法令，并应立即告知执委会。会员国内并应规定于1993年1月1日起适用该法令，而其1993年会计年度的有关表册即应适用它。会员国并应告知执委会其所制定的该等法令的内容（第16条）；

（6）依78/660/EEC号指令第52条之规定设立的联系委员会（Contact Committee）也应：①于无损于EEC条约第169条及第170条的前提下，促进本指令的协调适用，特别系经由定期会议处理现实适用时所产生的问题；②如有必要，就本指令应予补充或修正之处向执委会建议。

① 第四号指令的第54条系有关会员国对公司会计年度表册登记的规定；第七号指令第48条则是有关公司合并财务报表登记的规定，以上两条文均应予以删除。

第七章 公司准据法确定的国际统一化趋向

国际的商业交往，大多数是由法人所承担的。外国法人与内国法人之间利用通信方式做成商业贸易已经屡见不鲜，但是从事这种偶然性贸易活动的法人，很少先经复杂的认许程序，经内国认许后再定契约。未经内国认许成立的法人，严格来说，本无法人人格，因此，严格依据法律来说，这种贸易活动的法律保护是相当脆弱的。但是，从事国际贸易的法人若必须先申请认许后再进行商业交往，对国际贸易的发展会造成很大的不便，甚至是损失。于是，近年来各国都寻求以国际条约的形式来统一承认在外国已经取得法人资格的团体在内国也具有相应的权利能力，这样就产生了一系列的国际公约。

第一节 海牙承认外国公司、社团和财团法律人格公约

正如上文所述，是否对外国法人、公司进行认许是一国主权范围内的事项，各国可以根据本国的具体情况自由决定是否对法人、公司进行认许？对哪部分法人进行认许？这样各国出于对自己市场和经济利益的暂时保护，会对外国法人的认许采取保留的态度，或者干脆就不认许，对外国法人实行严格的管制，这大大影响了国际民商事的交往，而且也与经济自由和贸易自由化的大趋势不符，于是，在这样的情况下，海牙国际私法会议率先于1956年6月1日通过《承认外国公司、社团和财团法律人格的公约》。本节拟对海牙《承认外国公司、社团和财团法律人格的公约》作一分析。[①]

一、公约产生的历史背景

正因为外国法人认许制度的自主性，所以世界各国的认许制度千差万别，于是海牙国际私法会议试图通过国际公约的方式来统一解决该问题。海牙国际私法会议早在第二次世界大战结束后的第一次会议——1951年会议，便开始草拟关于外国法人承认的公约，并于1956年6月1日签署了《承认外国公司、社团和财团法律人格的公

---

① 李双元等编：《国际私法教学参考资料选编》，北京大学出版社2002年版。

约》，亦称海牙《公约》。

《承认外国公司、社团和财团法律人格的公约》是战后首届海牙国际私法会议所产生的成果，其具有非常重要的社会历史意义。主要体现在三个方面：其一，这样的成果为促进经济自由和贸易自由化扫除了法律上的障碍。第二次世界大战后，各国经历了战争的严重创伤，亟须恢复本国的经济，而各国之间平等自由、互利合作地发展经济，是最有利于在最短的时间内使经济得以恢复的方式，而作为经济的最主要主体，公司法人的资格得以认许是自由经济和贸易自由化的前提，因此，国际民商事主体的资格问题也就成为一个迫切需要解决的问题。于是在第七届会议继1955年的《关于解决本国法和住所地法冲突的公约》后，又订立了1956年海牙《公约》。其二，这样的成果为其他民商事法律冲突问题的解决奠定了前提基础。众所周知，国际民商事法律关系得以产生和有效存在的前提基础，是产生这种关系的主体是被有效认知的，如果主体都未得到有效认知，那么，这样的关系都无从产生，即使产生也是没有法律效力的，这涉及前提问题。因此，只有确立普遍的法人认许制度，其他一切民商事法律关系的产生才成为可能，其他民商事法律冲突问题的解决才成为可能。其三，这样的成果为各国制定统一的认许制度提供了示范和样式。虽然该公约并不能保证它被所有国家所遵循，但是，它所体现的立法本意和样式的确给各国国内立法提供了一种可供借鉴的样本，在此基础上其示范作用和由此所辐射的影响力是巨大的，为各国国内立法形成一个统一的基础，在其向心力的作用下，会形成一个一致性的立法。

二、公约主要内容

本《公约》总共14条，正如公约开篇所言：“本公约签字国，愿意就关于承认外国公司、社团和财团的法律人格制定若干共同规定，决定为此目的缔结一项公约，并议定条款如下……”其涵盖了如下一些内容：（一）对外国公司、社团、财团法律人格承认的一般规定，采取了“成立地国理论”；（二）对外国公司、社团、财团法律人格承认的一般规定例外，采取了“真实本座理论”；（三）法定所在地迁移所产生的认许法律后果；（四）取得法律人格的公司、社团、财团之间合并的认许法律后果；（五）认许的范围；（六）关于不具有法律人格的公司、财团、社团的承认；（七）是否准许在承认国设立机构；（八）公共秩序条款等问题的规定。

（一）对外国公司、社团、财团法律人格承认的一般规定，采取了“成立地国理论”

从《公约》第1条的规定来看，采纳了“成立地国理论”，即“凡公司、社团和财团按照缔约国法律在其国内履行登记或公告手续并设有法定所在地而取得法律人格的，其他缔约国当然应予承认，只要其法律人格不仅包含进行诉讼的能力，而且至少还包含拥有财产、订立合同以及进行其他法律行为的能力。公司、社团或财团的法律人格，如果按照其据以成立的法律规定无须经过登记或公告手续而已取得的，则当然应在与前款相同的条件下予以承认"。从这样的规定可以看出，只要公司、社团和财团按照成立地国法律有效设立，那么，其他缔约国家就应该认许，这是有利于认许的规定，赋予公司发起人自由选择的权利，同时，有利于民商事交往的展开。这也被认为是一种一般认许，对外国公司、社团、财团法律人格的承认并不附加其他限制，但是，这在赋予发起人自由选择权的同时，也为设立"虚假外国公司"规避法律提供了可能。特别是忽视了发展中国家有保护民族工商业和防止某些发达国家通过法人来进行资本渗透和经济侵略的必要，因此，该原则受到强调公司设立与真实存在一致性的国家之反对。

另外，《公约》考虑到各国可能对法律人格的理解不太一样，因此，进一步说明："法律人格不仅包含进行诉讼的能力，而且至少还包含拥有财产、订立合同以及进行其他法律行为的能力。"这样对法律人格的进一步限定，可以防止一国根本不具备基本法律人格要素所谓的"有法律人格"的公司、社团、财团在另一缔约国内被作为在其境内具法律人格而被认可，达成了对认许外国公司、社团、财团的最基本要求，保证了认许最大限度的一致性，维护了交易安全和稳定。

同时，考虑到一些国家的法律并不要求法律人格的取得必须经登记或公告手续，因此，《公约》规定："公司、社团或财团的法律人格，如果按照其据以成立的法律规定无须经过登记或公告手续而已取得的，则当然应在与前款相同的条件下予以承认。"这样，外国公司、社团、财团的法律人格的取得就不必以登记、公告手续为必要条件。

（二）对外国公司、社团、财团法律人格承认的一般规定例外，采取了"真实本座理论"

《公约》为了防止"虚假外国公司"和保证公司设立地与公司实际所在地之间的一致性，《公约》第 2 条规定了一般认许规则的例外，即"虽然依第一条规定可以取得法律人格，但是如其实际所在地却在另一缔约国内，而依该缔约国法律规定，应以实际所在地决定法律人格的取得时，则该缔约国可不予承认。如果另一缔约国的法律规定以实际所在地决定法律人格的取得，而其实际所在地被认为是在一个也以实际所在地决定法律人格的取得的国家内，则该另一缔约国可不予承认。公司、社团或财团设有总管理处的地点，被视为其实际所在地。如果公司、社团或财团在合理期限内将其实际所在地迁入一个不考虑这种实际所在地即可取得法律人格的国家内，不适用本条第一和第二两款的规定。”

依据该条的规定，虽然一般地要求保证对外国公司、社团、财团最大限度的认许，但是，在公司设立地和实际所在地不同的情况下，考虑了实际所在地的观点，即采取“真实本座理论”，以实际所在地的法律来判断对外国公司、社团、财团的认许，这样《公约》就规定了两个方面的例外：(1) 对于实际所在地处于另一缔约国，而该缔约国的法律规定应以实际所在地决定法律人格的取得时，则该缔约国可不予承认；2) 两个缔约国均以实际所在地决定法律人格的取得时，其中一缔约国认为实际所在地在另一非缔约国内，则前者也可不予以承认。在以上两种例外的情况下，采取了“真实本座理论”，即适用外国公司、社团、财团实际所在地的法律来对其认许，在这样的情况下，就可以对外国公司、社团、财团的法律人格不予认许。但是考虑到公司、社团或财团在合理期限内将其实际所在地迁入一个不考虑这种实际所在地即可取得法律人格的国家内，则以上例外就不予适用。

另外，何为公司、社团、财团的实际所在地，从《公约》的规定内容来看，“实际所在地”是决定公司、社团、财团的法律人格的根本依据。有的国家强调它与国籍的联系，而有的国家把它与住所联系起来。而从世界大部分的国家的法律规定来看，一般是把“管理中心所在地”（设有总管理处的地点）作为住所或国籍确立的根据，于是，采取了大部分国家的观点，确立实际所在地的标准定为：“公司、社团或财团设有总管理处的地点”。这样就消除了由于对实际所在地含义的不同理解而导致的抵触，使赋予法律人格的标准达到一致。

（三）法定所在地迁移所产生的认许法律后果

对于外国公司、社团、财团的法定所在地迁移产生什么样的认许法律后果，《公约》第3条规定：“遇有法定所在地从一个缔约国迁入另一缔约国，而该两国都承认其法律人格的连续性时，所有其他缔约国都应承认此项连续性。如果公司、社团或财团在合理期限内将其法定所在地移至实际所在地国家内，不适用第二条第一和第二两款的规定。”从该条的规定可以看出，对于外国公司、社团、财团的法定所在地，即使从一个缔约国迁入另一缔约国，但是，只要缔约国之间都认可这样的迁移并不会导致公司、社团、财团法律人格的丧失，那么，应准许这样的迁移。另外，如果外国公司、社团、财团是在合理期限内将其法定所在地移至实际所在地国家内，导致外国公司、社团、财团法定所在地与实际所在地保持一致，那么，应认可这种迁移的法律后果，应该认许这样的外国公司、社团、财团。

（四）取得法律人格的公司、社团、财团之间合并的认许法律后果

对于取得法律人格的公司、社团、财团之间合并后，是否对合并后的公司、社

团、财团认许，《公约》第4条规定：“在同一缔约国取得法律人格的公司、社团或财团之间，在该国内达成的合并，其他缔约国应予承认。在一个缔约国取得法律人格的公司、社团和财团，与在另一缔约国内取得法人资格的公司、社团或财团的合并，如经有关系的国家承认，所有其他缔约国都应予承认。”从以上规定可以看出，公约对取得法律人格的公司、社团、财团之间合并所形成的公司、社团和财团的法律人格应予认许，这有两种情况：其一，在同一缔约国取得法律人格的公司、社团或财团之间，在该国内达成的合并，其他缔约国应予承认；其二，在一个缔约国取得法律人格的公司、社团和财团，与在另一缔约国内取得法人资格的公司、社团或财团的合并，如经有关系的国家承认，所有其他缔约国都应予承认。所以一旦取得法律人格的公司、社团、财团之间发生跨国性的合并，不管他们是在统一缔约国内发生合并，还是在不同缔约国内发生合并，都认可合并后所形成公司、社团、财团的法律人格。

（五）外国公司、社团、财团认许的范围

对于认许所包括的内容和不包括的内容，《公约》第5条规定：“承认法人资格，包括承认其据以取得法人资格的法律所赋予的能力。但承认国可拒绝赋予该国法律所不赋予本国同类的公司、社团、财团的权利。承认国还可以规定在其领土内拥有财产权的范围。在任何情况下，法人应享有依当地法律以原告或被告身份进行诉讼的能力。”对外国公司、社团、财团承认的效力可以说是承认问题中的核心，因为它关系到被承认后的外国公司、社团、财团在内国具有的实际地位，具有什么样的民事权利能力、民事行为能力，是否能独立地享有民事权利和承担民事义务。海牙《公约》从以下四个方面做了系统规定：其一，承认外国公司、社团、财团据以取得法人合格的法律所赋予的能力，也就是公司设立地国法律所赋予公司的能力，在承认国都予以认可；其二，法人应享有依当地法律以原告或被告身份进行诉讼的能力。这就是法人享有当事人的能力；其三，承认国还可以规定在其领土内拥有财产权的范围，这一方面肯定了法人享有在承认国内的财产权，另一方面对于赋予何种财产权，由承认国决定在其领土内拥有财产权的范围；其四，承认国可拒绝赋予该国法律所不赋予本国同类的公司、社团、财团的权利。这是针对内国与外国在赋予法律人格的能力不一致时而提出的补救规则。

（六）关于不具有法律人格的公司、财团、社团的承认

对于不具有法律人格的公司、财团、社团的承认，《公约》第6条规定：“公司、社团和财团按其本国法律并不具有法律人格时，它们在其他缔约国境内享有的法律地位应是其本国法律所承认的地位，特别是涉及进行诉讼的能力以及与债权人的关系方面。即使它们具备一切条件足以保证它们在其他缔约国内享有法人的权利时，它们也

不得在这些国家要求更有利于在其本国所享有的法律待遇。但是，这些国家对其法律未赋予其相应类型公司、社团和财团的权利，仍可加以拒绝给予。这些国家还可以规定在其领土内拥有财产的能力的范围。”《公约》第6条用了4款规定了不具有法律人格的公司、财团、社团在有关缔约国中的地位。第1款规定，公司、社团和财团按其本国法律并不具有法律人格时，它们在其他缔约国境内享有的法律地位应是其本国法律所承认的地位，特别是涉及进行诉讼的能力以及与债权人的关系方面。确立了在缔约国应承认它们具有其本国法律所承认的地位，并指出了尤其要保障在诉讼的能力及债权人关系方面的待遇相当。这样保持了与具有法律人格的公司、社团、财团的承认相一致，即肯定了非法律人格的公司、社团、财团在承认缔约国中享有的地位与本国的应基本一致。第2款规定，即使它们具备一切条件足以保证它们在其他缔约国内享有法人的权利时，它们也不得在这些国家要求更有利于在其本国所享有的法律待遇。也就是说，不得享有比本国更优的地位。第3款规定，这些国家对其法律未赋予其相应类型公司、社团和财团的权利，仍可加以拒绝给予。从承认国角度看，可以拒绝赋予其相应公司、财团、社团所不具有的权利。第4款规定，这些国家还可以规定在其领土内拥有财产的能力的范围。从以上规定可以看出，尽管《公约》是关于法律人格的公约，但在现实的国际民商事交流中往往有众多的非法律人格的公司、社团、财团法人存在，倘置之不顾，实为国际民商事主体资格冲突问题留下了一大空白；反过来，倘若单独地进行规制又无必要，因为非法律人格的公司、社团、财团的国际商事性活动相对来说尚有很大的局限性，另因其自身特质各国规制悬殊，难以统一，因而只要有些指导性的原则调整冲突问题也就比较现实了。正因如此，该条文实有其独特的意义，公约并没有特别地指出有关的国家为承认国，这在某种程度上淡化了对非法律人格的公司、社团、财团身份的系统性肯定。这主要缘于各国对非法律人格的公司、社团、财团的身份的确认也极为复杂多样，权利能力与行为能力的内容也颇有歧义。因此，贯穿于各款的承认内容中往往只突出抽象的待遇即可，甚至连诉讼能力的保障也未像承认法律人格规则那样具体明晰。

（七）是否准许在承认国设立机构

对于是否准许在承认国设立机构，《公约》第7条规定：“是否准许在承认国领土内设立机构、开展业务以及一般地说进行持久性的社会活动，应按该国的法律规定。”从以上规定可以看出，《公约》把对一内国承认的效力与在内国从事具体的活动（尤其是设立机构、开展业务以及从事具体的活动）区分开来。而在内国从事具体的活动的决定权在于内国即原则上授权于内国的法律规制，而不把该内容列入一般性的承认效力约束范围内。也就是说，尊重外国法人的“法律人格”与在内国从事民商事活动是两个问题，前一问题是承认的问题，后一问题是准入的问题。

（八）公共秩序条款等问题的规定

《公约》第8条规定了公共秩序条款，即“各缔约国得以公共秩序为理由排除本公约的规定在其国内的适用”。从该条款的规定可以看出，《公约》第8条的规定有较强的抽象性和原则性，它没有适当地对公共秩序有所限定，而且宽泛地允许各国只要以公共秩序为由即可排除《公约》在内国的适用；另外，条文中所指的公共秩序，应理解为国内公共秩序更宜于该条款与公约精神的一致。与《公约》规定相异的如1968年签订于布鲁塞尔的《关于相互承认公司和法人团体的公约》，设了专章第三章“公共政策”，共有两个条文，一方面对适用公共政策的前提做了限制，即只有当援用本公约的公司或法人团体由于它的宗旨、目的或者实际从事的活动违反公共政策时，才能排除适用公约，并且还进一步把“独资企业”的承认特例做了规制；另一方面对公共政策事项也做了界定，排除了把同建立欧洲经济共同体条约的条款相违反的原则或规定视为公共政策事项。这种规定相较《公约》的原则性、抽象性则大大地利于控制公共政策适用的范围。毋庸置疑，《公约》的规定是试图以灵活的公共政策条款来吸引更多的国家参加公约，而现实的各国社会经济生活与法制的差异太大，倘在公共政策条款上限制过于僵硬则妨碍了公约的开放性和可行性。

另外第9条规定了保留条款，即“各缔约国在签署或批准或加入本公约时，有权保留就诸如第一条规定所涉及的适用范围加以限制。缔约国行使前款所规定的权利，不得要求其他缔约国在其排除适用的范围内适用本公约”。

最后《公约》第10条规定，它只对出席第七次海牙国际私法会议的国家开放签字。第13条规定，对于未曾出席第七次海牙国际私法会议的国家，均可加入本公约，但该加入只在通知之日起6个月内在未经表示反对的缔约国与加入国之间的关系中正式生效。第11条规定，《公约》的生效须在第五份批准书交荷兰外交部之日后第60天开始。第12条规定，公约的适用范围：当然适用于缔约国本部领土，如某缔约国愿意在其一切其他领土或者在国际关系上由其负责的某些其他领土生效时，则应为此目的以文件通知其意愿。第14条规定《公约》的延续，若未予废止，则5年自动更新有效一次。

三、结论

从上述对《公约》具体条文内容的分析，我们可知，《公约》是试图在“成立地国理论”与“真实本座理论”之间寻求一种平衡，在坚持“成立地国理论”主体地位的同时，又考虑到坚持“真实本座理论”国家的立场，试图在两者之间进行折中，但是，这样的规定注定了其命运就是，很难得到大多数国家的赞同，于是从《公约》的签署和批准国数字显示：截至1994年，仍然仅有5个签字国（比利时、法国、卢森堡、荷兰和西班牙），批准国有比利时、法国、荷兰3个国家，这表明《公约》不太坚定的立场，而且力主坚持“成立地国理论”，与当时大多数国家采取“真实本座理论”的实际情况是不相符合的，于是，在这样的历史条件下，《公约》自然未能生效，但是它本身所具备的借鉴意义和开创意义是不可抹杀的。

第二节　欧共体关于相互承认公司和法人团体的公约

一、概述

依据《欧共体条约》（以下简称《EEC条约》）第220条第3款规定，成员国间应就欧共体条约（EEC）第58条第2项所称公司的相互认许问题进行协商，以确保其国民的利益。1968年2月29日各成员国在布鲁塞尔共同签订《公司及法人相互认许公约》(Convention on the Mutual Recognition of Companies and Legal Persons)。[①]《EEC条约》第58条第2项所称的公司是指依各成员国的民法或商法所设立的公司（或合作社），及其他受公法或私法支配的法人，而以营利为目的者。这里的“以营利为目的”的概念应从广义的经济活动来解释。如果对“以营利为目的”作狭义的解释，则排除不以追求“增加股东的金钱或物质收入”的组织，这样并不符合《EEC条约》的含义。因此，所谓“以营利为目的”应扩大解释为“参与经济生活（Participation in Economic Life)”，这从《EEC条约》第58条本身将公法上的法人及合作社包括在内就可以看出。同时这也才符合《公司及法人相互认许公约》第1条所指称的“经济活动”概念。更为具体来说，依此解释，“以营利为目的”的概念，也包括所有至少是从事依原价出售活动的企业，不论其为私人企业或公益企业，也可以作为合作社的组织形态，甚至是不具营利目的的组织。

欧洲共同体是第二次世界大战后，西欧国家从事统一运动所创设的区域性组织，其终极目标是借由经济整合的成就而达到西欧国家的政治统一。欧洲共同体在经济整合上的努力，借由欧洲共同市场的运作，以促进共同体内经济活动的和谐发展。而共同市场即经济结合的单一阶段，其除追求区域内的自由贸易（货物的自由流通）及对外维持相同的关税外，还包括了区域内生产因素（即人力、劳务及资金）的自由流

---

① 李双元等编：《国际私法教学参考资料选编》，北京大学出版社2002年版。

通，使共同市场内的自然人、法人或其他团体可以在成员国境内设立营业、提供劳务，不致因国籍不同而受到差别待遇。为了达到此目的，欧洲经济共同体就有计划地推动各成员国间公司法的调和统一运动（the EEC Company Law Harmonization Programme），而《公司及法人相互认许公约》（Convention on the Mutual Recognition of Companies and Legal Persons 1968）（以下简称《公约》）即此项行动最具体的成果之一。

有关外国公司、法人认许，一直是一个备受瞩目的问题。而外国公司、法人的认许不但是外国公司、法人在外国能否行使营业权的先决要件，而且影响该公司、法人是否能成为国际契约的主体，是否能在外国提起诉讼，是否能在外国市场上发行有价证券，等等。而对欧洲经济共同体成员国而言，成员国公司、法人的相互承认与否更具意义。共同体成立的目的在于实现成员国经济上的整合，而公司及法人则是经济活动的主轴，因此，为确保各成员国法人（特别是公司）能加入此项整合工作，各成员国公司、法人的认许便显得格外重要。

但是，对于公司认许问题，由于成员国间法令的分歧或缺乏，并不能提供一套完整的保障。首先，成员国关于认许的法律依据就有极大的不同，有的成员国以立法规定，有的成员国则以判例、惯例来规范，甚至有以双边条约为依据；其次，各成员国间决定法人连结因素的标准也不相同，有的成员国采取准据法说，有的成员国采取事实住所地说；再次，认许与否常因成员国对公共秩序原则的解释不同而受到很大的影响；最后，各成员国间有关认许的规定，都未规范到依公法而设立的公司或法人，似有违《EEC 条约》第 58 条第 2 项规定之嫌。为了统一上述分歧的主张以及弥补其缺失，经济共同体的成员国就决定签订一个有关法人及公司相互认许的多边公约。

公约的主要内容可以分为认许的对象、认许的条件、认许的效力以及公共秩序原则的适用，以下分别分析。

二、公约的主要内容

缔结欧洲经济共同体条约的各缔约国希望实现上述条约第 220 条关于相互承认第 58 条第 2 款含义内的公司的规定，鉴于对第 58 条第 2 款含义内的公司或商行的相互承认应尽量从宽，同时又不损害该条约其他条款对各公司的适用，决定缔结关于相互承认公司及法人团体的本公约。并且做出了如下的具体规定：

（一）认许的对象

《公约》第 1 条和第 2 条对认许的对象做出了如下的规定。第 1 条规定：“属于民法或商法的公司，包括合作社，依缔约国之一的法律而成立，由该国法律给予其享有权利和承担义务，并在本公约适用的领土之内设有其法定注册事务所的能力者，当然均应被承认。”第2条规定：“除第一条规定的公司外，符合前条规定之条件的属于公法或私法的法人团体，通常以进行某种有报酬的经济活动为其主要或辅助目的，或者在事实上持续地进行此种经济活动而不致以触犯据以成立的法律的，当然亦应被承认。”从上规定可以看出：

1. 公约认许的对象

依据公约的规定，公约所指被认许的对象可以分成两类：一类是依缔约国的民法或商法所成立的公司（包括合作社 cooperative），而依其设立时所准据的法律为权利义务的主体，并于本公约适用领域内设有法定事务所的（《公约》第1条）；另一类为前者所称公司以外，其他依公法或私法所成立的法人，依其设立时所准据的法律为权利义务的主体，在本公约适用领域内设有法定事务所，并以通常收取报酬的经济活动为其主要或附带的目的，或在不违反其设立时所准据的法律，事实上继续从事通常收取报酬的经济活动的（《公约》第2条）。凡属于这二者所称的公司或法人，则无须履行一般或特别的程序，就当然认许。以下进一步讨论这些公司或法人所具备的特质、目的及其法律人格。

2. 认许对象的特质

依据公约的规定，认许的对象并不因公司或法人是基于商法、民法或其他私法成立而有差别待遇，其排除形式主义，而对这些公司或法人平等对待；另外，认许之对象不仅包括依私法而成立的法人，而且还包括依公法而成立的法人，这种不区分私法人或公法人的方式，不仅可促使所有的经济活动自由化，而且可以避免某些定性的问题，如受公权力监督而依商法运作的组织究竟是私法或公法上的组织。

3. 认许对象的目的

本来依据《EEC条约》第58条第2项的规定，公司或法人都须以营利为目的，但公约采取较为宽松的态度。对于第2条所称公司以外的法人，公约中仅规定以经济活动为要件，亦即只需重复地和继续地从事于财产或劳务的生产和分配即可，而不以狭隘的营利为要件；而第1条所称的公司则根本没有以营利或经济活动为目的的规定。这样的安排可避免造成对“营利”的举证的困难。另外，如果硬性规定以营利为目的，也不免限缩公约适用的对象，而且公法人一般而言并不以追求利润为目的。

4. 认许对象的法律人格

有些公司虽然不具备独立的法律人格，但是享有某些法律人格上的属性，如德国法上的Offene Handelgesellschaft或荷兰法上的Vennootschap onder firma等。这些组织是否为认许的对象呢？依《公约》第 1 条的规定，公司依其设立时所准据的法律为权利义务的主体即可，而不需具有完全的法律人格，因此，此种公司应为认许的对象。至于那些依设立时所准据的法律既不享有法律人格，也不具备法律人格属性的公司，则当然不属于认许之对象，如法国法上的 sociétés en participation 或比利时法上的 associations en participation 等。这里需注意的是，《公约》第 2 条所称“公司以外，其他依公法或私法而设立的法人”则必须具备法人资格，而从条文的文字来看，其使用“法人”（personnes morales；bodies corporate）的用语，而这样的用语的意义在成员国间并无歧义。《公约》第 1 条、第 2 条的规定并不完善，其非但未将那些可能新加入共同体的国家的相关组织一并考虑在内，也未重视丹麦法根本不承认“法人”这个概念，就这点而言，认许对象的范围似乎有些狭隘。

（二）认许的条件

对于认许的条件，归纳起来，公约主要包括了两项内容：

1. 依据成员国法律设立

由于成员国之间对于公司、法人国籍的认定标准不同，亦即有的采取准据法说，有的采取真实事务所所在地说，进而造成认许对象上的歧义。公约为了避免虚假欧洲公司的出现，并顾及真实事务所在地国的利益，就采取折中主义，亦即依《公约》第 1 条、第 2 条的规定，公司或法人只需依成员国法律而设立，在公约适用领域内有法定事务所即可获得认许，由此可知，其原则上是采取准据法说以及法定事务所所在地说二者的混合主义，然而，《公约》另外在第 3 条及第 4 条中制定有缓和措施。

2. 在条约适用的领域内有法定事务所

《公约》第 3 条规定：“尽管有前述规定，任何缔约国得声明它不适用本公约于第 1 条及第 2 条规定的凡在本公约适用的领土之外有其事实上的注册事务所，而未与上述领土之一的经济有真正联系的任何公司或法人团体。”从以上规定可以看出，公约的原意为，对于第 1 条、第 2 条所指的公司或法人，若其真实事务所设于公约适用的领域之外，而与缔约国无实际且持续的经济关系的，成员国可以宣布不予认许。如此一来，可避免将有真实事务所设于公约适用领域之外的公司或法人，以任一成员国为跳板，渗入共同市场中，只有这种立法方式没有缺点，其不但表示不信任那些将真实事务所设于公约适用领域之外的公司或法人，亦暗示着共同体的公司或法人与共同体外的公司或法人间有差别待遇存在，充分地显示出保护主义的心态。再者，《公约》第 3 条中所谓“实际且持续的关系”（genuine link with the economy）意义是什么呢？如此不确定的法律概念，解释上不免产生疑义，为解决这样的问题，缔约国于 1973 年签订《欧洲法院就 1968 年 2 月 29 日公司及法人相互认许公约解释的议定书》（Protocol Concerning the Interpretation by the Court of Justice of the Convention of February 19, 1969 on the Mutual Recognition of Companies and Legal Persons)，同意欧洲法院对于《公约》适用所产生的疑义有统一解释的权限。

此外，《公约》第4条第1项规定："任何缔约国亦得声明，对在其领土之内有其事实上的注册事务所的、属第一条及第二条中所规定的公司或法人团体应适用其认为必要的、其自己的任何法律条款，即使此公司或法人团体系依另一缔约国的法律而设立的。"也就是说，《公约》第1条、第2条所指的公司或法人，即使是准据其他缔约国的法律而设立，但若其真实事务所设立于认许国的领域内，则该认许国得宣布将其本国的强制性（imperatives）规定，适用于该公司或法人。这样立法目的即在于避免与认许国有真实关联的公司或法人，为规避认许国国内的强制性法律，而故意依他国的法律设立公司或法人。本来依当事人自治原则，此种解决方式不能扩大适用到任意性（suppletives）规定上，不过公约第2项为了贯彻避免公司或法人规避真实事务所所在地国法律的决心，于是，《公约》第4条第2项规定："作出此种声明的国家，其补充适用的法律条款仅适用于下述两种情况之一：（一）如为公司或团体的组织章程所允许，如必要时并应明确地参照该公司或法人团体据以设立的法律；（二）如为公司或团体的组织章程所允许而该公司或法人团体又未能表明曾遵照其设立时根据的法律在相当时期内于该缔约国内实际进行其经济活动。"实际上其有所保留地规定，只有在认许国的任意性规定为该公司或法人的章程，援依为设立时所准据的法律而加以明示引置；或该公司或法人不能证明其曾依设立时所准据的法律在该缔约国境内，实际从事一段合理期间的活动的情形下，认许国始得适用其本国的任意性规定于该公司或法人。另外，《公约》第5条规定："本公约所称公司或法人团体的事实上的注册事务所系指其管理中心所在地。"

（三）认许的效力

1. 准据法上的权利能力

外国公司或法人必须经认许后，始得在认许国的法律上，具有享受权利及负担义务的资格，至于该外国公司或法人究竟在认许国内享有何等权利（如执行何种业务）与认许该外国公司或法人为权利义务的主体为两回事，不可混淆。

关于认许的效力，《公约》第6条规定，"除第四条另有规定外，所有为本公约承认的公司和法人团体均具有其据以设立的法律所给予的能力"。换句话说，在不损及第4条适用的情形下，依本公约所认许的公司或法人享有其设立时所准据的法律所赋予的能力。亦即原则上外国公司或法人认许后的权利能力范围，除非受认许国依第4条所作声明内容的限制外，应依其设立准据法所赋予的权利能力确定。

而《公约》第7条第1项又规定，“任何被要求承认的国家对凡规定不给予其自己法律管辖的相似类型的公司或法人团体以任何权利及权力者，亦得拒绝给予该国此种公司或法人团体的承认。但此项权力的行使不发生撤销此种公司或法人团体法人资格的后果，即不影响其作为人享有权利承担义务、缔结合同、完成其他法律行为、起诉或应诉”。也就是说，认许国内的类似公司或法人所未享有的权利或权限，认许国得拒绝给予。这样使外因公司或法人不得享有优于本国公司或法人的权利，这样的规定不但可以维护本国公司或法人的竞争能力，也符合《EEC 条约》第52条所表明的本国与外国国民（包括自然人及法人）平等待遇的原则。这里需要注意的是，认许国在行使此种权限时，不得因此而剥夺该公司或法人成为权利义务的主体、订立契约或履行法律行为及进行诉讼的能力（《公约》第7条第1项后）。

此外，为避免外国公司或法人在从事超过认许国同类型的公司或法人权限范围外的行为后，以其越权为由主张免责，《公约》第7条第2项特别规定，“第一条及第二条所述及的公司或法人团体不得援用本条规定的权利和权力的限制”。也就是说，第1条、第2条所称的公司或法人不得要求限制本条（即同条第1项）所规定的权利及权限，以防止外国公司或法人推脱责任。又因第1条所称的公司不以具备法人人格为要件，因此，《公约》第8条规定，“为本公约所承认的公司的能力、权利及权力，不得以该公司据以设立的法律未给予此公司以法人团体的法律地位为唯一理由而加以否认或限制”。亦即依公约所赋予被认许公司之能力、权力及权限不得以其设立时所准据的法律未赋予法人人格为唯一理由而予以拒绝或限制。

2. 公共秩序原则的适用

内国法官，依内国国际私法的规定而适用外国法时，就一般国家所采用的原则而言，若外国法有损于内国公共秩序（order public）的即不予适用。将此观点引用到认许外国公司或法人的问题上，则指外国公司或法人若违反认许国的公共秩序时，认许国得拒绝予以认许。在共同体中，解决公共秩序问题可能采取的方法有三种：一是放弃公共秩序原则的保留，即共同体成员国的关系是建立在相互信任的基础上；二是采取海牙《公约》第8条的见解，概括地规定缔约国可以以公共秩序为由排除公约规定的适用；三是保留公共秩序原则，但限制其内容。而依《公约》第9条、第10条的规定来看，其采取第三种方式。

（1）公共秩序原则适用的范围

依据《公约》第9条第1项的规定，“每一缔约国只有当援用本公约的公司或法人团体由于它的宗旨、目的或者实际从事的活动违反上述国家视作属于国际私法中所谓的公共政策事项的原则或规定时，才得不予适用本公约”。也就是说，若请求认许的公司或法人，其目的事业或实际从事的活动，违反认许国视为国际私法意义上的公共秩序原则时，则缔约国得拒绝公约的适用。此规定将公共秩序原则的适用范围限制在外国公司或法人的目的事业或实际营运的内容上，而不得就公司或法人设立或营运方式加以论断，其立法的目的，不外乎是对外国公司或法人设立时准据法表示尊重，然而在实务上，究竟是公司（或法人）所从事的实际活动还是其营运方式违反公共秩序原则，有时判断并不容易，这有待欧洲法院进一步解释。

此外，《公约》第 9 条第 2 项规定，“如独资企业其设立所依据的法律准许其具有公司的地位，缔约国不得仅以此作为理由，认为此类公司同国际私法中所谓的公共政策相抵触”。也就是说，公约明文限制，若公司设立时所准据的法律承认一人公司（a single proprietorship），则缔约国不得以此为唯一理由，认为公司违反其国际私法意义上的公共秩序，而拒绝予以认许。

（2）公共秩序原则的内容

公约本身并未直接定义公共秩序原则的意义，我们可以从两方面来推究其含义。首先，《公约》第 9 条第 1 项即暗示公共秩序原则是指“国际私法意义上的公共秩序”，由此可知，公约所称的公共秩序原则是将公共秩序观念建立在国际关系的层面上，其内涵比一般内国的公共秩序观念要狭小，但由于各成员国间对公共秩序原则在国际私法上的意义与内容看法也不一致，所以关于其具体内涵仍需欧洲法院进一步解释。其次，《公约》第 10 条对于公共秩序原则做了消极的定义，即“同建立欧洲经济共同体条约的条款相违反的原则或规定不得认为是第九条含义内的公共政策事项”。也就是违反《EEC 条约》相关规定的原则或法则，不得视为公约所指的公共秩序原则，此规定一方面提示缔约国在援用公共秩序原则时须考虑共同体成立的目的，另一方面也使得欧洲法院对此问题有监督审查的机会，因为其涉及共同体条约解释的问题。

（四）公约排他性的效力及其适用领域

除前述规定外，公约也明示公约的位阶及其适用领域。《公约》第 11 条规定，本公约与缔约国所批准的其他公约中有关公司或法人认许的规定有所冲突时，仍然有其适用。由此可知，原则上本公约的位阶高于其他相关的公约，举例而言，即使本公约的缔约国将来批准参加《外国公司、社团及财团认许的海牙公约》（Convention on the Recognition of Foreign Companies，Associations and Foundations），也不得依海牙《公约》的规定，对共同体的成员国主张排除本公约所规定的义务（特别是行使海牙《公约》所赋予的不予认许的权限）。但此优位性有其限制，即如果现行有效或将来有效的内国法则或国际公约对认许的规定有其他的立法背景或具较为广泛的效力时，本公约不排除其适用，但该认许本身或认许的效力必须符合《EEC 条约》的意旨（《公约》第 11 条第 2 项）。

至于《公约》适用的地区，则规定在《公约》第 12 条，即本公约适用于缔约国的欧洲领土，包括法国海外省份及领土。任何缔约国得以通知欧洲共同体理事会秘书长（the Secretary – General of the Council of the European Communities）的方式，宣布本公约适用于声明中所指国际关系受其支配的国家或领土上。

三、结论

外国公司或法人认许的问题，由于各国决定法人国籍的标准不一，以致有不同的结果，此立法上的冲突乃是近几十年来国际社会一直努力克服的课题。例如，国际私法海牙会议即就此问题进行讨论，并于会议结束时草拟了《外国法人、社团及财团认许公约》，但是，该公约并未达到统一法人国籍的目标，且因批准国家太少，至今仍未生效。而欧洲共同体因为其为一区域性的经济组织，且具有共同的目标，就能在兼顾各方利益、相互妥协下签署了《公司及法人相互认许公约》。综观公约的内容，虽然有关认许对象的规定各有高下，认许条件方面表现出浓厚的保护主义色彩，而条文的用语多处不明确，但其对准据法说与真实事务所所在地说的调和以及在公共秩序原则适用范围的限缩仍有不容忽略之处，值得未来拟定国际公约时参考。

第三节 美洲国家间关于商业公司的冲突法公约

《美洲国家间关于商业公司的冲突法公约》（以下简称《公约》）于 1979 年 5 月 8 日签订于蒙得维的亚，主要对商业公司的法律冲突问题做出了较为全面的规制，主要包括的内容有公约适用的主体、商业公司的一般适用法、缔约国之间对商业公司的承认、商业公司适用行为地法的情况、在另一国设立管理中心事务所的情况和公共秩序原则等。①

一、公约适用的主体

《公约》第 1 条就指出公约适用的主体，即“公约适用于在任何成员国内组成的商业公司”。这里需要解释的是，公约适用的主体有两个方面的限定，其一是主体是在任何成员国内组建并成立；其二是商业公司。而《公约》并未对商业公司作出任何的限定。

---

① 李双元等编：《国际私法教学参考资料选编》，北京大学出版社 2002 年版。

二、商业公司的一般适用法

《公约》对商业公司的一般适用法主要采取了“成立地国理论”，即第 2 条规定，“商业公司的成立、能力、活动与解散，均适用其组成地的法律。组成地的法律应理解为创立一个商业公司必须满足其形式要件与实质要件的国家的法律”。

三、缔约国之间对商业公司的承认

《公约》第 3 条对缔约国之间对商业公司的承认做出了具体的规定，即“商业公司在一成员国正式组成，应在其他成员国得到承认。但承认并不排除承认国要求证明依组成地法律该公司已经组成的权利。在任何情况下，于一国组成的商业公司的被承认的能力，不得大于承认国赋予依它自己的法律组成的商业公司的能力”。从以上规定分析，主要包括了三个方面的内容：其一，采取一般认许的秩序，即只要在一成员国内正式有效成立，就当然获得承认；其二，认许时承认国所要求商业公司的举证，证明其依组成地法律该公司已经组成的权利；其三，被承认的商业公司不得取得优于承认国赋予依它自己的法律组成的商业公司的待遇。

四、商业公司适用行为地法的情况

《公约》第 4 条和第 6 条分别对商业公司适用行为地法的情况做出了规定。《公约》第 4 条规定，“商业公司为直接间接实现其目的而为行为时，应服从为此种行为地国家的法律。在一国为商业行为的公司，取得对在另一国组成的公司的控制，应适用此种控制行为地的法律”。该条第 1 项首先一般地规定了商业公司行为应适用行为地国家的法律；而该条第 2 项则具体规定了一商业公司要获得对在另一国组成的公司的控制，不管这样的控制采取何种方式，都要受控制行为地的法律。另外，《公约》在第 6 条又规定，“在一国组成的商业公司于另一国为直接间接实现其目的的行为，应服从此种行为地国的司法与行政权力”。这就规定商业公司在另一国为实现目的而行为不光要受行为地法律的调整，而且还要受到行为地国司法和行政机关的管辖。

五、在另一国设立管理中心事务所的情况

对于商业公司在另一国设立管理中心事务所的情况，《公约》第 5 条规定，“在一国组成的商业公司欲于另一国设立其管理中心事务所，应满足该国法律对此种设立所要求的要件”。从该条款的规定可以看出，其包括了两个方面的内容：其一，是否允

许在另一国设立其管理中心事务所，由另一国法律决定；其二，如果允许，那么，如何设立，也需要符合另一国法律所规定的条件。

六、公共秩序原则

《公约》第7条对公共秩序原则做出了规定，即“本公约宣布应予适用的法律，如在任何一成员国领域内适用被认为与其公共政策（公共秩序）相抵触时，可拒绝适用”。从以上规定可以看出，其对何为公共秩序没有作出限定，但是，一旦违反内国的公共秩序就可以排除原本的适用法。

第四节　国际法协会制定的关于公司承认的公约

国际法协会（The Institute International Law）于1965年9月10日正式通过了有关调整公司及其商业活动所在地法律的规则，并且为了解决有关公司的法律冲突，建议所有国家采纳统一规则。这些规则可以分为四类：1. 有关调整公司法律的规则；2. 有关承认公司的规则；3. 有关确定商业活动所在地的规则；4. 其他（杂项）规则。①

一、有关调整公司法律的规则

（一）第1条：公司由设立其法律所调整。本规定包含了主要的一般规则，而第7条和第8条指出了该规则的具体适用。国际法协会在公约序言中就表明，这些规则试图适用于依据国内法而成立的公司，但是在这些规则中并没有对什么是“公司”作出限定，也没有表明什么样的法律制度来决定某一法律实体是否为公司，国际法协会把这两个问题留给采纳该规则的国家的国内法来决定。

选择决定调整公司法律制度的因素是公司成立地的法律。选择公司成立的法律制度有三个主要优点：第一，从逻辑上来看，创设公司的法律制度也调整公司章程的形式和内容；第二，公司成立的法律制度通常是明确的，在实践中很少产生争议；第三，所选择的决定性因素已经被大部分英美法律制度所采纳。

第7条和第8条阐明了对第1条的具体适用。

（二）第7条：调整公司的法律适用于公司章程的形式和内容，特别适用于公司成立时和在其存续期间有关其资本的条件。

（三）第8条：调整公司的法律决定，公司为了运营而必须具备的机构，这些机

---

① Drucker, T. C. Companies in private international law [1968] ICLQ 28.

构的权力，服务于公司机构个人的权利义务和股东的权利义务，以及他们之中和与公司相联系的有关权利义务，这特别包括了对少数股东的保护和丧失或偷盗的股票证明的替代。

二、承认的规则

第 2 条阐明了承认的一般原则，然而第 6 条阐明了被承认为公司法人的公司所有的权利。

（一）第 2 条：任何依据上述第 1 条法律所成立的公司将会在所有其他国家作为一个公司法人被承认。

赋予承认之前所必须满足的条件是，公司依据设立其的法律已经成立。

第 3 条和第 4 条是有关不予承认和对公司真实本座的限定。

（二）第 5 条：公司的真实本座就是其主要管理和控制中心所在地，即使在该地所作出的决定来自在其他地方居住的股东所作出的指令。

（三）第 3 条：如果公司的真实本座位于公司成立地法律发生效力的地域之外，以及如果公司的主要商业活动发生在该领域之外，如果该公司的章程与公司真实本座所在地的法律不相符合，那么，会拒绝承认该公司作为一个公司法人。

既然该条规定，可以拒绝承认一公司作为一个公司法人，那么就让各国可以自由地承认满足在该条中所规定条件的公司，这些条件是：1. 如果公司的真实本座位于公司成立地法律发生效力的地域之外。2. 如果公司的主要商业活动发生在公司成立地法律发生效力的领域之外。3. 如果该公司的章程与公司真实本座所在地的法律不相符合。

（四）第 4 条：如果公司的真实本座位于公司成立的法律发生效力的地域之外，以及如果公司与该地域并没有真实的联系，如果该公司的章程与公司真实本座所在法律不相符合，那么，可以拒绝承认该公司作为一个公司法人。

真实联系必须由不同于仅仅指出登记办公场所的事实而确立，并且可能特别包括了在该领域内的商业活动所在地，公司的货款投资地或股东的发源地和控制公司的人们或股东的国籍或惯常居所所在地。

（五）第 6 条：依据前提规定所承认的公司享有调整其法律所赋予的所有权利，除了承认该公司的国家一般地拒绝赋予外国人或由其自己的法律所调整相应类型的公司这样的权利。然而，该公司只能依据规定从事商业活动的本地法律所施加的条件才能从事其商业活动。

第 6 条规定的后果是，被承认的公司在承认国内享有成立地的法律所赋予的所有权利，但是受到三个方面的例外：

1. 公司并不享有一般地不赋予外国人的权利。

2. 公司并不享有拒绝赋予依据承认国法律的成立的相应类型公司的权利。

3. 公司从事商业活动时只能依据承认国的法律所施加的条件在承认国内从事商业活动。

三、有关商业活动所在地的规则

如果公司在不同于成立地国的国家内拥有商业活动地，那么，商业活动所在地的国家可以施加给公司如下一些义务：

（a）公司的章程、年度会计和赋予其机构的权力的公开或登记；

（b）任命在商业活动所在地负责管理的代表，并且，如果要求，该代表适用有关规定管理机构成员权利和义务的本地法；

（c）适用有关在企业内受雇人员代表的本地规定，但是适用于在商业活动所在地或工厂从事经营活动的人员；

（d）通过设立融资证券而保护质权人。

商业活动所在地的国家也出于债权人利益和本地法律的规定的条件可以取消商业活动地和清算在该领域内的公司所属其他财产。

四、其他规定

（一）第 10 条：股票的公开发行由调整公司的法律和发行产生地国的法律来支配。债券的公开发行由贷款合同的准据法和发行产生地国的法律所调整。

现在普遍接受，公司成立地国之外发行股票和债券的国家的法律调整这些股票和债券的发行。这里需要注意的是，本条的规定仅限于股票或债券的“公开”发行，因为发行所指向的个人数量实际上并不影响调整该发行的法律制度。另外，该条并没有规定债券的公开发行如同股票的公开发行一样也受调整公司的法律规定和发行产生地国的法律来支配，既然按照第 7 条的规定，调整公司的法律适用于公司章程的实质内容，并且公司的章程一般包括了公司借贷的规定。

（二）第 11 条：代表公司行事的公司机构的权力由调整公司的法律支配。从事不约束公司的交易的个人责任由该个人从事交易所在地法律的调整。

该条第一句话重复了第 8 条规定的一部分。而第二句话则需要进一步的分析。该句话并不明确“个人”所指的是谁，它可能指的是作为一个机构行事的个人，或者是不作为一个机构行事的任何个人，而其从事了不约束公司的交易，或者包括了这两者。第一句话所指的“机构权力”表明“个人”意味着是“作为机构行事的个人”。而“不受约束”表明所认为的交易主要具有合同性质，他们也预设存在法律制度决定交易是否约束公司。该制度并没有作出规定，但是，在此语境下，可能是调整公司的法律，那么，符合逻辑的结果是，相同的制度也决定公司机构的权力是什么与是否交易是这些机构的越权和并不约束该公司。

（三）第 12 条：如果合同是在不同于公司成立国的国家内缔结，那么，公司就不受调整公司的法律对缔结合同的公司机构代表公司行事的权力所施加任何限制的约束，而且，如果这样的限制依据合同缔结地的法律并不存在以及如果合同的其他当事人并没有合理注意到调整公司的法律规定。

就前款规定而言，只要合同已经在既定国家内瞬时缔结，那么，就认为该合同已经在该国成立，或者在通过通信缔结的情况下，如果要约和承诺在该国进行，就认为在该国缔结。

如果三个条件满足，本条通过阻止公司受调整公司的法律所施加给缔结合同的公司机构限制的约束而本身包括了无效的方法：

1. 合同已经在合同成立地国之外的国家内缔结；

2. 按照合同缔结地法律，并不存在对相关机构权力的任何限制；

3. 合同的另一方当事人并没有合理注意到调整公司法律的规定。

（四）第 13 条：由于违反调整公司的法律所产生的任何责任应由该法所调整。

本条的规定是不令人满意的，因为使用“责任”本身预示着存在决定责任存在的法律制度和调整这些责任的法律，所以这是同意反复。

（五）第 14 条：通过前面规定所适用的任何法律，如果在既定情况下，其适用会导致明显不符合法院地公共政策的结果，那么，这种法律将排除适用。

本条规定允许各国法院在适用以上规定所指向的法律会导致与本地的公共秩序不符时，可以排除法律的适用，这当然会弱化该规则的效力，但是这是法律适用所必须的。

第八章　公司实体法律的国际统一化趋向

当今世界，商品、服务、人员以及资本在国际范围内相对自由流动以及海外投资逐步增多；国家之间政治对外交往更加频繁；文化交流进一步加深。在这个过程中，各个国家的法律也不断地交流与融合，打破传统相对独立与封闭的状态，而逐步向协调统一的方向发展。

关于法律统一的界定，学界有不同观点。概括说来有两种：一种认为不同国家通过条约的形式取代国内法律，从而使有关规定达到统一；另一种则认为法律统一是以消除不同法域的有关法律不一致带来的不便为目标，使分歧和差异趋于一致。本章所称的法律统一更接近后者的观点：是指不同国家通过相互渗透或者一方的自发学习而使得原本互不相同的法律理念、法律原则、法律制度以及法律体系等逐渐靠拢的趋势。这种趋势不是一朝一夕就能形成的，而是在诸多因素长期共同作用下渐渐产生的，并且会对各个国家政治经济的发展以及国际形势产生一定影响。

在法律的统一化方面，欧洲无疑是世界的排头兵，经过几十年不断协调取得了令人瞩目的成就。欧盟公司法的统一也是其中之一，其内容极其全面丰富，是世界范围内公司法律统一化趋向的集中体现，从欧洲公司法律统一可以反映出世界范围内的公司实体法律的统一化趋向。

从理论上讲，有关公司的设立、运行、终止等机制都能纳入公司法的范畴，但欧盟法律框架下把公司的破产、清算制度通过专门的指令进行规定，并未放在统一的公司法指令中。欧洲公司法律制度一体化的重要内容是对成员国公司法律制度的协调和统一，其内容主要涉及公司设立、国内公司的合并和分立、财务会计、跨境合并、公司治理以及跨境自由流动等事宜。

本章把上述内容中的资本制度、国内公司的合并和分立、财务会计、跨境合并、公司治理以及跨境自由流动等事宜纳入公司运行的环节。所以本章主要内容为欧洲公司法统一化产生的背景、表现形式、欧洲公司设立法律制度、运行过程中涉及的法律制度的统一化以及公司实体法律统一化带来的影响。

第一节 公司实体法律的国际统一化趋向产生的背景

任何一种事物的出现都非毫无根据、凭空产生，都有其特定的历史背景。公司实体法律的国际统一化趋向也不例外，其出现是经济、政治、文化等多种因素共同催生的。

一、经济背景

经济基础决定上层建筑，法律发展的趋向由特定历史时期的经济环境所决定。全球范围内的资源分布不平衡，要想取得长足的发展，每个国家必须与其他国家有资源交流与互补。从而形成了全球化的经济现象。

经济全球化是欧洲公司法向统一化发展最重大的经济背景。经济全球化不仅表现为商品、服务、人员及资本在全球范围内的自由流动，也表现为经济竞争的全球化。市场经济是当前主要的经济模式，而公司是市场最重要的组成部分。经济逐步向全球化方向发展，而与经济息息相关的公司法律制度各成一体，必然会给经济的发展带来诸多不便。要有效解决经济框架与法律框架不相一致的问题，唯一的途径就是构建新的法律框架，公司法律制度的统一化进程应运而生。

经济全球化背景下欧洲内部各国之间经济来往频繁，为提高经济效益，对减少因不同的公司法律规范带来的摩擦提出了更高的要求。但是各国的经济发展情况参差不齐，与经济发展紧密相关的公司法律制度更是千差万别。欧洲内部不同国家有不同的经济模式，差异较大。主要表现为以英国为代表的盎格鲁—撒克逊模式和以德国为代表的莱茵模式。前者强调市场的调节作用，利益至上的理念贯穿始终；后者突出分配的公平与社会福利。在这两种完全不同的经济模式下对公司制度的规定肯定相差甚远，由此产生和成长的公司必然有很大不同。在贸易往来或者对外投资的过程中会产生摩擦，带来不必要的冲突，从而降低经济利益，这与贸易者和投资者的初衷相违背，所以公司法律制度的统一化也是大势所趋。

二、政治背景

欧洲一体化是欧洲公司法统一化的政治背景。

第二次世界大战结束不久，英国首相丘吉尔曾提出效仿美国在欧洲建立一个“欧洲合众国”（The United States of Europe），但是这一大胆的设想并未引起欧洲其他国家的足够关注。

到了1950年，时任法国外长的罗贝尔·舒曼代表法国政府提出建立欧洲煤钢联营的倡议，得到了德国、意大利、荷兰、比利时、卢森堡五国的支持，1951年上述五国在巴黎签订了《建立欧洲煤钢共同体条约》，1952年又在罗马签订了《建立欧洲共同体条约》和《建立欧洲原子能共同体条约》。1958年，欧洲经济共同体和欧洲原子能共同体正式成立。1965年，五国又签订了《布鲁塞尔条约》，决定将上述三个共同体的机构合并，统称为欧洲共同体。《布鲁塞尔条约》于1967年7月1日正式生效，欧共体自此正式成立，并于1993年将其更名为欧洲联盟，简称欧盟。此后，又有多个国家陆续加入，欧盟如今已成为一个在国际社会有巨大影响的国家联合体。

在经过不断尝试和摸索后，欧洲煤钢共同体、欧洲原子能共同体和欧洲经济共同体和平诞生。并且从三个共同体到欧洲共同体，规模不断扩大，这需要欧洲各国政治导向达到高度的一致，否则若有任一国的政治导向和其他国家有较大差异时，这一高度统一的欧洲共同体都不会顺利诞生并不断发展。所以，任何一种经济政策都需要有强大的政治力量作支撑。

欧洲各国有志推动一体化进程，所以在全方位都要顺应该进程。法律方面的逐步统一就形成了必然趋势。一体化进程也必将要求更高的经济交流与合作，这也要求统一的法律为市场规则提供保障。

三、法律文化背景

共同的文化基础和文化认同是欧洲公司法律制度统一化的助推器。欧洲大陆展开的文艺复兴和启蒙运动为欧洲各国打下了坚实的文化基础。众所周知，中世纪的欧洲已经形成了统一的罗马法和教会法。罗马法在这一时期得到复兴并深刻影响了欧洲各国的法律思想和法律制度；中世纪的教会法突破了政治、民族和语言的界限，在欧洲得到了极为广泛的传播和普及。这些国家共同传承了同一套学说体系，使用相同的法律术语、法律概念和法律分类，承认相同的法律原则。因此，欧盟各成员国公司法律制度和规则尽管表面上看起来千差万别，但是透过这些制度和规则本身，往往传递着共同的法律理念、原则和价值。

第二节 公司实体法律的国际统一化的表现形式

基于公司法律制度统一化的必然趋势，为了消除各成员国公司法之间的差异和促进趋同化欧洲经济共同体、欧洲共同体和欧洲联盟等组织发布了各种形式的具有约束力的法律规范，内容涵盖公司法的方方面面。

这些法律规范总称为欧盟公司法，具体包括基础条约、统一的法律规范、欧洲法院的司法裁决，以及各成员国国内立法的融合与统一等。其中，基础条约是欧洲公司法律制度统一化的基本表现形式；相关机构制定的适用于所有成员国的统一法律规范是主要表现形式；欧洲法院的司法裁决是动态的表现形式；不具有约束力但具有说服力和实际效力的建议、意见以及其他相关文件是补充性的表现形式。这些表现形式的产生和发展共同推动了欧洲公司法律制度统一化的进程。

一、基础条约

大多数国家的宪法是该国母法，是所有法律制度产生和运行的根本大法。欧洲煤钢共同体成立后各成员国所签署的条约则是欧洲公司法律制度统一化的基础和合法性来源，当然这些条约中与公司法有关的条款是欧洲公司法律制度统一化的最基本形式。

自欧洲煤钢共同体成立以来，各成员国前后签订了16项条约和条约性法律文件。这些条约或条约性法律文件大都是关于欧洲共同体——欧洲联盟的基本政策、机构设置、立法程序以及权力等方面的规定。虽然其中并没有多少关于公司法律问题的直接规定，但都有要求欧洲共同体——欧洲联盟的有关机构在公司法或相关领域采取立法行动的规定。可以说欧洲共同体——欧洲联盟所有有关的规范性法律文件都是根据条约的规定制定的。[①] 如欧洲联盟理事会“关于欧洲公司法的第2157/2001号条例”和欧洲议会和欧洲联盟理事会“关于购并投标的2004/25/EC指令”中前言部分的陈述。

二、二级立法

根据基本条约规定，欧洲联盟委员会、欧洲联盟理事会以及欧洲议会是欧盟的主要立法机构，这三个机构有权力制定对所有成员国都具有约束力的法律文件。三机构制定的有关公司法的法律统一性法律文件是欧洲公司法律制度统一化的最为主要的表现形式。具体包括指令（directives）、条例（regulations）、决定（decisions）、建议（recommendations）。

（一）指令

指令要求成员国达到特定的效果，对具体的手段和途径不作具体规定，各成员国有选择权。

从欧盟实践来看，欧洲公司法指令是协调各成员国公司立法的主要方式，主要包

---

① 李耀芳、李研：《欧洲联盟公司法》，高等教育出版社2010年版，第6页。

括公示指令（disclosure directive）、资本指令（capital directive）、合并指令（merger directive）、分立指令（division directive）、会计指令（accounting directive）等。

（二）条例

根据条约规定，条例应当整体适用，对成员国和公民个人具有直接的约束力。因此，一个条例就是一个独立的共同体法律，[①] 并被视作国家法律秩序的组成部分。

与必须由成员国试行才能生效的指令不同，通常条例可以直接适用。但是，如果成员国没有采取适当的步骤，而指令包含明确、无条件的义务，个人则可以针对成员国援用指令。欧洲煤钢共同体成立以来制定的有关公司法的专门条例有欧洲公司的组织结构条例、破产程序条例、欧洲经济利益组织条例等。

三、决定和建议

除上述两种对所有成员国直接适用的二级立法外，还有决定和建议两种比较特殊的形式。

对于决定来说，特殊之处在于其适用范围：决定可以针对单个的成员国、公司或个人，对特定对象具有约束力。在欧洲公司法律制度一体化过程中，欧委会曾经颁布了大量的决定，主要包括：《关于在公司治理和公司法方面组建非政府专家组的决定（2005）、《关于组建专家组为欧洲委员会提供建议并促进对法定审计员和审计企业进行公共监督的各项制度相互合作的决定》（2005）、《关于第三国对审计师和审计师事务所在欧盟境内活动的监控、质量保障的决定》（2011）等。

对于建议来说，其特殊之处在于其约束力：根据条约规定，建议不具有法律约束力，但在解释共同体法和成员国法时具有参考效力。欧委会通过的建议主要包括：关于在公司年度会计报表及年度报告中披露对于环境问题认可、评估和披露事项的建议（2001），欧盟法定审计员独立性基本原则的建议（2002），关于上市公司董事薪酬的建议（2004），关于法定审计员和会计师事务所加强外部监控的建议（2008）等。

四、欧洲法院的司法裁决

欧洲法院是执行欧共体任务的机构之一。条约规定，欧洲法院有权解释条约、欧共体二级立法及对欧共体机构的其他行为作为作出初步裁决。当此类问题在成员国的法院或者法庭出现后，该法院或法庭可以请求欧洲法院作出裁定。当依据国内法无法

---

① 乌韦·布劳洛克：《协调或者统一——欧洲公司法的两条途径》，万妮娅译，载米健主编：《欧盟法与欧洲一体化》，法律出版社2009年版，第131页。

做出司法救济时，该法院或法庭必须将问题提交给欧洲法院。

欧洲法院曾裁决过数起涉及公司法的案件，通过一系列的重要裁决对真实本座主义逐步削弱，对公司自由流动予以保护和肯定，推动了欧洲公司法律制度一体化的进程。

五、非约束性文件

在欧洲公司法律制度一体化过程中，还制定和公布了大量的其他文件，如通信、意见、行动计划等。

六、国内公司法立法的借鉴与融合

如前所述，本章所称的法律统一化是指不同国家通过相互渗透或者一方的自发学习而使得原本互不相同的法律理念、法律原则、法律制度以及法律体系等逐渐靠拢。是广义的统一化，不仅是形式上的统一化，也包括实质意义上的统一化。一方通过自发学习或由于在长期交往中相互影响、渗透，通过国内立法而使有关的公司法律制度的差异和矛盾之处趋于协调和统一也是公司法律制度国际统一化的重要表现。欧洲公司法律制度统一化的过程中，在构建新的适用于欧盟全体成员的法律框架的同时，各成员也在通过国内立法的手段，使本国的有关公司制度与欧洲其他国家相协调，与国际接轨。比如，公司组织形式、公司资本的增加或减少、股东的权利与义务等都通过不断调整而使本国公司法的规定与其他国家相协调。

第三节　公司设立法律制度的统一化趋向

如同自然人一样，一个公司通常会经历诞生（设立）、成长（运行）和死亡（终止）的过程。但不像自然人的诞生那么自然，公司的诞生需要更多的规制使其在市场中得以有序运行，也是法律对其有效管理的前提。那么，公司以何种组织形式出现才算是合法存在？公司在设立时需要哪些实质性和程序性要件？欧洲公司法律制度统一化的过程中作何规定呢？本章就针对上述问题一探究竟。

要想探究欧洲在公司法律统一化的过程中对以上问题是如何协调的，就不得不提到两个指令，即公示指令与资本指令，后面做详细解释。

一、公司设立的条件

为了统一各成员国公司法中有关不同类型公司的设立的条件和程序，欧洲共同体制定了一系列的指令。

（一）公司设立的实质性要件

人数。欧盟所有的成员国都承认一人公司的合法性。对于公公司的股东人数，特别是设立时的股东人数，成员国并未完全统一。根据资本指令第5条的规定，成员国法律如要求公司发起人应为一人以上，在公司设立后股份全部转让给一人持有，或者股东人数在法定最低人数之下，并不导致公司的自动解散，这实际上承认了一人公司的合法性。从成员国实际情况来看，一些成员国仍要求公公司发起人应为二人以上。

资本。资本指令对公公司的设立规定了资本要求，根据资本指令的规定，成员国应就公司设立时实际认购股本的最低数额作规定，且不得低于25000货币单位（欧元），出资方式限于能够作出经济评估的资产，但不包括完成工作或者提供服务的承诺。禁止折价发行。在公司成立或者被授权开业时，必须缴足不低于25%的股份面值或记账价值（在无面值股的情形下）的股价对价，非货币出资应当于5年内缴清。此外，资本指令还对专家出具验资报告做出了规定。目前，这些规定在欧盟内部也饱受争议，而对于私公司，由于其在资本指令的适用范围之外，因此并没有经过协调的欧洲规则，这就给成员国之间的规则竞争留下了余地，由此呈现了放松管制的态势。

（二）公司设立的程序性要件

公示。公示指令对公司设立时对外公开的文件及应记载的事项做了规定。在信息公开的法律后果上，采对抗主义，即信息公开产生对抗第三人的效力。如果公开信息与登记簿上或者文档的信息不一致，公司不得以报纸上的公开信息对抗第三人。但是第三人可以此对抗公司，除非公司能够证明第三人知悉文档或者登记簿的文本。资本指令对公司章程、设立文件或者其他单独文件至少应当载明的事项做出了规定。从其措辞来看，这些规定在性质上定位为最低限度的信息披露要求，这就意味着成员国在此基础上提出更为严格的要求。

注册。公示指令对公司注册做了规定，每个成员国应当在其中央注册机构、商业注册机构或者公司注册机构为每一个注册公司开设一个文档。所载文件和事项，应在成员国指定的全国性报纸上刊载全部或部分内容，或者指明在登记机关存档或者载入登记簿的文件，方可产生公开的法律效力。①

二、公司设立无效

公示指令关于公司设立无效的规定非常严格：公司设立的无效只能由法院依据法

---

① 程卫东：《欧共体私法的协调与冲突法的发展》，载中国社会科学院欧洲研究所：《欧洲研究所卷》，经济管理出版社2007年版，第163－164页。

定理由依法判决。法定理由包括未签署任何设立文件、未办理必要的法律手续、未遵守国内法要求的最低资本规定等。[①]

第四节 资本制度的统一化趋向

公司的资本制度在实施统一化之前，欧盟各成员国采用和实施的措施各有不同，措施之间也相差甚远。例如，最低资本在某些成员国是强制性要求，而在比利时与荷兰却仅仅适用于公司设立时。[②] 这意味着公司成立后的第二天最低资本就可以被分配。在英国，没有最低资本规定，替代的保护方式是披露公司资本信息。[③] 随着内部统一市场的建立，成员国达成一致对这些不同甚至相悖的有关规定进行统一化协调。对资本制度的统一规定于第 2 号公司指令，即资本指令，主要内容有最低资本、资本的维持、资本的变更等。

一、最低资本

最低资本即公司成立时必须认缴的最低数额，即对公司设立时的资本要求。具体数额参见第三节公司设立时实体要件的要求部分。

二、资本的维持

所谓资本维持，是指为保障债权人利益，公司在存续过程中应当保持与其资本额相当的财产。体现到公司法制度上，往往表现为限制公司回购股权和向股东分配股利。资本维持在资本指令中得到了较为充分的体现。首先资本指令对向股东分配股利予以了严格限制。这种限制主要体现在三个方面：其一，明确列举了不得分配股利的情形；其二，对分配股利的金额做了限制；其三，对违法分配股利的法律后果做了规定。

三、资本的变更

根据指令规定，公司增资或减资时需要股东大会作出决议，除非此项权力被公司章程、公司设立文件或者股东大会转移给另一机关。对资本变更作出此严格的规定也正体现了维持资本不变的初衷，即资本不变原则。所谓资本不变原则，是指公司的资

---

① 阿德里安·德瑞斯丹、提亚戈·蒙泰罗、克里斯多夫·泰西曼、埃里克·沃劳夫：《欧洲公司法》，费煊译，法律出版社 2013 年版，第 59 页。

② Schutte – Veenstar：Harmonisatie van het kapiaalbeschermingsrecht in de EEC，第 16 页。

③ Schutte – Veenstar：Harmonisatie van het kapiaalbeschermingsrecht in de EEC，第 16 – 17 页。

本一经确定就不得随意变更，增资或者减资必须严格按照法定程序进行。资本指令对增加和减少注册资本的程序做了严格规定，内容涉及决定主体、分类表决、优先购买权、债权人保护等一系列重要问题。

该指令对资本条件达成了一定程度的协调，但其适用范围非常有限，只对能在资本市场融资的公众公司作一定程度的规制。

第五节 一人公司制度的统一化趋向

一、一人公司的历史发展

一人公司在欧洲起初是以事实而非法定的形式存在。但随着经济发展，1897 年英国普通法最先承认一人公司存在的合法性，基于英国当时的影响力，不少国家也开始认可其合法地位。但最先以成文法形式肯定一人公司法律地位的是列支敦士登 1925 年通过制定《关于自然人与法人的法律》实现的。

从欧洲各国的立法来看，虽然各国公司法的具体规定有所不同，但对一人公司的态度一般都经历了从禁止一人公司的设立，到逐步承认其存续，一直到承认一人公司的合法性的转变。从世界范围看，完全否认一人公司的存在的并不多，而完全肯定或附条件肯定的承认者占多数。

二、一人公司的基本含义、种类、法律特征

（一）一人公司的基本含义

一人公司（one - man company）是指公司的所有股份或者出资额被一人集中持有的公司。它又分为两种情况：一种情况是公司发起者只有一人；另一种情况是公司成立时有数名成员，但成立后由于各种原因只剩一个股东。①

（二）一人公司的种类

根据不同的标准，一人公司分为不同的类型。

1. 根据一人公司股东的法律地位，一人公司分为自然人投资的一人公司和法人投资的一人公司。其中前者是最古老，也是最典型的一人公司；后者是公司或集团出于利益的考虑所设立的全资子公司。

2. 一人公司的产生形式，一人公司分为原生型一人公司和衍生型一人公司。原生

① 参见邵景春：《欧洲联盟的法律与制度》，人民法院出版社 1999 年版，第 381 页。

型一人公司即由一人发起设立的公司；衍生型一人公司是指公司成立时不是一人公司，但公司的股份通过转让后，集中为一人所有。从而公司由原来的多股东公司变为一人公司。

3. 根据一人公司的股份性质，一人公司分为有限责任一人公司和股份有限一人公司。前者不公开向社会发行股票，股本由股东自己认购；后者又称为开放型一人公司，它是通过发行股票的方式把社会上广为分散的资本集中起来经营。

（三）一人公司的法律特征

虽然一人有限公司既可以是有限责任的形式又可以是股份有限的形式，但二者有共同的法律特征：

1. 股东的唯一性。不管是一人发起设立的一人公司，还是股份经过转让全部转归一人持有的公司，在成立或存续期间，公司的股东仅为一人。

2. 责任的有限性。一人公司的股东以其出资额为限对公司债务承担有限责任，公司以其全部资产对公司债务独立承担责任。①

3. 欧洲一人公司。如前所述，欧洲各国对一人公司的法律规定各有不同。在经济全球化背景下和欧洲一体化的推动下，欧共体通过指令的方式对该部分的公司法律制度进行了统一化协调。

一人公司指令的主要内容包括指令适用范围（原则上适用于私公司，既包括设立时的一人公司，也包括运行中的一人公司）、公示义务，股东会权力的行使、与自己订立合同等。对于自然人股东设立多家一人公司或者一人公司再投资设立一人公司，一人公司指令并没有完全予以禁止，而是将其授权给各个成员国自行决定。一些成员国行使了这一选择权。例如在意大利，一人公司指令根据1993年3月3日第88号法令得到实施。根据该法令第7条的规定，如果自然人股东设立多家一人公司，在公司破产时该股东须承担无限责任。

但是我们应当注意到，关于一人公司的第2009/102/EC号指令只包含了10个法律条文，仅仅对成员国的相关立法进行了非常有效的协调。② 指令对于一人有限责任公司的许多核心问题，如注册要求、债权人保护、本座转移、最低资本要求、解散风并没有作出规定，而是将其留给成员国自行决定，成员国规定的差异性势必会给公司跨境流动带来障碍。欧盟已经注意到了这一问题，因此正在酝酿一人公司立法的新一轮改革。③

---

① 参见王天鸿：《一人公司制度比较法研究》，法律出版社2003年版，第3-4页。

② ［意］阿尔贝特·桑塔·马里雅：《欧盟商法》，单文华、蔡从燕译，北京大学出版社2007年版，第139页。

③ 刘俊海：《新公司法的制度创新：立法争点与解释难点》，法律出版社2006年版，第138页。

第六节　公司会计制度的统一化趋向

欧盟成员国在会计制度上的差异，严重地影响了各成员国公司之间财务报表的可比性，不利于欧盟内部建立统一市场。财务报表信息的差异，成为阻碍欧盟经济一体化的一大障碍。特别是成员国有关公司年度财务报告的国内法之间的差异，损害了共同市场的正常运作，破坏了共同的市场竞争。

一、年度财务报告的统一化

欧盟年度财务报表的统一化主要规定在第四号公司法指令，该指令主要涉及公司年度财务报告的准备、内容、评估方法以及审计和公示规则。从其适用范围而言，第四号指令适用于成员国承担有限责任的企业形态，包括公公司、私公司、有限合伙以及那些事实上承担有限责任的合伙和无限公司，这主要是指所有承担无限责任的成员是公公司、私公司或有限合伙的情形。而且，第四号公司法指令还适用于那些成员国法律虽未调整，但是与上述企业形态具有可比性的公司。与第七号公司法指令一样的是，第四号公司法指令不适用于银行和其他金融机构以及保险公司，这些公司适用其他专门的会计指令。①

确立了真实、公允原则。在特殊情况下，如果遵守本指令的规定仍然不足以真实、公允地反映其情况，则必须提供其他相关信息。如果适用本指令的某一规则将与真实、公允相抵触，则该规定不予适用。不予适用的事实、理由以及由此产生的影响应在财务报表附注中进行披露。

第四号指令在作出原则性规定的同时，还赋予了成员国许多的自由裁量权。由于其最低限度协调的属性和大量的成员国自由裁量权的规定，第四号公司法指令协调的效果并不理想。成员国在财务报表和会计报告的编制、评估及公示中仍存在很大差异。

欧盟会计制度的法律统一经历了一个从内部协调到普遍采用国际财务报告准则的过程。由于成员国法的差异较大，仅在成员国法之间进行协调的结果并不理想。直到欧盟采用国际财务报告准则，才逐步实现了欧盟成员国在公司会计制度上的趋同。但欧盟并不盲从国际趋势，而是巧妙地运用了双层认可机制，使欧盟会计制度的特殊性能够在与国际接轨时，充分地得以发挥。欧盟同时利用“建议”这种软法的方式，在

---

① 第1986/635/EEC号和第1991/647/EEC。

对财务报表的内容和时间方面的规定，保留了成员国的特殊性，不过于具体地进行规制，给予了成员国充分的自主权。欧盟在协调手段上的这些创新，为处于过渡期的欧洲上市公司提供了切实可行的方向性的指引。

二、合并财务报表制度上的统一化

第七号公司法指令是为了协调集团合并报表的要求而制定的，集团成员是首先应当解决的问题，而这恰恰也是成员国差异较大、争论不休的一个焦点问题。指令最终文本绕过了需要对集团作出界定的雷区，仅仅对需要承担合并报表义务的公司之间的关系做了列举。另外，法律方法和经济方法都得到了一定程度的适用：在肯定了以表决权多数为基础的前提下，指令第1条还规定当母公司实际上对子公司实施控制性影响时，成员国可以要求受其法律调整的公司编制合并财务报表和合并年度报告。

指令的适用范围非常广泛。根据指令第3条的规定，无论子公司的登记处位于何处，母公司及其全部子公司都属于合并报表的公司。任何子公司的子公司，都被视为合并报表的母公司的子公司。①

从其具体规定来看，第四号公司法指令确立的真实、公允原则在第七号公司法指令中得到了沿袭，合并财务报表的格式与第四号公司法指令规定的会计报表格式也基本相同。当然，基于其合并报表的特殊属性指令也做了一些专门规定。

第七号公司法指令中与关于公司集团的指令的制定过程有一定的交叉性和重合性，这也是其协商过程十分漫长的原因之一。第七号公司法指令的最终文本抛弃了与公司集团指令千丝万缕的联系，转而更多地以第四号公司法指令为基础来制定具体规则。在具体的立法技术上，第七号公司法指令也充分地体现了原则性与灵活性相结合的特点，在作出具体规制的同时，也给予了成员国大量的自由裁量权。据统计，第四号公司法指令和第七号公司法指令分别包含了第45项和第57项选择条款。

一方面，欧盟层面的协调接受英国会计模式的“真实和公允”观念，因为协调的侧重点限制了欧洲大陆国家以“形式重于实质”为指导的思想，后者财务报表的披露是十分有限的。而指令的协调避免了欧洲大陆模式任意低估资产价值和预计负债、损失，以制造“秘密准备”的传统惯例。另一方面，欧盟层面的协调又同时把欧洲大陆模式“以审慎为基础”的计价原则变为一般原则，保留了欧洲大陆会计模式以税法为导向的“准备会计制度”的特征。总的来说，这种协调的趋势体现了财务报告应充分披露的倾向，欧盟层面的这种导向性的协调趋势对欧洲大陆或多或少的“保密”传统

① 侯芳：《欧盟会计的国际协调过程及现状分析》，载《科技与经济》2006年第3期，第58页。

也是一个突破。

但是，单纯靠指令来达到欧盟成员国之间的会计协调，并没有在实践中取得预期的效果。在英国法中，盈余比账面价值更具价值相关性；而德国和法国则不同，德国的公司倾向于使用秘密准备金，以在不好的年份夸大盈余。因此，欧盟会计制度协调的努力并未产生相互趋同的会计制度。①

三、审计员资格的统一化

为了扭转中小股东和债权人在信息占有上的弱势地位，中立、客观、权威的会计师事务所所提供的审计服务就显得十分重要，关于会计文件进行法定审计的审计员资格的指令应运而生，即第八号公司法指令。这一指令的主要内容包括法定审计员应当具备的基本条件和信息披露等内容。对第四号和第七号公司法指令起到了补充作用。在对法定审计、法定审计员、审计报告等核心概念作出界定的基础上，对法定审计员的独立性、职业伦理和质量保证、审计标准、审计报告、公众监督以及完善成员国间的合作等事宜做了规定。② 从其序言第 5 段的措辞来看，指令定位为最低限度的协调，除非指令另有规定，成员国可以规定更为严格的要求。

第七节 公司合并与分立制度的统一化趋向

考虑到公司股东和第三人利益的保护要求各成员国有关公司合并的法律互相协调，而且所有成员国法律都应规定有关公司合并的条款，欧洲共同体理事会发布了专门规定公司合并的指令“合并指令”。该指令旨在协调各成员国关于股份有限公司的合并、对于股东和第三人利益的保障等方面的法律。为确保各方公司股东尽可能充分、客观地享有知情权，并妥善保护好股东的其他权利、劳动者权利等起到了积极作用。

一、国内合并

上述提到的“合并指令”的适用范围受到了严格限制：只调整成员国国内的公司合并，不涉及跨境合并问题；只调整公公司的国内合并。这意味着其他类型的公司很难享受到趋同的关于合并的成员国立法所带来的好处。当然有一些成员国，如意大

---

① 张铁铸、周红：《欧盟会计标准国际趋同过程与借鉴》，载《审计与经济研究》2010 年第 5 期，http：//www.cnki.com.cn/Article/CJFDTotal－SJYJ201005013.htm。

② 参见张民安：《公司法的现代化》，中山大学出版社 2006 年版，第 33 页。

利，克服了指令的这一弊端，将其扩展适用于各类公司。关于合并类型，指令主要包括吸收合并和新设合并两种，在对两种类型的合并分别作出界定的基础上，对其具体规则做出了详细规制。

（一）吸收合并

当一家或多家公司未经清算而解散并将其全部财产和负债转让给另一家公司时，即为吸收合并。① 被合并公司的股东相应地成为存续公司的股东，但这并不是必然的，合并条款可以自主规定被合并公司股东的问题。比如，可以给这部分股东现金而收回其股权（现金数额不超过股份票面价值）。

（二）新设合并

数家公司未经清算而解散并且其全部财产和债务转移到新设公司时，即新设合并。同吸收合并一样，参与合并的股东取得新公司股份，或者根据意思自治通过合并协议给予这部分股东不超过股份票面价值的现金。

二、跨境合并

跨境合并是公司展开国际合作、集中资源并产生规模经济的重要途径。相较于国内合并规则的协调，跨境合并的立法进程显得异常艰难与曲折。从欧委会 1985 年提出单独跨境合并指令提案，到 2005 年 10 月 26 日关于跨境并购的第十号指令通过，其间经历了 20 年。但是，无论时间多么漫长，过程多么曲折，欧盟终于迈出了这艰难的一步，欧盟公司跨境流动产生了重大突破。

第十号公司法指令为成员国公司进行跨境合并提供了一个新的工具。这一指令允许公司以其境内并购的条件进行跨境合并。大部分成员国对私公司引入了类似于第 3 号公司法指令内容的合并规则。②

三、合并的无效

合并指令对于合并无效做了严格限制，内容涉及合并无效的宣告机关、合并无效的事由、不得提起合并无效之诉的情形等，这些规则充分体现了指令尽可能限制合并无效发生的基本立场。

---

① Schutte - Veenstar：Harmonisatie van het kapiaalbeschermingsrecht in de EEC，pp. 268 - 269.

② Adrianan Dorresteijn，Tiago Monteiro （et al.），European Corporate Law，Kluwer Law International，2009. p. 241.

四、分立

事实上，分立指令与合并指令的内容非常相似。公司的分立主要包括取得分立和新设分立两种类型，两者遵循的规则基本相同，指令只是在个别条款做了相应调整。

从程序来看，分立程序与合并指令中的合并程序基本类似，只是针对分立的特殊性做了一些相应调整。例如，在分立草案条款中增加了以下内容：向每一家接受公司转移资产与负债的精确说明及分配情况；向被分立公司的股东分配接受公司的股份的情况和分配的标准。又如，针对公司分立条款草案没有就资产作出分配，且无法通过对条款的解释作出决策的情形，指令规定按照分配净资产的比例予以分配，所有接受公司应承担连带责任。成员国可将此连带责任限制在每个公司接受的净资产范围内。[1]此外，分立指令还对公司中小股东赋予了请求回购权的特别保护。考虑到公司分立比合并对债权人的影响更大，分立指令在合并指令对债权人保护的基础上，增加了以下条款：如果根据分立条款草案，受让债务的公司债权人未获得清偿，接受公司应当对该债务承担连带责任。指令还对公司分立的法律后果、分立无效等问题做了规定。

总体而言，分立和合并背后有着相似的逻辑，因此合并指令与分立指令最初是通过一个一揽子提案提出，尽管后来分开制定，但内容不乏相同和类似之处。这两个指令所创造的制度和规则在很大程度上也为后来的跨境合并指令所借鉴。

第八节　公司治理制度的统一化趋向

谈到欧洲公司法律统一化过程中对公司治理制度的协调，不得不提到欧委会发起的两次行动计划：2003 年行动计划和 2012 年行动计划。并且这两次行动计划的共同关注点是信息披露的问题。

一、公司治理信息披露

（一）机构投资者角色的信息披露

欧委会认为加强机构投资者的信息披露不仅能够提升机构投资者的内部治理，而且能够提升其对所投资公司的参与度。2003 年行动计划就提及了机构投资者信息披露的议题，欧委会当时将其作为中期目标来完成。2012 年行动计划再次提出了加强机构

---

① 乌韦·布劳洛克：《协调或者统一——欧洲公司法的两条途径》，万妮亚译，载米健主编：《欧盟法与欧洲一体化》，法律出版社 2009 年版，第 131 页。

投资者透明度规则，认为披露机构投资者表决和参与政策的信息将有利于提升其参与意识，确保其为受益人和客户的最佳长期利益行事，也有利于投资者作出投资决策。从实践来看，这一规则也得到了各个成员国和国际社会的认可。欧委会也有意提出一个关于机构投资者表决、参与政策以及表决记录披露的动议，可能是以修改股东权利指令的方式来完成。

（二）年度公司治理报告的完善

即要求上市公司在其年度报告和报表的显著位置备置一份统一的、描述性的涵盖公司治理结构和实践的关键要素的报告，目的就是将上市公司治理要素的相关信息和实践集中到一份文件中，这将有利于股东、投资人和其他利益相关者对公司治理状况更为便捷地作出评估。对于欧委会的这一倡议，有学者提出了异议，理由主要集中在：专门公司治理报告的必要性、公司治理信息披露与公司内部敏感信息披露之间的矛盾、相关术语的进一步界定以及审计人员的负担问题等。[①] 但是大部分意见对欧委会的倡议表示了认同，且这一制度已为资本指令所吸收。

（三）委员会多样性政策的披露

考虑到由非执行董事或者监事会成员对执行董事或者管理委员会进行有效监控的必要性，委员会成员能力和视野的多样性就显得十分重要。欧委会考虑公司委员会多样性政策的披露动议，并认为这一动议构成了关于完善上市公司非执行董事性别平衡提案的补充。

（四）非金融风险管理的披露

在委员会多样性之外，欧委会还有意通过修改会计指令将披露要求扩展至非财务领域，认为这将有助于呈现更为完整的公司风险状态，也有利于激励公司设计更为有效的风险控制策略和采用更为长期和持续的发展方式。

（五）上市公司股东的身份确认

大部分人特别是商业界和投资者都认同建立一个欧洲机制来帮助发行人确认股东身份以促进关于公司治理事宜对话的必要性。[②] 欧洲议会则认为应对记名股股东和无记名股股东加以区分，前者应予披露，但后者有权不披露其身份。欧委会认为现有的机制既不够细致也缺乏必要的跨境因素的考虑，因此有意提出一个完善股东身份披露的动议。

---

① 对于公司治理报告的质疑观点的详细论述，参见王彦明：《欧盟最新公司治理改革论要》，载《当代法学》2009 年第 5 期，第 98 页。

② Peer Zumbansen，"New governance'in European corporate law regulation as transnational legal pluralism"，European Law Journal，2009（15），p. 249.

二、股东权利不断增强

2012 年行动计划中进一步增强了股东权利。

（一）对代理顾问的信息披露

在实践中，具有多样性股票投资组合的机构投资者在表决建议、代理投票和公司治理评级等方面频繁使用代理顾问的服务，因此代理顾问对于股东行使表决权产生了十分重大的影响，在具有高比例国际投资者的市场中，这一影响力更显突出。欧委会也有意提出一个完善关于代理顾问透明度和利益冲突法律框架的动议，可能是以修改股东权利指令的方式来完成。

（二）澄清投资者关于公司治理事宜的合作与“合谋”之间的关系

2011 年绿皮书的大量反馈意见要求澄清合谋的概念，以减少股东在交换信息和合作时的法律风险。在 2012 年行动计划中，欧委会承认澄清这一概念、提供法律上的确定性是有必要的，并将与成员国相关主管机构和 ESMA 紧密合作，制定指令以解决这一问题。

三、分公司信息披露制度的统一

公司设立自由包括设立子公司和分公司，但是由于缺乏在共同体层面对分公司特别是关于其信息披露的协调，使得在其他成员国设立分公司的总公司和在其他成员国创建子公司的母公司之间存在着不平等规制的情形，在保护公司股东和第三人利益方面也存有差异，这可能会对公司在其他成员国开设分公司、行使设立自由裁量权构成障碍，因此完全交由成员国立法不再具有合理性，有必要在共同体层面进行协调。①因此欧盟通过第十一号公司法指令就是旨在协调分公司信息披露制度的协调。主要内容有：

（一）确立了分公司信息披露的基本原则

即分公司的有关文件和记载事项应按照分公司所处成员国法律规定进行信息披露。如果对分公司信息披露要求与对母公司的要求不同，则优先适用对分公司的信息披露要求（限于分公司开展商业活动的部分）。

（二）对分公司强行性披露的文件和事项范围做了严格限定

需要注意的是，分公司会计文件的强行性公告应当限于按照总公司所在成员国法

---

① See Reinier Kraakman，The Anatomy of Corporate Law：A Comparative and Functional Approach（Second Edition），*Oxford University Press*，2009. pp. 130 – 131.

律规定由总公司编制、审查和披露的会计文件。这是由于共同体经由会计指令对成员国编制、审查和披露公司会计文件的立法进行了协调，因此只要披露总公司编制、审查和公告的会计文件就足以证明其正当性。

第九节 欧洲公司

什么是欧洲公司？大多数人可能会理解为在欧洲成立注册的公司。这种理解主要是基于地域的概念，并无错误，但是不具有法律意义。那么，什么是法律意义上的欧洲公司呢？是依照欧洲的法律设立从而取得欧洲“国籍”的公司吗？它是如何设立又依据什么法律运行呢？公司治理制度等又作何规定呢？其发展前景如何呢？

一、欧洲公司的基本含义

根据《欧洲联盟公司法》的规定，欧洲公司是依照该“条例”规定的条件和方法在欧洲共同体领域内设立的、以开放有限责任公司为形式的公司。

认定欧洲公司有三个依据：第一，依照《欧洲联盟公司法》规定的条件合法设立；第二，在共同体领域内设立；第三，以开放有限责任公司为形式。即开放有限责任公司是欧洲责任公司的唯一形式。

二、欧洲公司的设立

（一）适用的法律

因为欧洲公司由来自不同成员国的公司参与设立，从而引起了一个问题：应适用哪个国家的法律来设立？《欧洲联盟公司法》赋予该条例优先适用性，但是并没有覆盖设立程序中的所有问题。该条例规定，对未规定事项，每家参与设立公司受其国内法中有关公众公司的规定约束。

（二）设立的条件和方式

1. 设立的条件。依据《欧洲联盟公司法》设立欧洲公司的条件主要有四个：最低注册资本要求是 12 万欧元；设立欧洲公司首先必须至少有两家公司；在成立欧洲公司之前，这些公司应该已经有两年的经营记录；欧洲公司必须在它总部所在的成员国注册登记。

2. 设立的方式。根据《欧洲联盟公司法》的规定，设立一家欧洲公司有以下八种形式。一是通过数家公众有限公司的合并设立一家欧洲公司；二是由数家公众有限公司或私人有限公司设立一家控股欧洲公司；三是由数家公司和商行设立一家下属欧洲公司；四是一家公众有限公司变更为一家欧洲公司；五是由一家欧洲公司设立一家下属欧洲公司；六是通过一家欧洲公司与一家或多家其他欧洲公司或者公众有限公司合并而设立一家欧洲公司；七是一家欧洲公司与一家或多家其他欧洲公司设立一家控股欧洲公司；八是一家欧洲公司与一家或多家其他欧洲公司设立一家下属公司。其中前四种是原始设立方法，即没有预先存在的欧洲公司参与。

三、欧洲公司的登记与公示

根据《欧洲联盟公司法》第 12 条第 1 项的规定，每一个欧洲公司都应当在其住所地成员国的登记机构进行注册登记，该登记机构由成员国法律根据公示指令第 3 条的规定加以确定。《欧洲联盟公司法》统一了关于欧洲公司获得法人资格的不同成员国立法，规定欧洲公司自登记注册之日起具有法人资格，且对欧洲公司注册登记前发生的债务承担问题做出了明确规定。与关于职工参与的第 2001/86/EC 号指令进行联结，即一家欧洲公司在根据欧洲公司指令的规则解决职工参与问题前不得通过注册完成设立。考虑到欧洲公司的欧洲属性，欧洲公司的注册登记及登记注销应当在欧共体官方公报上公告。这一公告还应表明欧洲公司的名称、号码、注册地及注册日期、公告时间、地点、公告名称、公司主要办事机构、经营范围等。

四、欧洲公司的公司治理制度

根据《欧洲联盟公司法》第 38 条的规定，欧洲公司应当包括组织机构和股东大会。在欧盟成员国内部，历来存在着两种不同的公公司管理模式，即以德国为代表的双层制模式和以英国为代表的单层制模式。在双层制下，管理机构负责欧洲公司的管理，监督机构监督前者的工作。而在单层制下仅仅有经营管理机构的存在而无独立的监督机构。当然，还有一些国家，如法国，采用了选择模式，即由公司自行选择双层制或单层制模式。《欧洲联盟公司法》的最终文本采用了选择模式，即允许欧洲公司在两种模式之间作出选择，由公司章程确定公司是适用单层制或双层制。

《欧洲联盟公司法》对股东大会的权能、组织和行为等做了规定，未作明确规定的部分则适用成员国法。根据条例规定，欧洲公司股东大会的决策范围包括：欧洲公司注册地的转移；合并草案条款的批准；控股欧洲公司设立条款草案的批准；通过合并设立欧洲公司或者设立一家控股欧洲公司时关于职工参与安排的批准；双层制下监督机构成员的任命；单层制下经营管理机构成员的任命；欧洲公司章程的修改；欧洲公司转换为一家公公司的条文草案和该公司章程的批准。[①] 欧洲公司应当在每个会计年度结束后6个月内，每年至少召开一次股东大会。但是成员国法律可以允许第一次股东大会在欧洲公司成立后的18个月内的任何时间召开。

---

① Michel Menjucq，“Implementation in France of the Regulatipn on the European Company：A Strategic Interpretation”，*European Company Law*，2004，1（3）117 et seq.

第九章　与公司法上的请求有关的判决承认与执行

第一节　与公司法上的请求有关的判决承认与执行模式

与公司法上的请求有关的判决承认与执行，国际上基本采用两种模式，第一种模式就是普遍（一般）采用的模式，这以美国为代表，采用这种模式的国家只是就外国法院判决的承认与执行作出一般性的实体和程序条件，而并未专门针对特定事项或者领域作出特别的规定，这以《美国冲突法第二次重述》为代表。第二种模式就是被特别采用的模式，采用这种模式的国家专门针对特定事项或者领域就外国法院判决的承认与执行作出特别的实体和程序条件，这以瑞士《国际私法》为代表。

一、《美国冲突法第二次重述》的相关规定

《美国冲突法第二次重述》第五章第二节、第三节与第四节就外国法院判决的承认与执行做出了一般性的规定。

《美国冲突法第二次重述》第五章第二节第98条规定，在外国经辩论程序公正审理后作出的有效判决，其对直接当事人及诉因的效力应为美国所承认。依此规定，外国判决获得美国承认的条件非常简单，即只要经正当程序原则公平审理后作出的有效判决即可获得美国的承认，这自然也没有针对与公司法上的请求有关的外国判决承认与执行作出任何特殊性规定。

《美国冲突法第二次重述》第五章第三节第99—102条规定了执行的方式与执行判决的类别做出了具体的规定，其中，第99条规定了执行的方式，即执行另一州判决的方式依法院地的本地法。接着，第100条与第102条规定了金钱判决和有关命令或禁止行为判决这两种类型判决的执行。对于金钱判决的执行问题，第100条规定，除第103条至第121条的规定外，在美国一州中做成的支付金钱的有效判决，应为姊妹州所执行。第101条规定了可执行的判决金额：支付金额的有效判决，在其他州内将被执行的金额为该判决在其做出地州能够得到执行的金额。对于有关命令或禁止行为判决的执行问题，第102条规定，命令为支付金钱以外行为的，或禁止行为的有效

判决，可以在其他州得到执行，或者作为救济的内容。

《美国冲突法第二次重述》第五章第四节第103—121条就外国判决承认和执行的抗辩内容做出了具体性的规定，这实际上是从可以拒绝承认和执行外国法院判决的条件着手而作出的具体规定。例如，第103条规定了如果承认和执行在美国一州中作出的判决，将使其姊妹州的重大利益受到不应有的干涉，因而不符合完全诚意与信任这一国家政策的要求，则该姊妹州无须承认和执行该判决。同样，也就无司法管辖权或未予适当通知申辩机会情况下作出的判决，非主管法院作出的判决，错误的判决，非终审判决，判决数额未定，可修改的判决，非有关诉因实质的判决，附条件的判决，失效的判决，禁令对判决持有人的效力，不一致的判决，原始诉讼请求有悖于申请执行判决地州的公共政策等可以作为拒绝承认和执行外国法院判决的条件。

二、瑞士《国际私法》的相关规定

1987年瑞士《国际私法》第165条就专门针对与公司法上的请求有关的外国判决如何承认和执行做了具体的规定。第165条第1款针对一般公司法律所衍生请求的外国判决而设置，即与公司法上的请求有关的外国判决，如果是在公司的主事务所所在地作出的或在该国得到承认的，且被告在瑞士没有住所，则在瑞士予以承认。如果判决是在被告住所地或惯常居所地国家作出的，也在瑞士予以承认。第165条第2款则是针对借由公开发行股票或者债券所生请求的外国判决而设置，即涉及因通过发起书、通函或其他类似出版物公开发行股票或债券而引起的请求的外国判决，如果是在股票或债券的公开发行地国家作出的且被告在瑞士没有住所，则在瑞士予以承认。凡是以住所在瑞士的人为被告的涉及公司法上的请求的外国判决，均不能在瑞士得到承认，这是由瑞士《联邦宪法》第59条的规定决定的。

第二节　与公司法上的请求有关的判决不予承认与执行的分析

如果外国判决不能在败诉方资产所在地得以承认并执行，那么，即使获得胜诉判决，对于胜诉方而言也毫无意义。可喜的是，自实施1958年《关于承认和执行外国仲裁裁决公约》以来，国际仲裁裁决的执行似乎比外国法院判决更简便、更直接。这实际上体现了仲裁在国际争议中的优越性。在承认和执行外国判决方面，即使已经签署了一些双边、多边或区域条约（如1969年欧洲的《布鲁塞尔公约》和2005年《海牙公约》），但是，还是没有与《纽约公约》可比拟的国际公约。

一般而言，只要外国判决不违反执行国的“公共秩序”或“公共政策”，在条约或者互惠的基础上，被申请承认和执行法院一般会自愿执行，这个标准相当高，一般只有在触犯正义的基本概念时才会被拒绝执行。由此可知，由于外国判决过分偏离另一个国家的法律价值，依据公共政策拒绝执行该外国判决，这在公司法范围内并不常见。根据《纽约公约》拒绝执行仲裁裁决的理由也相当有限。大部分理由是因仲裁协议严重违反程序（当事人能力有限或者协议无效，违反正当程序，超出仲裁协议的范围，仲裁庭的组成不符合协议或适用法律规定，非最终裁决）。此外，如果裁决违反执行地的公共政策，也不得执行，但是，这一般解释为裁决必须违反道德和正义的最基本概念。

在公司法范围内，一个国家发现根据另一国家的实体法或程序法作出的判决或仲裁裁决严重违反其公共政策原则，这也不是完全没有可能。比如，在不承认集体赔偿的国家就集体诉讼作出的决定，特别是美国式集体诉讼；在私人无权获得惩罚性赔偿的国家对惩罚性赔偿的判决；以及很多实质性公司法原则，如无法或仅允许在有限条件下揭开公司面纱。股份自由转让，股权投资与表决权之间的比例（一股一票），股东有限责任，董事违反公司职责的责任，合并时异议股东的评估权，新股发行时的优先购买权，限制发行债券，禁止内幕交易等，至少在某些国家内，公司法的这些“基本”原则是否导致无法执行相反的外国判决，尚不得而知，还需要进一步的理论探讨和司法实践的印证。

图书在版编目（CIP）数据

公司法律问题的比较法与国际私法评判 / 邢钢著. —北京：中国法制出版社，2018.3

ISBN 978-7-5093-9317-8

Ⅰ.①公… Ⅱ.①邢… Ⅲ.①公司法-比较法-研究 Ⅳ.①D912.290.4

中国版本图书馆 CIP 数据核字（2018）第 041095 号

策划编辑 杨 智（yangzhibnulaw@126.com） 责任编辑 吕静云 封面设计 杨泽江

公司法律问题的比较法与国际私法评判

GONGSI FALÜ WENTI DE BIJIAOFA YU GUOJISIFA PINGPAN

著者/邢钢

经销/新华书店

印刷/北京京华虎彩印刷有限公司

开本/730 毫米×1030 毫米 16 开 印张/15.25 字数/256 千

版次/2018 年 3 月第 1 版 2019 年 3 月第 1 次印刷

中国法制出版社出版

书号 ISBN 978-7-5093-9317-8 定价：48.00 元

北京西单横二条 2 号

邮政编码 100031 传真：66031119

网址：http：//www.zgfzs.com **编辑部电话：010-66038703**

市场营销部电话：010-66033393 **邮购部电话：010-66033288**

（如有印装质量问题，请与本社印务部联系调换。电话：010-66032926）